Huber

Betriebsübergabe – Betriebsübernahme

Betriebsübergabe – Betriebsübernahme

an/durch familienexterne Personen und Unternehmen
Ein Leitfaden für Klein- und Mittelunternehmen

Albert Walter Huber

Bibliografische Information der Deutschen Nationalbibliothek

Die Deutsche Nationalbibliothek verzeichnet diese Publikation in der Deutschen Nationalbibliografie; detaillierte bibliografische Daten sind im Internet über http://dnb.d-nb.de abrufbar.

Das Werk ist urheberrechtlich geschützt. Alle Rechte, insbesondere die Rechte der Verbreitung, der Vervielfältigung, der Übersetzung, des Nachdrucks und der Wiedergabe auf fotomechanischem oder ähnlichem Wege, durch Fotokopie, Mikrofilm oder andere elektronische Verfahren sowie der Speicherung in Datenverarbeitungsanlagen, bleiben, auch bei nur auszugweiser Verwertung, dem Verlag vorbehalten.

Es wird darauf verwiesen, dass alle Angaben in diesem Fachbuch trotz sorgfältiger Bearbeitung ohne Gewähr erfolgen und eine Haftung des Autors oder des Verlages ausgeschlossen ist.

ISBN 978-3-7143-0256-1

© LINDE VERLAG Ges.m.b.H., Wien 2014
1210 Wien, Scheydgasse 24, Tel.: 01/24 630
www.lindeverlag.at
www.lindeverlag.de

Druck: Hans Jentzsch u Co. Ges.m.b.H.
1210 Wien, Scheydgasse 31

Inhaltsverzeichnis

Vorwort	VII
Abbildungsverzeichnis	IX
Tabellenverzeichnis	XI
Fallbeispielverzeichnis	XIII
Abkürzungsverzeichnis	XV
Literaturverzeichnis	XIX
I. Einführung	1
A. Klein- und Mittelunternehmen	1
B. Der Markt im deutschsprachigen Raum	4
1. Deutschland	4
2. Österreich	7
3. Schweiz	10
C. Definitionen und Abgrenzungen	11
1. Begriffe	11
2. Unternehmensnachfolge innerhalb der Familie	14
3. Betriebsübergabe, Betriebsübernahme	16
4. Mergers & Acquisitions	18
D. Transaktionsprozess	20
1. Übergabeprozess	21
2. Übernahmeprozess	23
II. Strategie	26
A. Motive	27
B. Ist-Analyse	30
C. Alternativen zur Übergabe/Übernahme	33
D. Ziel	34
E. Definition der konkreten Strategie	35
F. Transaktionskriterien	40
G. Finden von potentiellen Übergebern und Übernehmern	42
H. Sammlung von Informationen über den potentiellen Verhandlungspartner	45
I. Berater	47
J. Die Sicht des Übergebers und die Sicht des Übernehmers	48
K. Übergang in die Planungsphase	49
III. Planung	51
A. Unternehmensanalyse	51
B. Businessplan	56

			1. Der Businessplan aus der Sicht des Übergebers	57
			2. Der Businessplan aus der Sicht des Übernehmers	59
		C.	Unternehmensbeschreibung	60
			1. Unternehmenspräsentation	61
			2. Kurzdarstellung des Betriebes	61
			3. Informationsmemorandum	62
		D.	Unternehmensbewertung	63
			1. Allgemeine Informationen	64
			2. Substanzwert	70
			3. Ertragswert	73
			4. DCF-Methode	76
			5. Vergleichswert	80
			6. Methodenwahl, Werttreiber und Wertvernichter	82
		E.	Erster Kontakt zwischen Übergeber und Übernehmer	85
		F.	Führung, Koordination und Organisation	88
		G.	Interne Kommunikation einer beabsichtigten Transaktion	89
		H.	Vertraulichkeitserklärung	91
		I.	Transaktionsstruktur	92
		J.	Interessensbekundung	93
IV.	Durchführung			96
	A.	Due Diligence		96
	B.	Kontakte und Konflikte zwischen den beiden Parteien		107
	C.	Führung von Verhandlungen		108
	D.	Kauf- und Verkaufspreis		114
	E.	Kauf- und Verkaufsvertrag		116
	F.	Abschluss der Transaktion		118
	G.	Interne Kommunikation einer abgeschlossenen Transaktion		119
	H.	Externe Kommunikation einer abgeschlossenen Transaktion		121
V.	Transformation			123
	A.	Schlüsselübergabe		126
	B.	Merger-Syndrom		127
	C.	Personelle Entscheidungen		131
	D.	Unternehmenskultur		132
	E.	Integrationsprinzipien		133
	F.	Faktor Mensch		135
	G.	Die fünf „V" von Huber		136
	H.	Unterstützung durch den Übergeber		137
	I.	Gespräche mit Kunden und Lieferanten		139
	J.	Das Loslassen des Übergebers		140
	K.	Führung		143
	L.	Neue Vision		144
VI.	Zusammenfassung und Leitfaden			146
	A.	Die wichtigsten Schritte für den Übergeber		146
	B.	Die wichtigsten Schritte für den Übernehmer		147
Stichwortverzeichnis				149

Vorwort

Mehr als 99% aller Unternehmen in Europa stellen Klein- und Mittelunternehmen dar. Ein Großteil davon sind Familienunternehmen. Während vor der Jahrtausendwende eine deutliche Mehrheit dieser Betriebe noch traditionell innerhalb der Familie weitergegeben wurde, finden heute bereits rund 50% der Betriebsübergaben an familienexterne Personen und Unternehmen statt. Das vorliegende Buch widmet sich daher ausschließlich dem Thema der familienexternen Betriebsübergabe und -übernahme von Klein- und Mittelunternehmen.

Das Buch deckt alle wesentlichen Punkte von der Idee einer Betriebsübergabe oder Betriebsübernahme bis zu ihrer erfolgreichen Umsetzung ab.

Es beleuchtet sowohl die Seite des Betriebsübergebers als auch die Seite des Betriebsübernehmers. Beide Handlungsweisen hängen stark voneinander ab. Auch wenn einzelne Kapitel getrennt auf die Darstellung des Übergebers und die des Übernehmers verweisen, empfiehlt es sich stets, beide Seiten zu lesen.

Es werden bewusst keine detaillierten rechtlichen oder steuerlichen Themen besprochen. Einerseits sind dazu die jeweiligen nationalen und regionalen Gesetze und Regelungen zu unterscheiden, andererseits gibt es hierzu bereits eine Fülle an entsprechenden Ratgebern.

Das Buch legt vor allem auf die einzelnen Schritte, die in vier Phasen (Strategie, Planung, Durchführung, Transformation) unterteilt sind, und die konkrete Vorgehensweise Wert. Es ist als ein einfaches und leicht verständliches Werk aufgebaut und soll in der Praxis eine wesentliche Unterstützung für den Betriebsübergeber, den Betriebsübernehmer, Personen, die diese begleiten, und Studierende sein.

In der Einführung wird zusätzlich der Markt für Betriebsübergaben und Betriebsübernahmen in Deutschland, Österreich und der Schweiz beleuchtet sowie eine Begriffsdefinition für die verschiedensten Arten von Übergaben und Übernahmen vorgenommen.

Die in diesem Buch enthaltenen Fallbeispiele sind rein fiktiv erstellt. Sollten diese dennoch eine Ähnlichkeit mit einem Unternehmen, einer Person oder realen Gegebenheiten haben, ist diese unbeabsichtigt und rein zufällig.

Im Sinne der Vereinfachung und besseren Lesbarkeit werden vorwiegend männliche Bezeichnungen angeführt. Diese beziehen sich sinngemäß auch auf die weibliche Form.

Wien, im Dezember 2013 *Albert Walter Huber*

Abbildungsverzeichnis

Abbildung 1:	Anzahl der Unternehmensübergaben in Österreich 2000–2012	8
Abbildung 2:	Der Transaktionsprozess	21
Abbildung 3:	Hockey-Stick-Planung	58
Abbildung 4:	Unternehmensbewertungsmethoden	69
Abbildung 5:	Beispiel einer Unternehmensbewertung bei Anwendung verschiedener Methoden	83
Abbildung 6:	Informationsdrehscheibe	104
Abbildung 7:	Preisgrenzen für Übergeber und Übernehmer	115
Abbildung 8:	Transformation im weiteren und im engeren Sinn	123
Abbildung 9:	Merger-Syndrom	128
Abbildung 10:	Eisberg-Modell	132
Abbildung 11:	Integrationsprinzipien	134
Abbildung 12:	Strategie, Ziele und Vision	145

Tabellenverzeichnis

Tabelle 1:	Größenklassen Klein- und Mittelunternehmen nach der Definition der Europäischen Kommission	1
Tabelle 2:	Anzahl der Unternehmen nach Unternehmensgröße (Klassifizierung nach der Anzahl der Beschäftigten)	3
Tabelle 3:	Anzahl der Beschäftigten nach Unternehmensgröße (Klassifizierung nach der Anzahl der Beschäftigten)	3
Tabelle 4:	Übergabepotential 2014–2018, Anzahl der Unternehmen (Deutschland)	5
Tabelle 5:	Anzahl der betroffenen Arbeitsplätze 2014–2018 (Deutschland)	5
Tabelle 6:	Übergabepotential 2011–2020, Anzahl der Unternehmen (Österreich)	8
Tabelle 7:	Anzahl der betroffenen Arbeitsplätze 2011–2020 (Österreich)	9
Tabelle 8:	Übergabepotential 2009–2013, Anzahl der Unternehmen (Schweiz)	10
Tabelle 9:	Anzahl der betroffenen Arbeitsplätze 2009–2013 (Schweiz)	10
Tabelle 10:	Beispiel einer komprimierten Ergebnisanalyse	52
Tabelle 11:	Beispiel einer komprimierten Bilanzanalyse	53
Tabelle 12:	Beispiel einer komprimierten Cashflow-Analyse	54

Fallbeispielverzeichnis

1)	Ziele eines Betriebsübergebers	34
2)	Ziele eines Betriebsübernehmers	35
3)	Strategie eines Betriebsübergebers (GmbH – Ruhestand)	36
4)	Strategie eines Betriebsübergebers (Einzelunternehmen – Abgabe Verantwortung)	36
5)	Strategie eines Betriebsübergebers (Einzelunternehmen – Krankheit)	37
6)	Strategie eines Betriebsübernehmers (Jungunternehmer)	37
7)	Strategie eines Betriebsübernehmers (GmbH – Unternehmenssicherung durch Expansion)	38
8)	Mangelnde Strategie eines Betriebsübergebers	39
9)	Mangelnde Strategie eines Betriebsübernehmers	40
10)	Sicht des Verkäufers versus Sicht des Käufers	49
11)	Hockey-Stick-Planung eines Softwareunternehmens	58
12)	Unternehmenswert und Kaufpreis	64
13)	Vermögensgegenstände und Schulden (Hinzurechnung)	70
14)	Vermögensgegenstände und Schulden (Hinwegrechnung)	70
15)	Diskontierung von künftigen Erträgen	74
16)	Bruttounternehmenswert versus Nettounternehmenswert	78
17)	Vergleichswert	80
18)	Der erste Eindruck eines Übergebers	86
19)	Der erste Eindruck eines Übernehmers	86
20)	Organisationsplan einer Due Diligence	103

Abkürzungsverzeichnis

AG	Aktiengesellschaft
Bsp	Beispiel
bspw	beispielsweise
bzgl	bezüglich
bzw	beziehungsweise
ca	circa
DCF	Discounted Cashflow
DD	Due Diligence
Def	Definition
dh	das heißt
EBIT	Earnings Before Interest and Taxes
EBITDA	Earnings Before Interest, Taxes, Depreciation and Amortization
etc	et cetera
EU	Europäische Union
EuGH	Europäischer Gerichtshof
EUR	Euro
ev	eventuell
exkl	exklusive
f, ff	folgende, fortfolgende
FAUB	Fachausschuss für Unternehmensbewertung und Betriebswirtschaft
FCF	Free Cashflow
gem	gemäß
GmbH	Gesellschaft mit beschränkter Haftung
HGB	Handelsgesetzbuch
Hrsg	Herausgeber
IAS	International Accounting Standards
IDW	Institut der Wirtschaftsprüfer
IfM	Institut für Mittelstandsforschung
IFRS	International Financial Reporting Standards
iHv	in Höhe von

Abkürzungsverzeichnis

inkl	inklusive
insb	insbesondere
IPO	Initial Public Offering
iR	im Rahmen
iS	im Sinne
IT	Informationstechnologie
km	Kilometer
KG	Kommanditgesellschaft
KMU	Klein- und Mittelunternehmen
LBI	Leveraged Buy-in
LBO	Leveraged Buy-out
lfd	laufend
Lit	Literatur
LOI	Letter of Intent
lt	laut
M&A	Mergers & Acquisitions
max	maximal
MBI	Management Buy-in
MBO	Management Buy-out
min	minimal
mind	mindestens
Mio	Millionen
MoU	Memorandum of Understanding
NDA	Non Disclosure Agreement
NOPLAT	Net Operating Profit Less Adjusted Taxes
Nr	Nummer
pa	per annum, pro anno
PaT	Profit after Tax
ROCE	Return On Capital Employed
ROE	Return On Equity
ROI	Return On Investment
rd	rund
sog	sogenannte
Tab	Tabelle
teilw	teilweise
ua	unter anderem
UGB	Unternehmensgesetzbuch

usw	und so weiter
va	vor allem
vgl	vergleiche
WACC	Weighted Average Cost of Capital
zB	zum Beispiel

Literaturverzeichnis

Bisnode D&B Schweiz AG: Nachfolge-Studie KMU Schweiz, 15. August 2013

Bundesamt für Statistik Schweiz: Beschäftigte in marktwirtschaftlichen Unternehmen nach Größenklassen 2008, http://www.bfs.admin.ch/bfs/portal/de/index/themen/06/02/blank/data.html, Stand der Daten 2010, Zugriff am 19.9.2013

Bundesamt für Statistik Schweiz: Marktwirtschaftliche Unternehmen und Beschäftigte nach Größenklassen 2008, http://www.bfs.admin.ch/bfs/portal/de/index/themen/06/02/blank/key/01/groesse.html, Stand der Daten 2010, Zugriff am 19.9.2013

Bundesministerium für Wirtschaft, Familie und Jugend (Hrsg): Mittelstandsbericht 2012, Bericht über die Situation der kleinen und mittleren Unternehmungen der gewerblichen Wirtschaft, 2012

Credit Suisse Group AG (Hrsg): Erfolgreiche Unternehmensnachfolge, Studie mit KMU-Unternehmen zu emotionalen und finanziellen Aspekten, Februar 2009

Credit Suisse Group AG (Hrsg): Erfolgsfaktoren für Schweizer KMU, Unternehmensnachfolge in der Praxis, Juni 2013

Europäische Kommission (Hrsg): Die neue KMU-Definition, Benutzerhandbuch und Mustererklärung, 2006

Europäische Kommission: Grünbuch der Kommission vom 21. Januar 2003 „Unternehmergeist in Europa", 2003, http://europa.eu/legislation_summaries/other/n26023_de.htm, Zugriff am 8.10.2013

Fachausschuss für Unternehmensbewertung und Betriebswirtschaft (FAUB) (Hrsg): IDW Standard: Grundsätze zur Durchführung von Unternehmensbewertungen, IDW S 1 idF 2008

Institut für Mittelstandsforschung Bonn: Mittelstand in Deutschland gemäß der KMU-Definition der EU-Kommission, Stand 31.5.2012 (aktualisiert am 30.11.2012)

Institut für Mittelstandsforschung Bonn: Pressemitteilung 003/2010, IfM Bonn schätzt: 110.000 Familienunternehmen stehen zwischen 2010 und 2014 zur Übernahme an, Bonn, 21.4.2010

Institut für Mittelstandsforschung Bonn: Unternehmensübertragungen/Nachfolgen, 2010, http://www.ifm-bonn.org/statistiken/unternehmensuebertragungen-und-nachfolgen/#accordion=0&tab=1, Zugriff am 26.10.2013

Institut für Mittelstandsforschung Bonn (Hrsg): Familienexterne Nachfolge – Das Zusammenfinden von Übergebern und Übernehmern, August 2008, IfM-Materialien Nr 182

Institut für Mittelstandsforschung Bonn (Hrsg): Unternehmensnachfolgen in Deutschland, Aktuelle Trends, Juni 2012, IfM-Materialien Nr 216

Institut für Mittelstandsforschung Bonn (Hrsg): Unternehmensnachfolgen in Deutschland 2010 bis 2014, Schätzung mit weiterentwickelten Verfahren, August 2010, IfM-Materialien Nr 198

Institut für Mittelstandsforschung Bonn (Hrsg): Unternehmensnachfolgen in Deutschland 2014 bis 2018, Dezember 2013, Daten und Fakten Nr 11

Johnson, Gerry/Scholes, Kevan/Whittington, Richard: Strategisches Management, Eine Einführung, Analyse, Entscheidung und Umsetzung^9, 2011

Kammer der Wirtschaftstreuhänder (Hrsg): Fachgutachten des Fachsenats für Betriebswirtschaft und Organisation des Instituts für Betriebswirtschaft, Steuerrecht und Organisation der Kammer der Wirtschaftstreuhänder zur Unternehmensbewertung, KFS BW1, 2006

KMU Forschung Austria (Hrsg): Unternehmensübergaben und -nachfolgen in Kleinen und Mittleren Unternehmen (KMU) der Gewerblichen Wirtschaft Österreichs, Endbericht, 2008

KMU Forschung Austria, Voithofer, Peter: Unternehmensnachfolge als betriebliche Evolution? Veröffentlichte Präsentation Oktober 2011, http://www.kmuforschung.ac.at/images/stories/vortraege/2011/2011_10_04_Notariatskammer.pdf, Zugriff am 25.9.2013

Messner, Stephanie/ Kreidl, Christian/Wala, Thomas (Hrsg): Grundlagen der Betriebswirtschaftslehre^2, 2007

Morrison, Terri/Conaway, Wayne A.: Kiss, Bow, or Shake Hands^2, 2006

Müller-Stewens, Günter/Lechner, Christoph: Strategisches Management, Wie strategische Initiativen zum Wandel führen^3, 2005

Picot, Gerhard (Hrsg): Handbuch Mergers & Acquisitions, Planung, Durchführung, Integration^4, 2008

Stiftung KMU Next (Hrsg): KMU Nachfolge – Quo Vadis? Unsichere Zeiten – ist jetzt der falsche Moment? Bericht Nr 1/2012 (aktualisiert Juni 2013)

Stiftung KMU Next (Hrsg): Nachfolge als Prozess, Herausforderungen und Beratungsangebote, Bericht Nr 3/2012

Treuhand-Kammer Schweiz (Hrsg): Unternehmensbewertung, Richtlinien und Grundsätze für die Bewertenden, April 2008

Wala, Thomas/Messner, Stephanie/Haslehner, Franz/Szauer, Stefan: Grundlagen der Unternehmensbewertung, Aufsichtsrat aktuell 2/2008

Weston, J. Fred/Weaver, C. Samuel: Mergers and Acquisitions, 2001

Wirtschaftskammer Wien: Wiener Wirtschaft. Die Zeitung der Wirtschaftskammer Wien, 37. Jahrgang, Nr 33/34, August 2013

I. Einführung

Das vorliegende Buch geht ausschließlich auf Klein- und Mittelunternehmen ein. Es ist daher zunächst zu klären, wie Klein- und Mittelunternehmen definiert werden und welche Bedeutung ihnen im deutschsprachigen Raum zukommt (Kapitel I.A.). Es gibt einige wenige Marktuntersuchungen zum Thema Betriebsübergabe und Betriebsübernahme von Klein- und Mittelunternehmen; die Details und Gemeinsamkeiten der drei deutschsprachigen Länder Deutschland, Österreich und der Schweiz zeigt Kapitel I.B. Im Anschluss werden in Kapitel I.C. die notwendigen Begriffe geklärt und Abgrenzungen von familieninternen zu familienexternen Übergaben und Übernahmen sowie zu Mergers & Acquisitions vorgenommen. Abschließend beschreibt Kapitel I.D. den Transaktionsprozess einer Betriebsübergabe und einer Betriebsübernahme, der jeweils in vier Phasen gegliedert ist – und somit auch kurz die weiteren Inhalte des vorliegenden Buches umreißt.

A. Klein- und Mittelunternehmen

Je nach Ländern, Gesetzgebungen, Institutionen und Organisationen gibt es unterschiedliche Definitionen für Klein- und Mittelunternehmen (kurz **KMU**). Um die Einheit im deutschsprachigen Raum zu wahren, wird in weiterer Folge ausschließlich auf die Definition von Kleinst-, kleinen und mittleren Unternehmen der Europäischen Kommission Bezug genommen.[1] Diese Definition wird neben anderen Klassifizierungen[2] auch von Deutschland, Österreich und der Schweiz verwendet.

Unternehmen mit weniger als 250 Beschäftigten[3] **und** einem jährlichen Umsatz von unter EUR 50 Millionen **oder** einer Bilanzsumme von unter EUR 43 Millionen werden laut der Europäischen Kommission als kleine und mittlere Unternehmen (KMU) definiert. Innerhalb dieser Kategorie wird je nach Schwellenwerten zwischen Kleinstunternehmen, kleinen Unternehmen und mittleren Unternehmen unterschieden. Alle die KMU-Definition überschreitenden Unternehmen stellen große Unternehmen dar.

Größenklassen	Beschäftigte		Jahresumsatz		Bilanzsumme
Kleinstunternehmen	weniger als 10	und	bis EUR 2 Mio	oder	bis EUR 2 Mio
Kleine Unternehmen	weniger als 50	und	bis EUR 10 Mio	oder	bis EUR 10 Mio
Mittlere Unternehmen	weniger als 250	und	bis EUR 50 Mio	oder	bis EUR 43 Mio

Tabelle 1: Größenklassen Klein- und Mittelunternehmen nach der Definition der Europäischen Kommission

---

1 Siehe dazu *Europäische Kommission*, Die neue KMU-Definition (2006).
2 Siehe beispielsweise österreichisches Unternehmensgesetzbuch (UGB), deutsches Handelsgesetzbuch (HGB) oder Klassifizierung nach dem Institut für Mittelstandsforschung (IfM) Bonn.
3 Das Wort Beschäftigte beinhaltet auch den im Betrieb tätigen Inhaber oder Gesellschafter.

I. Einführung

Zusätzlich zu den Größenklassen wird eine weitgehende **Eigenständigkeit** des Unternehmens verlangt. Nach der KMU-Definition der Europäischen Kommission[4] liegt diese vor, wenn

a) der Unternehmer völlig unabhängig ist, dh er ist nicht an anderen Unternehmen beteiligt und es gibt keine Beteiligung anderer Unternehmen am zu klassifizierenden Unternehmen, oder
b) der Unternehmer weniger als 25% des Kapitals oder der Stimmrechte an einem oder mehreren anderen Unternehmen hält und/oder Außenstehende weniger als 25% am zu klassifizierenden Unternehmen halten.

Eigenständigkeit bedeutet, dass ein Unternehmer weder Partner eines anderen Unternehmens noch mit anderen Unternehmen verbunden ist. Die EU-Kommission unterscheidet zwischen vier Stufen der Eigenständigkeit bzw Abhängigkeit:

1. Der Unternehmer ist völlig unabhängig und hält keine Beteiligung (siehe Punkt a oben).
2. Der Unternehmer hält Beteiligungen von jeweils maximal 25% an anderen Unternehmen, und am zu klassifizierenden Unternehmen selbst halten Außenstehende weniger als 25% (siehe Punkt b oben).
3. Der Unternehmer hält mindestens 25%, aber weniger als 50% am Kapital oder den Stimmrechten an anderen Unternehmen und/oder ein anderes Unternehmen hält mindestens 25%, aber weniger als 50% am Kapital oder den Stimmrechten des zu klassifizierenden Unternehmens; dies wird als **Partnerunternehmen** bezeichnet.[5]
4. Der Unternehmer hält die Mehrheit am Kapital oder an den Stimmrechten (in der Regel mehr als 50%) an anderen Unternehmen und/oder ein anderes Unternehmen hält die Mehrheit am Kapital oder an den Stimmrechten (in der Regel über 50%) des zu klassifizierenden Unternehmens; dies wird als **verbundenes Unternehmen** bezeichnet.[6]

Im Jahr 2009 waren rund 20,6 Millionen Klein- und Mittelunternehmen in den **EU-27** in der marktorientierten[7] Wirtschaft tätig, dies entsprach einem Anteil von 99,8% aller Betriebe.[8] Der überwiegende Anteil (92,1%) in den EU-27 zählte zu den Kleinstunternehmen mit bis zu neun Beschäftigten.

Deutschland, Österreich und die Schweiz liegen geringfügig unter dem EU-27-Durchschnitt. Tabelle 2 zeigt einen Ländervergleich nach der **Anzahl der Unternehmen** auf der Basis der KMU-Definition der Europäischen Kommission und der Anzahl der Beschäftigten.

---

[4] *Europäische Kommission*, Die neue KMU-Definition (2006) 16.
[5] *Europäische Kommission*, Die neue KMU-Definition (2006) 20.
[6] *Europäische Kommission*, Die neue KMU-Definition (2006) 23 f.
[7] Ohne Erbringung von Finanz- und Versicherungsdienstleistungen, Land- und Forstwirtschaft sowie persönliche Dienstleistungen.
[8] *Bundesministerium für Wirtschaft, Familie und Jugend*, Mittelstandsbericht 2012 (2012) 19.

A. Klein- und Mittelunternehmen

Anzahl der Unternehmen Stand Jahr	Deutschland 2010	%	Österreich 2010	%	Schweiz 2008	%
Kleinstunternehmen (bis 9 Beschäftigte)	3.252.786	89,8%	269.899	87,4%	272.346	87,1%
Kleine Unternehmen (10–49 Beschäftigte)	283.912	7,8%	32.683	10,6%	33.183	10,6%
Mittlere Unternehmen (50–249 Beschäftigte)	66.269	1,8%	5.085	1,6%	6.178	2,0%
Klein- und Mittelunternehmen	**3.602.967**	**99,5%**	**307.667**	**99,7%**	**311.707**	**99,6%**
Große Unternehmen (250 und mehr Beschäftigte)	17.609	0,5%	1.068	0,3%	1.154	0,4%
Alle Unternehmen	3.620.576	100,0%	308.735	100,0%	312.861	100,0%

Tabelle 2: Anzahl der Unternehmen nach Unternehmensgröße (Klassifizierung nach der Anzahl der Beschäftigten)[9]

Tabelle 3 zeigt einen Ländervergleich nach der **Anzahl der Beschäftigten** auf Basis der KMU-Definition der Europäischen Kommission und der Anzahl der Beschäftigten. Beim Vergleich der Länder untereinander ist auf die Datenbasis zu achten, da die Statistiken von verschiedenen nationalen Institutionen erstellt wurden.[10]

Anzahl der Beschäftigten Stand Jahr	Deutschland 2010	%	Österreich 2010	%	Schweiz 2008	%
Kleinstunternehmen (bis 9 Beschäftigte)	3.913.310	15,2%	663.937	24,8%	869.206	24,9%
Kleine Unternehmen (10–49 Beschäftigte)	4.807.480	18,7%	624.884	23,3%	760.780	21,8%
Mittlere Unternehmen (50–249 Beschäftigte)	5.349.608	20,8%	506.740	18,9%	697.816	20,0%
Klein- und Mittelunternehmen	**14.070.398**	**54,7%**	**1.795.561**	**66,9%**	**2.327.802**	**66,6%**
Große Unternehmen (250 und mehr Beschäftigte)	11.663.954	45,3%	886.515	33,1%	1.166.269	33,4%
Alle Unternehmen	25.734.352	100,0%	2.682.076	100,0%	3.494.071	100,0%

Tabelle 3: Anzahl der Beschäftigten nach Unternehmensgröße (Klassifizierung nach der Anzahl der Beschäftigten)[11]

---

9   Siehe dazu *Institut für Mittelstandsforschung Bonn*, Mittelstand in Deutschland gemäß der KMU-Definition der EU-Kommission (2012) 1, *Bundesministerium für Wirtschaft, Familie und Jugend*, Mittelstandsbericht 2012 (2012) 19 sowie *Bundesamt für Statistik Schweiz*, Marktwirtschaftliche Unternehmen und Beschäftigte nach Größenklassen 2008 (2010).
10 Deutschland: Sozialversicherungspflichtige Beschäftigte. Österreich: Beschäftigte in der marktorientierten Wirtschaft (ohne Land- und Forstwirtschaft sowie persönliche Dienstleistungen). Schweiz: nach Vollzeitäquivalent.
11 Siehe dazu *Institut für Mittelstandsforschung Bonn*, Mittelstand in Deutschland gemäß der KMU-Definition der EU-Kommission (2012) 1, *Bundesministerium für Wirtschaft, Familie und Jugend*, Mittelstandsbericht 2012 (2012) 23 sowie *Bundesamt für Statistik Schweiz*, Beschäftigte in marktwirtschaftlichen Unternehmen nach Größenklassen 2008 (2010).

I. Einführung

Insgesamt erwirtschafteten Klein- und Mittelunternehmen 2009 in den EU-27 **Nettoumsätze** von EUR 12.656 Milliarden, dies entsprach einem Anteil von 57,3% der Erlöse der gesamten marktorientierten Wirtschaft. Großunternehmen erbrachten eine Nettoumsatzleistung von gesamt EUR 9.413 Milliarden, was einen Anteil von 42,7% ergibt.[12]

Die Statistiken zeigen die wesentliche Bedeutung von Klein- und Mittelunternehmen. KMU stellen von der Anzahl der Unternehmen, der Anzahl der Beschäftigten und der Wirtschaftsleistung die **vorherrschende Unternehmensklasse in Europa** dar. Es ist daher ein großes Anliegen der einzelnen Länder und deren Politik, den Bestand der Klein- und Mittelunternehmen aufrechtzuerhalten und für die Zukunft zu sichern. Eine erfolgreiche Betriebsübergabe ist eine Grundvoraussetzung für den Weiterbestand von Klein- und Mittelunternehmen.

B. Der Markt im deutschsprachigen Raum

Die nachfolgend angeführten Studien verfolgen den Zweck, die Bedeutung von Betriebsübergaben und Betriebsübernahmen in Deutschland, Österreich und der Schweiz aufzuzeigen. Es existieren einige wenige Marktforschungsdaten, die vor allem die Anzahl der bevorstehenden Betriebsübergaben in den Vordergrund stellen. Die Schätzungen basieren meistens auf statistischen Untersuchungen und/oder Befragungen von Unternehmern. Es gibt in den drei deutschsprachigen Ländern kein einheitliches Schätzverfahren, im Einzelnen unterscheiden sich die Studien vor allem hinsichtlich

- der Grundgesamtheit von Klein- und Mittelunternehmen und deren Definition,
- der Definition von Unternehmen, die zur Übergabe anstehen und als übergabereif erachtet werden, und
- der Schätzverfahren.

Auch wenn die jeweils resultierenden Zahlen zwischen Deutschland, Österreich und der Schweiz nur bedingt miteinander vergleichbar sind, zeigen diese dennoch die wesentliche Bedeutung von Betriebsübergaben und Betriebsübernahmen in allen drei Ländern auf. Die Studien umfassen sowohl familieninterne als auch familienexterne Übergaben und Übernahmen.

1. Deutschland

Nach Berechnungen des Instituts für Mittelstandsforschung Bonn (IfM Bonn)[13] sind im Zeitraum 2014 bis 2018 rund **27.000 Familienunternehmen pro Jahr** von einer Unternehmensübergabe betroffen. Dies entspricht 135.000 Unternehmensübergaben innerhalb eines Zeitraums von fünf Jahren (2014–2018).

---

12 *Bundesministerium für Wirtschaft, Familie und Jugend*, Mittelstandsbericht 2012 (2012) 37.
13 *Institut für Mittelstandsforschung Bonn*, Unternehmensnachfolgen in Deutschland 2014 bis 2018 (2013).

Einen verhältnismäßig hohen Anteil an Nachfolgeunternehmen weisen die Sparten Handel, Produzierendes Gewerbe und Unternehmensbezogene Dienstleistungen[14] auf. An vierter Stelle rangieren mit 10% die Personenbezogenen Dienstleistungen.[15]

Übergabepotential 2014–2018	Anzahl	in %
Handel	38.200	28%
Produzierendes Gewerbe	41.100	30%
Unternehmensbezogene Dienstleistungen	38.400	28%
Personenbezogene Dienstleistungen	14.200	10%
Land-, Forstwirtschaft, Fischerei, Fischzucht	3.400	3%
Summe	**135.300**	**100%**

Tabelle 4: Übergabepotential 2014–2018, Anzahl der Unternehmen (Deutschland)[16]

Lediglich rund 8% der zur Übergabe anstehenden Unternehmen erwirtschaften einen Jahresumsatz von mehr als EUR 5 Millionen. Die Mehrheit der Nachfolgeunternehmen (62%) erzielt einen Jahresumsatz von weniger als EUR 1 Million.[17]

Auf Ostdeutschland einschließlich Berlin entfallen 16% und auf Westdeutschland 84% der anstehenden Unternehmensübergaben. Die am stärksten betroffenen Bundesländer sind Nordrhein-Westfalen (22%), das Bundesland mit dem größten Unternehmensbestand, Bayern (18%) und Baden-Württemberg (14%).[18]

Von den Unternehmensübergaben sind laut Studie 400.000 Beschäftigte pro Jahr betroffen, dies entspricht 2,0 Millionen Beschäftigten innerhalb eines Zeitraums von fünf Jahren (2014–2018). Ein Großteil davon entfällt auf die Sparten Produzierendes Gewerbe und Unternehmensbezogene Dienstleistungen (siehe Tabelle 5).

Betroffene Arbeitsplätze 2014–2018	Anzahl	in %
Handel	378.000	19%
Produzierendes Gewerbe	723.000	36%
Unternehmensbezogene Dienstleistungen	578.000	29%
Personenbezogene Dienstleistungen	312.000	16%
Land-, Forstwirtschaft, Fischerei, Fischzucht	9.000	0%
Summe	**2.000.000**	**100%**

Tabelle 5: Anzahl der betroffenen Arbeitsplätze 2014–2018 (Deutschland)[19]

---

14 Verkehr und Lagerei, Information und Kommunikation, Finanz- und Versicherungsdienstleistungen, Grundstücks- und Wohnungswesen, freiberufliche, wissenschaftliche und technische Dienstleistungen, sonstige wirtschaftliche Dienstleistungen.
15 Gastgewerbe, Erziehung und Unterricht, Gesundheits- und Sozialwesen, Kunst, Unterhaltung und Erholung, sonstige Dienstleistungen.
16 *Institut für Mittelstandsforschung Bonn*, Unternehmensnachfolgen in Deutschland 2014 bis 2018 (2013) 9.
17 *Institut für Mittelstandsforschung Bonn*, Unternehmensnachfolgen in Deutschland 2014 bis 2018 (2013) 11.
18 *Institut für Mittelstandsforschung Bonn*, Unternehmensnachfolgen in Deutschland 2014 bis 2018 (2013) 12 f.
19 *Institut für Mittelstandsforschung Bonn*, Unternehmensnachfolgen in Deutschland 2014 bis 2018 (2013) 15.

I. Einführung

Nach Untersuchungen des IfM Bonn aus 2010 erfolgt die **Mehrheit der Übergaben altersbedingt** (86%), rund 10% aufgrund von Ableben und rund 4% aufgrund von Krankheit.[20]

Wie in den Nachbarländern Österreich und der Schweiz nimmt auch in Deutschland der Anteil an Unternehmensübernahmen durch Familienmitglieder ab. Der Trend geht vermehrt in Richtung **Übernahme durch familienexterne Personen und Unternehmen**. Gut die Hälfte der Eigentümer (54%) von Familienunternehmen gibt ihr Unternehmen an die Kinder ab (familieninterne Übergabe). Rund 46% der Familienunternehmen werden in Deutschland bereits familienextern übergeben, und zwar rund 17% an Mitarbeiter und 29% an andere unternehmensexterne Personen oder Unternehmen.[21] Die Gründe für den Rückgang der familieninternen Unternehmensnachfolge liegen

- in den seit 1965 sinkenden Geburtenzahlen in Deutschland, wodurch generell weniger potentielle Nachfolger zur Verfügung stehen,
- in den vielfältigen anderen (attraktiveren) beruflichen Perspektiven der Kinder und
- im häufig zu niedrigen Alter der Nachfolger im Zeitpunkt der Übergabe, da die Familiengründung tendenziell später erfolgt.[22]

Bei den zur Verfügung stehenden Daten aus Deutschland ist insbesondere auf die Grundgesamtheit und die zu erfüllenden Kriterien zu achten, sodass Unternehmen als **übernahmewürdig** gelten. Das Institut für Mittelstandsforschung Bonn geht in seiner Studie aus 2013 von einem Gesamtunternehmensbestand von 3,74 Millionen aus, wovon rund 3,54 Millionen Familienunternehmen zugerechnet werden. Von den Familienunternehmen gelten laut IfM Bonn rund 700.000 als übernahmewürdig (zwei der Hauptkriterien sind ein Jahresumsatz von mindestens EUR 100.000 und ein Jahresgewinn von mindestens EUR 53.989 inklusive kalkulatorischer Unternehmerlohn für Einzelunternehmen und Personengesellschaften; für Kapitalgesellschaften gilt kein Mindestgewinn).[23] Davon werden 135.000 Unternehmen für die nächsten fünf Jahre als **übergabereif** geschätzt.

Die angeführte Studie umfasst ausschließlich Familienunternehmen. Laut der Studie des IfM Bonn aus 2010 sind 95% aller Unternehmen in Familienhand und werden von einem Familienmitglied geführt.[24] Eine Unterteilung in KMU wird nicht vorgenommen, damit umfasst die Studie auch Großunternehmen, wenngleich deren Anzahl (im Vergleich zur Anzahl der KMU) gering ist.[25]

Insbesondere durch das Kriterium des **Mindestjahresgewinns** fällt das Übergabepotential im relativen Vergleich zu den Ländern Österreich und Schweiz deutlich geringer aus. Wird das Kriterium des Mindestgewinns im Rahmen der Schätzung auf EUR 30.000 gesenkt, erhöht sich die Anzahl der übergabereifen Unternehmen in Deutschland für 2014 bis 2018 auf 159.000.[26]

---

20 *Institut für Mittelstandsforschung Bonn*, Unternehmensnachfolgen in Deutschland 2010 bis 2014 (2010) 32.
21 *Institut für Mittelstandsforschung Bonn*, Unternehmensnachfolgen in Deutschland 2014 bis 2018 (2013) 18 f.
22 *Institut für Mittelstandsforschung Bonn*, Familienexterne Nachfolge (2008) 1.
23 Siehe dazu im Detail *Institut für Mittelstandsforschung Bonn*, Unternehmensnachfolgen in Deutschland 2014 bis 2018 (2013) 8 ff.
24 *Institut für Mittelstandsforschung Bonn*, Unternehmensnachfolgen in Deutschland 2010 bis 2014 (2010) 9.
25 Durch den Einbezug von Großunternehmen steigt jedoch folglich die Anzahl der von den Unternehmensübergaben betroffenen Beschäftigten, vgl dazu auch Tabelle 2 und Tabelle 3.
26 *Institut für Mittelstandsforschung Bonn*, Unternehmensnachfolgen in Deutschland 2014 bis 2018 (2013) 8.

In der Vergangenheit wurde in Deutschland seitens des IfM Bonn als Kriterium ein **Mindestumsatz** von EUR 50.000 angesetzt. Daraus resultierten Schätzungen von rund 71.000 Familienunternehmen pro Jahr bzw 355.000 innerhalb von fünf Jahren.[27] Dieses Umsatzkriterium wurde mit der Studie des IfM Bonn aus 2010 auf einen **Mindestgewinn** von rund EUR 50.000 geändert, da potentielle Nachfolgeunternehmen aus Gründen der Attraktivität eine hinreichende Substanz aufweisen sollen.[28] Die wesentlich geringere Anzahl der potentiellen Nachfolgeunternehmen in Deutschland ist daher vorwiegend auf die geänderte Berechnungsart zurückzuführen.

2. Österreich

Ausgangspunkt der Studien und Daten der KMU Forschung Austria[29] war die Anzahl der kleinen und mittleren Unternehmen (KMU) der gewerblichen Wirtschaft exklusive der Sparte Bank und Versicherung. Großunternehmen mit 250 oder mehr unselbstständigen Beschäftigten sind nicht in die Analysen eingeflossen. Anders als in früheren Studien der KMU Forschung Austria wurden Ein-Personen-Unternehmen (kurz EPU) nunmehr mit einbezogen.

Es gibt einige Kriterien, die Unternehmen als **übergabetauglich** definieren (zB keine Überschuldung von mehr als –20%, keine Umsatzrentabilität von weniger als –5%, einige zusätzliche Einschränkungen für EPU, wie beispielsweise Selbstständigkeit seit mehr als drei Jahren und Arbeitsort nicht ident mit dem Wohnsitz).[30] Eine vergleichbar starke Einschränkung der Grundgesamtheit wie in Deutschland, die einen Mindestgewinn von über EUR 50.000 fordert, wird bei den Daten in Österreich nicht vorgenommen. Die Anzahl der in Deutschland zur Übergabe anstehenden Unternehmen ist daher im relativen Vergleich zu Österreich, gemessen an der Gesamtheit der Unternehmen, deswegen deutlich geringer, was vorwiegend auf den unterschiedlichen Methodenzugang der Schätzung zurückzuführen ist.

Die Anzahl der Unternehmensübergaben in der gewerblichen Wirtschaft war in den vergangenen Jahren tendenziell steigend und betrug nach Angaben der Wirtschaftskammer Österreich zwischen rund **5.000 und 6.900 Unternehmen pro Jahr**.[31] 2012 war ein neues Rekordjahr, insgesamt wurden 6.857 bestehende Betriebe übernommen, was einen Zuwachs von 2,3% gegenüber dem Vorjahr bedeutete.[32] Stark steigend war der Anteil der Unternehmensübergaben nach Sparten in Prozent (ohne Sparte Bank und Versicherung) zwischen 2001 und 2010 in der Sparte Gewerbe und Handwerk (26% in 2010) und sinkend in der Sparte Handel (20% in 2010). Einen weiteren signifikanten Anteil an Unternehmensübergaben hatten in den Beobachtungsperioden die Sparte Tourismus (33% in 2010), welche vor allem im Westen Österreichs stark vertreten ist, sowie die Sparte Information und Consulting (17% in 2010).[33]

---

27 *Institut für Mittelstandsforschung Bonn*, Familienexterne Nachfolge (2008) 1.
28 Siehe dazu *Institut für Mittelstandsforschung Bonn*, Pressemitteilung 003/2010 (2010).
29 Aus den Jahren 2008 bis 2013.
30 *KMU Forschung Austria*, Unternehmensübergaben und -nachfolgen in KMU (2008) 83 ff.
31 *KMU Forschung Austria/Voithofer*, Unternehmensnachfolge als betriebliche Evolution? (2011) 4.
32 *Wirtschaftskammer Wien*, Wiener Wirtschaft Nr 33/34 (2013) 11.
33 *KMU Forschung Austria/Voithofer*, Unternehmensnachfolge als betriebliche Evolution? (2011) 5.

I. Einführung

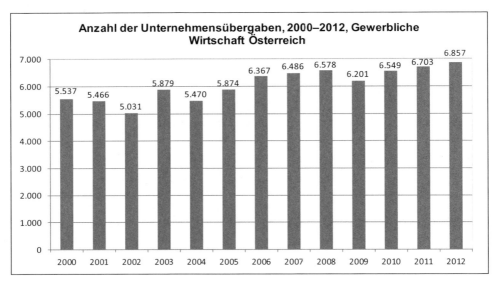

Abbildung 1: Anzahl der Unternehmensübergaben in Österreich 2000–2012[34]

Das **Übergabepotential 2011 bis 2020** liegt nach Schätzungen der KMU Forschung Austria bei rund **57.300 Klein- und Mittelunternehmen** inklusive EPU und exklusive der Sparte Bank und Versicherung.[35] Exklusive EPU sind es rund 52.000 Klein- und Mittelunternehmen.[36] Einen hohen Anteil am Übergabepotential haben die Sparten Handel, Gewerbe und Handwerk sowie Tourismus und Freizeitwirtschaft mit insgesamt rund 80%.[37]

Übergabepotential 2011–2020	Anzahl	in %
Handel	18.100	32%
Gewerbe und Handwerk	17.600	31%
Tourismus und Freizeitwirtschaft	11.100	19%
Information und Consulting	5.800	10%
Transport und Verkehr	3.500	6%
Industrie	1.200	2%
Summe	**57.300**	**100%**

Tabelle 6: Übergabepotential 2011–2020, Anzahl der Unternehmen (Österreich)[38]

---

34 Werte 2000 bis 2010 entnommen aus *KMU Forschung Austria/Voithofer*, Unternehmensnachfolge als betriebliche Evolution? (2011) 4; Werte 2011 und 2012 entnommen aus *Wirtschaftskammer Wien*, Wiener Wirtschaft Nr 33/34 (2013) 11.
35 *KMU Forschung Austria/Voithofer*, Unternehmensnachfolge als betriebliche Evolution? (2011) 15.
36 Siehe dazu auch *Bundesministerium für Wirtschaft, Familie und Jugend*, Mittelstandsbericht 2012 (2012) 72.
37 *KMU Forschung Austria/Voithofer*, Unternehmensnachfolge als betriebliche Evolution? (2011) 16.
38 *KMU Forschung Austria/Voithofer*, Unternehmensnachfolge als betriebliche Evolution? (2011) 16.

Von der Übergabe sind laut KMU Forschung Austria 501.000 Arbeitsplätze betroffen, die meisten davon entfallen auf die Sparte Gewerbe und Handwerk, gefolgt von den Sparten Handel sowie Tourismus und Freizeitwirtschaft.[39]

Betroffene Arbeitsplätze 2011–2020	**Anzahl**	**in %**
Handel	139.000	28%
Gewerbe und Handwerk	160.000	32%
Tourismus und Freizeitwirtschaft	87.000	17%
Information und Consulting	39.000	8%
Transport und Verkehr	34.000	7%
Industrie	42.000	8%
Summe	**501.000**	**100%**

Tabelle 7: Anzahl der betroffenen Arbeitsplätze 2011–2020 (Österreich)[40]

Nach Größenklassen entfällt der größte Anteil an potentiellen Übergaben auf Betriebe mit einem bis neun Beschäftigten (71%), gefolgt von Betrieben mit zehn bis 49 Beschäftigten (16%), EPU (10%) und Betrieben mit 50 bis 249 Beschäftigten (3%).[41]

Eine Gliederung der absoluten Zahlen von potentiellen Übergaben nach **Bundesländern** zeigt einen deutlichen Vorsprung der Bundeshauptstadt Wien (mit einem überdurchschnittlich hohen Anteil an EPU), gefolgt von Niederösterreich, Oberösterreich und der Steiermark. Bei den relativen Zahlen, gemessen am Anteil der KMU nach Bundesland, liegen die westlichen Bundesländer und Kärnten über dem Österreich-Durchschnitt von 18%. Das ist unter anderem darauf zurückzuführen, dass das durchschnittliche Alter der Unternehmer in den genannten Bundesländern generell über dem Österreichwert liegt.[42]

Die Anzahl der **Unternehmensübergaben innerhalb der Familie** ist laut KMU Forschung Austria deutlich rückläufig. Während 1996 noch rund 75% der Unternehmensübergaben innerhalb der Familie erfolgten, wurden 2006 nur noch 50% der Familienunternehmen von einem Familienmitglied übernommen. Die Gründe für den deutlichen Rückgang liegen laut KMU Forschung Austria – ähnlich wie in Deutschland – in der sinkenden Kinderzahl und einer anderen beruflichen Ausrichtung der Kinder.[43] Die Optionen für potentielle Familiennachfolger sind vielfältiger geworden, sodass die typischen Familienübergaben stark an Bedeutung verlieren. Zwangsläufig steigt daher die Bedeutung von Betriebsübergaben an familienexterne Personen und Unternehmen.

Ebenso rückläufig ist die Anzahl der **altersbedingten Übergaben**. Laut einer Erhebung der KMU Forschung Austria 2008 erfolgte die Hälfte von 6.500 Unternehmensübergaben aus altersbedingten Gründen, weitere 14% aufgrund von Tod oder gesundheitlichen

---

39 *KMU Forschung Austria/Voithofer*, Unternehmensnachfolge als betriebliche Evolution? (2011) 18.
40 *KMU Forschung Austria/Voithofer*, Unternehmensnachfolge als betriebliche Evolution? (2011) 18.
41 *KMU Forschung Austria*, Unternehmensübergaben und -nachfolgen in KMU (2008), 16.
42 *KMU Forschung Austria*, Unternehmensübergaben und -nachfolgen in KMU (2008) 20 ff.
43 *KMU Forschung Austria*, Unternehmensübergaben und -nachfolgen in KMU (2008) 9.

Problemen, 23% wegen einer anderen selbstständigen oder unselbstständigen Tätigkeit sowie 13% aus sonstigen Gründen. Altersbedingte Übergaben verlieren laut KMU Forschung Austria durch den gesellschaftlichen Wandel und anderen verfügbaren Optionen (zB andere selbstständige oder unselbstständige Tätigkeit) an Bedeutung.[44]

3. Schweiz

Nach einer Studie der Credit Suisse AG in Zusammenarbeit mit der Universität St. Gallen vom Februar 2009 standen in der Schweiz im Zeitraum 2009 bis 2013 rund 77.000 Klein- und Mittelunternehmen vor der Herausforderung der Nachfolgeregelung. Dies entspricht **15.400 Unternehmen pro Jahr** und einer durchschnittlichen Nachfolgequote von 25,84% gerechnet auf eine Grundgesamtheit von 297.694 KMU mit bis zu 249 Beschäftigten. Damit ist bereits jeder vierte Unternehmer mit der potentiellen Übergabe seines Unternehmens konfrontiert.[45]

Übergabepotential 2009–2013	Anzahl	in %
Kleinstunternehmen (bis 9 Beschäftigte)	64.873	84%
Kleine Unternehmen (10–49 Beschäftigte)	10.386	14%
Mittlere Unternehmen (50–249 Beschäftigte)	1.669	2%
Summe	**76.928**	**100%**

Tabelle 8: Übergabepotential 2009–2013, Anzahl der Unternehmen (Schweiz)[46]

Von der Übergabe sind in den betroffenen Unternehmen nach Angaben der Studie 631.500 Arbeitsplätze betroffen. Dies entspricht, gerechnet auf eine Grundgesamtheit von 2.150.183 Beschäftigten im KMU-Sektor, 29,37%.

Betroffene Arbeitsplätze 2009–2013	Anzahl	in %
Kleinstunternehmen (bis 9 Beschäftigte)	208.163	33%
Kleine Unternehmen (10–49 Beschäftigte)	234.685	37%
Mittlere Unternehmen (50–249 Beschäftigte)	188.652	30%
Summe	**631.500**	**100%**

Tabelle 9: Anzahl der betroffenen Arbeitsplätze 2009–2013 (Schweiz)[47]

Die Daten zeigen wie in Deutschland und Österreich eine Zunahme der Unternehmensübernahmen durch familienexterne Personen und Unternehmen. Bereits die Hälfte aller Übernahmen erfolgt durch Mitarbeiter oder andere unternehmensexterne Personen und Unternehmen.[48]

---

44 *KMU Forschung Austria/Voithofer*, Unternehmensnachfolge als betriebliche Evolution? (2011) 8 f.
45 *Credit Suisse Group AG*, Erfolgreiche Unternehmensnachfolge (2009).
46 *Credit Suisse Group AG*, Erfolgreiche Unternehmensnachfolge (2009) 9.
47 *Credit Suisse Group AG*, Erfolgreiche Unternehmensnachfolge (2009) 9.
48 *Stiftung KMU Next*, KMU Nachfolge – Quo Vadis? (2013) 7.

C. Definitionen und Abgrenzungen

1. Begriffe

Die Begriffe Unternehmen, Betrieb, Gesellschaft und Firma werden im deutschen Sprachraum meist synonym verwendet; dennoch bestehen einige wesentliche Unterschiede, auf die im Folgenden – ungeachtet der verschiedenen vor allem rechtlichen und steuerlichen vorhandenen Definitionen – hingewiesen wird.

Nach der Terminologie des Europäischen Gerichtshofes (EuGH), welche die Europäische Kommission im Rahmen der neuen KMU-Definition übernommen hat, gilt als **Unternehmen** *„jede Einheit, unabhängig von ihrer Rechtsform, die eine wirtschaftliche Tätigkeit ausführt".*[49]

Ein **Betrieb** stellt eine organisatorische Einheit eines Unternehmens dar. Ein Unternehmen kann mehrere Betriebe führen. So kann beispielsweise ein Unternehmer, der in der Kraftfahrzeugbranche tätig ist, in einem Unternehmen sowohl den Betrieb des Fahrzeughandels als auch den Betrieb des Kraftfahrzeugtechnikers ausüben.[50] Obwohl beide Tätigkeiten in einem Unternehmen ausgeführt werden, kann jeder Betrieb, da er eine organisatorische Einheit bildet, getrennt als Betrieb veräußert werden. Wesentlich für die Definition eines Betriebes in einem Unternehmen ist daher dessen klare organisatorische Abgrenzbarkeit von anderen Betriebstätigkeiten. In einem Unternehmen, in welchem ausschließlich ein Betrieb geführt wird, ist der Betrieb ident mit dem Unternehmen.

Unternehmen bezeichnet den rechtlichen Rahmen, in dem eine wirtschaftliche Tätigkeit ausgeübt wird; das kann ein Einzelunternehmen oder eine Gesellschaft sein. Eine **Gesellschaft** ist der Zusammenschluss mehrerer Personen zu einem gemeinsamen wirtschaftlichen Zweck; das kann beispielsweise eine Personengesellschaft oder eine Kapitalgesellschaft sein. Zu beachten ist, dass ein Einzelunternehmen – was in Deutschland, Österreich und der Schweiz die am häufigsten gewählte Rechtsform ist – keine Gesellschaft darstellt, da es nur von einer Person als Inhaber geführt wird.[51] Kapitalgesellschaften können dagegen auch nur von einer natürlichen oder juristischen Person gegründet werden.

Die Eigentümer einer Gesellschaft sind die **Gesellschafter**[52], diese können natürliche und/oder juristische Personen sein. Der Betreiber eines Einzelunternehmens wird **Inhaber** genannt.

---

49   *Europäische Kommission*, Die neue KMU-Definition (2006) 12.
50   Unter der Voraussetzung, dass etwaige rechtliche nationale und regionale Vorschriften (zB Gewerberecht, Betriebsanlagenrecht) erfüllt sind bzw eingehalten werden.
51   Einzelunternehmen sind per Gesetz nicht als Gesellschaften definiert. Ein Einzelunternehmen wird ausschließlich von einer Person geführt. Sobald zwei Personen ein gemeinsames Unternehmen betreiben, stellt dieses zumindest eine Personengesellschaft dar.
52   Bei einer Aktiengesellschaft (AG) werden die Gesellschafter Aktionäre genannt. Auf Aktiengesellschaften sowie andere Spezialformen von Gesellschaften wird in weiterer Folge aufgrund der wesentlich geringeren Bedeutung im Bereich der Klein- und Mittelunternehmen nicht eingegangen.

I. Einführung

Die **Firma** ist der Name eines Unternehmens, sofern das Unternehmen im Firmenbuch bzw im Handelsregister eingetragen ist.

Wie die eben erläuterten Begriffe werden auch Begriffe, die den Verkauf (Übergabe) und Kauf (Übernahme) eines Unternehmens, eines Betriebes oder einer Gesellschaft bezeichnen, oft vermischt und/oder synonym verwendet. In der deutschsprachigen Literatur gibt es kaum klare und/oder eindeutige Definitionen, die einheitlich verwendet werden.

Im allgemeinen deutschen Sprachgebrauch werden für den Verkauf und Kauf eines Unternehmens, eines Betriebes oder einer Gesellschaft überwiegend nachfolgende Begriffe verwendet:

- Unternehmensverkauf, Unternehmenskauf
- Verkauf und Kauf von Unternehmen, Betrieben oder Gesellschaften
- Unternehmensübergabe, Unternehmensübernahme
- Betriebsübergabe, Betriebsübernahme
- Unternehmensnachfolge

Eine Übergabe, Übernahme oder Nachfolge stellt grundsätzlich auch immer einen **Verkaufs- und Kaufvorgang** dar. Ausnahmen bilden die Schenkung, die Pacht und die Übernahme im Erbweg.

Die kleinste Einheit ist der Verkauf oder Kauf eines Betriebes. Wie oben ausgeführt, kann ein Unternehmen mehrere Betriebe führen. Ein Unternehmer, der in einem Unternehmen (Einzelunternehmen oder Gesellschaft) sowohl den Betrieb eines Malers und Anstreichers als auch den Betrieb eines Fliesenlegers führt, kann beispielsweise den Betrieb des Fliesenlegers veräußern und den Betrieb des Malers und Anstreichers in seinem bisherigen Unternehmen ungehindert fortführen. Ein Verkauf oder Kauf eines Unternehmens (Einzelunternehmen oder Gesellschaft) stellt damit auch immer eine **Betriebsübergabe** und eine **Betriebsübernahme** dar.

Bei einem Einzelunternehmen wird der Betrieb von einem neuen Inhaber übernommen. Personengesellschaften können wie Kapitalgesellschaften auf gesellschaftsrechtlichem Wege übertragen werden, indem der Altgesellschafter aus der Gesellschaft ausscheidet und der Neugesellschafter an seiner Stelle in die Gesellschaft eintritt.[53] Bei einer Kapitalgesellschaft, wie der häufig in Verwendung stehenden Gesellschaft mit beschränkter Haftung (kurz GmbH), wechseln bei der Veräußerung die Gesellschaftsanteile zu einem neuen Gesellschafter. Sind mehrere Gesellschafter vorhanden, ist im Rahmen des Verkaufes für die Definition als Betriebsübergabe oder Betriebsübernahme wesentlich, ob die Mehrheitsanteile oder lediglich Minderheitenanteile verkauft bzw gekauft werden.

Wechselt ein **Minderheitenanteil** (Anteil von in der Regel unter 50% am Nennkapital der Gesellschaft) den Gesellschafter, so liegt eine **Unternehmensbeteiligung** und damit keine Betriebsübergabe bzw Betriebsübernahme vor. Oft stellen diese Finanzbeteiligun-

---

53 *Institut für Mittelstandsforschung Bonn*, Unternehmensnachfolgen in Deutschland 2010 bis 2014 (2010) 7.

C. Definitionen und Abgrenzungen

gen, Kooperationen oder Partnerschaften dar. Die Entscheidungsgewalt über das Unternehmen haben in der Regel weiterhin der/die bisherige/n Mehrheitsgesellschafter, auch wenn deren Verfügungs- und Entscheidungsrechte über die Gesellschaft durch andere Gesellschafter (die Minderheitsgesellschafter), je nach deren Stimmrechten, eingeschränkt sein können. Zu nennen sind hier vor allem wichtige Beschlüsse, die mit einer qualifizierten Mehrheit (zB zwei Drittel oder 75% der Stimmrechte oder der Anteile am Nennkapital, abhängig von der Ausgestaltung des jeweiligen Gesellschaftsvertrages) zu fassen sind.

Wechselt ein **Mehrheitsanteil** (Anteil von in der Regel über 50% am Nennkapital der Gesellschaft) den Gesellschafter, stellt dies einen **Unternehmensverkauf und** damit in weiterer Folge auch eine **Betriebsübergabe** dar. Wesentlich beim Verkaufs- und Übergabevorgang ist der **Wechsel der Machtverhältnisse:** Verbleiben diese bei den bisherigen Gesellschaftern, liegt bloß eine Unternehmensbeteiligung vor.

Ein Unternehmensverkauf und -kauf bzw eine Betriebsübergabe und -übernahme kann dadurch erfolgen, dass ein Übernehmer entweder das Unternehmen, den Betrieb oder die Gesellschaft im Gesamten oder alle oder nur einzelne Vermögensgegenstände und Verbindlichkeiten des Unternehmens, des Betriebes oder der Gesellschaft mit der Absicht, den Betrieb in einem anderen Unternehmen weiterzuführen, erwirbt (siehe im Detail Kapitel III.I.). Die jeweilige Vorgehensweise wird aus wirtschaftlichen, steuerlichen und/oder rechtlichen Gründen gewählt.

Eine **Unternehmensnachfolge** stellt auch eine Betriebsübernahme dar. Ein Nachfolger, unabhängig ob familienintern oder familienextern, ist somit auch ein Betriebsübernehmer. Grundsätzlich werden Übernehmer bzw Nachfolger anhand folgender Merkmale unterschieden:

- **Familienintern:** Der Übernehmer (Nachfolger) kommt aus der Familie.
- **Familienextern:** Der Übernehmer kommt von außerhalb der Familie.
- **Unternehmensintern:** Der Übernehmer kommt aus dem Unternehmen.[54]
- **Unternehmensextern:** Der Übernehmer kommt von außerhalb des Unternehmens.

Eine Betriebsübernahme kann beispielsweise durch eine familienexterne und zugleich unternehmensinterne Person erfolgen (ein Mitarbeiter übernimmt den Betrieb), ebenso aber auch durch eine familieninterne und zugleich unternehmensexterne Person (das Kind, das bisher im Betrieb nicht tätig war, übernimmt diesen von den Eltern).

Zwecks klarer Abgrenzung werden im Folgenden drei Gruppen von Übergaben und Übernahmen unterschieden:

1) Unternehmensnachfolge innerhalb der Familie
2) Betriebsübergabe, Betriebsübernahme (Klein- und Mittelunternehmen)
3) Mergers & Acquisitions (Großunternehmen und internationale Konzerne)

---

54 Auch Management Buy-out (MBO) genannt, siehe dazu im Detail Kapitel I.C.4 und Kapitel II.G.

Die folgenden drei Kapitel umschreiben kurz die Inhalte, Besonderheiten, Schwerpunkte und Herausforderungen dieser drei Gruppen. Die daran anschließenden Kapitel widmen sich ausschließlich der zuvor als Punkt 2 angeführten Betriebsübergabe und Betriebsübernahme von Klein- und Mittelunternehmen.

2. Unternehmensnachfolge innerhalb der Familie

Eine große Anzahl von Klein- und Mittelunternehmen in Deutschland, Österreich und der Schweiz sind Familienunternehmen. Oft weisen sie eine dichte familiäre Struktur auf, dh, dass Ehepartner, Kinder oder auch andere Verwandte im Unternehmen mitarbeiten. Viele Familienunternehmen werden bereits seit mehreren Generationen geführt, wo oft noch der *Geist der Gründer* fortlebt.

Wenn es in einem Familienunternehmen zu einer Betriebsübergabe auf ein anderes Familienmitglied kommt, sprechen wir von einer **Unternehmensnachfolge innerhalb der Familie**. Meist übergibt der Vater oder die Mutter an den Sohn, die Tochter oder an mehrere Kinder gleichzeitig oder zeitversetzt. Ebenso möglich sind Übergaben an nahestehende Verwandte, wie Neffen, Nichten, Enkel etc. Die Betriebsübergabe an Familienmitglieder muss nicht mit 100% der Unternehmensanteile erfolgen. Es gibt in der Praxis viele Unternehmensnachfolgen innerhalb der Familie, wo die Eltern Minderheitenanteile (zB zehn bis 30%) als Korrektiv[55] oder aus steuerlichen Gründen behalten. Essentiell für die Definition als Unternehmensnachfolge innerhalb der Familie ist dennoch, dass es zu einer **Verschiebung der Machtverhältnisse**, wie in Kapitel I.C.1. beschrieben, kommt, dh die Entscheidungskraft über das Unternehmen übernimmt der Nachfolger. Die Eltern oder ein Elternteil als Übergeber des Unternehmens spielen auf Gesellschafter- bzw Inhaberebene nur noch eine untergeordnete bis gar keine Rolle mehr.

Wenn Eltern oder Elternteile nur einen geringen Teil ihres Unternehmens an ihre Kinder übergeben (zB der einzige Sohn erhält 25%), sprechen wir von einer **Unternehmensbeteiligung innerhalb der Familie**.

Die **Herausforderungen** von Unternehmensnachfolgen innerhalb der Familie unterscheiden sich deutlich von Betriebsübergaben und Betriebsübernahmen, bei denen die Nachfolger ausschließlich familienexterne Personen oder Unternehmen sind. Während **harte oder sachliche Faktoren** („**Hard Facts**") bei Unternehmensnachfolgen innerhalb der Familie eine eher untergeordnete Rolle spielen, kommt den **weichen oder emotionalen Faktoren** („**Soft Facts**") große Bedeutung zu.

Die Hard Facts werden vernachlässigt, weil der Nachfolger den Übergabebetrieb in den meisten Fällen bereits sehr gut kennt und ein langfristiges Vertrauensverhältnis zum Übergeber aufgrund der familiären Bindung besteht. Die familiäre und damit auch emo-

---

[55] Insbesondere dann geeignet, wenn zwei Kinder das Unternehmen je zur Hälfte übernehmen wollen. Um eine Pattsituation zu vermeiden (50:50), halten Elternteile beispielsweise 10% und die beiden Kinder je 45%. Damit übernehmen die Eltern oder Elternteile im Zuge von Streitigkeiten der Kinder im Unternehmen die Letztentscheidung. Ebenso geeignet ist diese Variante, wenn das Unternehmen nur an ein Kind übergeben wird und ein Anteil von über 25% als Korrektiv beim Übergeber verbleibt. Damit kann dieser bei wichtigen Entscheidungen im Unternehmen mit(be)stimmen (abhängig von der Ausgestaltung des Gesellschaftsvertrages).

tionale Bindung zwischen Übergeber und Übernehmer (Nachfolger) innerhalb der Familie ist jedoch auch der Grund, warum den Soft Facts im Rahmen der Unternehmensnachfolge innerhalb der Familie große Aufmerksamkeit geschenkt wird.

Der sorgfältigen Prüfung des Unternehmens (Due Diligence)[56] – die einen wesentlichen Teil der **Hard Facts** bildet – wird bei Unternehmensnachfolgen innerhalb der Familie daher grundsätzlich kaum bis wenig Beachtung geschenkt. Dennoch ist die Durchführung einer Due Diligence oder einer Unternehmensanalyse in einem Mindestmaß (Finanzdaten, wichtige Verträge) auch dem Nachfolger eines Familienunternehmens zu empfehlen, vor allem wenn er das Unternehmen vor der Übernahme noch nicht gut kennt. Generell sollte ein Übernehmer immer bereits vor der Übernahme über detaillierte Kenntnisse über das Unternehmen verfügen, welches er weiterführen will.

Weitere Hard Facts, die üblicherweise im Rahmen einer Unternehmensnachfolge innerhalb der Familie unterbleiben, sind intensive Verhandlungen über den Verkaufs- und Kaufpreis. Ziele der Unternehmensnachfolge innerhalb der Familie sind die Sicherung als Familienbetrieb, die finanzielle Versorgung der Kinder und allenfalls die Altersversorgung der Eltern als Übergeber. Es liegt daher überwiegend nicht im Interesse des Übergebers, einen hohen Verkaufspreis anzusetzen. Wenn die Übergabe der Unternehmensanteile nicht im Zuge einer Schenkung erfolgt, werden Verkaufs- und Kaufpreis eher nach steuerlichen und/oder erbrechtlichen Kriterien angesetzt.

Besondere Bedeutung bei Unternehmensnachfolgen innerhalb der Familie haben emotionale Faktoren, die **Soft Facts**. Zunächst hat jedes Familienunternehmen eine ausgeprägte **Unternehmensgeschichte**, die eng mit den Gründern (den „*Gründungsvätern*") verbunden ist. Diese Geschichte lebt in vielen Familienunternehmen lange fort, auch wenn die Gründer und vorangegangene Nachfolger längst verstorben sind oder im Betrieb nicht mehr mitarbeiten. Vieles ist mit **Tradition** verbunden; dies kann als Geschäftsmodell positiv sein, für neue Geschäftsausrichtungen oder neue Organisationsstrukturen eines Nachfolgers jedoch auch ein Hindernis darstellen. Die Tradition und die Unternehmenskultur werden von den Führungsorganen und den Mitarbeitern bewusst oder unbewusst fortgeführt. Eine Änderung bisheriger Gewohnheiten lässt sich nur mit viel Mühe, Sorgfalt und Sensibilität umsetzen und erfordert Zeit und Geduld.

Gerade in Familienunternehmen ist eine Trennung zwischen **beruflich und privat** stets eine große Herausforderung. Diese wächst, je mehr Familienmitglieder im Unternehmen mitarbeiten. Diskussionen, welche die Familie betreffen, werden ins Unternehmen getragen und umgekehrt. Es ist hier stets wichtig, Grenzen zu setzen, auch wenn diese nicht immer möglich bzw herausfordernd sein werden. Jegliche Streitigkeiten zwischen den Familienmitgliedern in einem Unternehmen werden sehr schnell von den Mitarbeitern aufgenommen und lösen Verunsicherung aus, welche zwangsläufig zu den Kunden gelangt, womit sich Familienstreitigkeiten öfters auch negativ auf die Geschäftsentwicklung des Unternehmens auswirken. Gerade hier birgt die Unternehmensnachfolge innerhalb der Familie große Gefahren für den positiven Fortbestand eines Familienunternehmens.

---

56   Siehe dazu Kapitel IV. A.

I. Einführung

Eine weitere Herausforderung stellen die unterschiedlichen **Rollenverteilungen** innerhalb der Familie und im Unternehmen dar. Die Hierarchie ist in der Familie grundsätzlich klar geregelt, die Eltern (oder ein Elternteil) übernehmen die Rolle der Familienführung. Wenn etwa der Vater das Unternehmen an seinen Sohn übergibt und weiterhin im Unternehmen tätig ist, dreht sich das Rollenverhältnis um, vorausgesetzt Vater und Sohn lassen dies zu. Nun ist der Sohn der Chef und der Vater ihm untergeordnet. Genau diese Situation birgt ein hohes Konfliktpotential in sich, da der Vater neben seiner Funktion als Familienvater auch über eine wesentlich längere Lebens- und Betriebserfahrung verfügt. Gleichzeitig will der Sohn jedoch auch seine eigenen – neuen Ideen – in das Unternehmen einbringen, diesem seinen *eigenen Stempel* aufdrücken.

Gerade in einem Familienunternehmen ist der Übergeber daher gefordert, seinen Betrieb **loszulassen**. Dies setzt aber auch voraus, dass das Kind, das den Betrieb übernimmt, als erwachsenes Familienmitglied von den Eltern/dem Elternteil bereits losgelassen wurde. In vielen Familienbetrieben ist weder das eine noch das andere der Fall. Viele Eltern wollen ihre Kinder beschützen[57] – was sich aus dem Rollenverhältnis/-verständnis innerhalb der Familie erklären lässt – und versuchen daher weiter die Verantwortung für den Betrieb, trotz nach außen erfolgter Übergabe an das Kind, zu bewahren. Für den Übernehmer sind jedoch die Übernahme der Verantwortung nach innen und nach außen sowie die Entfaltung gemäß den eigenen Vorstellungen von großer Bedeutung.

Ein weiterer Rollentausch erfolgt, wenn das herangewachsene **Kind zum Firmenchef** wird. Langjährige Mitarbeiter kennen überwiegend auch die Kinder der Unternehmerfamilie. Bei der Unternehmensnachfolge innerhalb der Familie wird das frühere „Kind" zum „Chef". Dies stellt sowohl für den Nachfolger als auch die Mitarbeiter eine neue Situation dar. Diesbezüglich kann es förderlich sein, wenn der Nachfolger vor der Übernahme bewusst Abstand vom Familienunternehmen nimmt und Berufserfahrungen in einem anderen Unternehmen sammelt. Gerade Unternehmen in ähnlichen Branchen sind sehr gute Schulen für potentielle Nachfolger. Der Übernehmer bringt dabei Erfahrung und neue Ideen ins Familienunternehmen. Dies kann die Akzeptanz des neuen Firmenchefs gegenüber den Mitarbeitern deutlich fördern.

Die Unternehmensnachfolge innerhalb der Familie wird in weiterer Folge nicht näher behandelt; viele der nachfolgend behandelten Themen können aber auch einem Übergeber und einem Nachfolger innerhalb der Familie eine wesentliche Hilfestellung bieten.

3. Betriebsübergabe, Betriebsübernahme

Im deutschen Sprachgebrauch werden als Betriebsübergabe und Betriebsübernahme vorwiegend die Übergabe und die Übernahme (Verkauf und Kauf) von Unternehmen, Betrieben oder Gesellschaften von **Klein- und Mittelunternehmen (KMU)** bezeichnet.

Anschließend an die Definition von familieninternen Übergaben und Übernahmen als *Unternehmensnachfolge innerhalb der Familie* werden im Weiteren **familienexterne**

---

57 Ein Kind bleibt für seine Eltern immer ein Kind, auch wenn es erwachsen ist.

Übergaben und Übernahmen von Klein- und Mittelunternehmen als *Betriebsübergabe und Betriebsübernahme* definiert.

Eine Betriebsübergabe bringt zwangsläufig auch immer eine Betriebsübernahme mit sich, abhängig davon, von welcher Seite diese betrachtet wird. **Betriebsübergeber** ist stets der, der die Anteile am Unternehmen[58] abgibt (verkauft), **Betriebsübernehmer** derjenige, der die Anteile am Unternehmen übernimmt (kauft).

Betriebsübergeber können je nach Unternehmensform eine Person, mehrere Personen, Gesellschaften oder Personen und Gesellschaften gemeinsam sein. Dasselbe gilt für Betriebsübernehmer.

Eine Betriebsübergabe kann **unternehmensintern** durch Mitarbeiter (MBO) oder **unternehmensextern** durch außenstehende Personen und/oder Unternehmen erfolgen.[59]

Als **Übergabe oder Übernahme** wird der Transfer des Eigentums am Unternehmen, am Betrieb oder an der Gesellschaft bezeichnet. Der Transfer kann sowohl unentgeltlich (Schenkung, Erbweg) als auch entgeltlich (Verkauf und Kauf)[60] erfolgen. In weiterer Folge wird ausschließlich der entgeltliche Transfer, das ist der Verkauf und der Kauf eines Unternehmens, eines Betriebes oder einer Gesellschaft, behandelt.

Die **Herausforderungen** von Betriebsübergaben und Betriebsübernahmen liegen sowohl in den Hard Facts als auch in den Soft Facts. Hinzu kommt, dass Klein- und Mittelunternehmen im Rahmen der Betriebsübergabe aufgrund des geringeren Transaktionsvolumens und ihrer Betriebsgröße gegenüber großen Unternehmen meist vernachlässigt werden, obwohl sie in der absoluten Mehrzahl sind und eine wesentlichen Beitrag zur Gesamtwirtschaft der einzelnen Länder leisten (siehe Kapitel I.A.). Die Politik hat das Thema der Betriebsübergabe, Betriebsübernahme längst aufgegriffen – nicht nur aus dem Grund, dass Klein- und Mittelunternehmer eine nicht unbeträchtliche Wählerschicht repräsentieren. Die Vernachlässigung erfolgt mehr seitens der Unternehmer selbst, die über das Thema wenig informiert sind und erst sehr spät an die Übergabe ihres Betriebes denken. In vielen Fällen wird erst in der sprichwörtlich letzten Sekunde reagiert, doch meist ist der Betrieb dann ebenso in die Jahre gekommen wie sein Eigentümer, sodass er kaum mehr veräußerbar bzw sein Wert so stark gesunken ist, dass ein Verkauf einer Liquidation gleichkommt. Die Übernahme eines Betriebes sollte eine möglichst gleichwertige Alternative zur Gründung eines neuen Unternehmens darstellen, dazu bedarf es jedoch eines regen Austausches zwischen jenen, die einen Betrieb übergeben wollen und jenen, die einen Betrieb zur Übernahme suchen.

---

58 In weiterer Folge auch Eigentum am Betrieb bei Verkauf eines Einzelunternehmens oder Eigentum an einem Teilbetrieb einer Gesellschaft.
59 Vergleiche dazu auch *Institut für Mittelstandsforschung Bonn*, Unternehmensnachfolgen in Deutschland (2012) 6.
60 Denkbar wäre auch ein Tauschvorgang; dieser erfolgt wie ein Verkaufs- und Kaufvorgang. Ebenso möglich wäre eine Pacht; dieser Sonderfall wird hier nicht behandelt.

4. Mergers & Acquisitions

Der Fachausdruck Mergers & Acquisitions (kurz **M&A**, übersetzt Unternehmenszusammenschlüsse und Unternehmensübernahmen) kennzeichnet übergeordnet alle Arten von Unternehmenstransaktionen von vorwiegend **großen Unternehmen**, Unternehmensgruppen oder internationalen Konzernen. Die Unternehmenstransaktionen treten besonders in folgenden Erscheinungsformen auf:[61]

- Unternehmensverkäufe, Unternehmenskäufe
- Management Buy-out (MBO), Management Buy-in (MBI), Leveraged Buy-out (LBO), Leveraged Buy-in (LBI)
- Unternehmenszusammenschlüsse (Fusionen)
- Kooperationen, Allianzen, Joint Ventures
- Börsengang (IPO – Initial Public Offering), Börsenabgang (Going Private oder Delisting)
- Private Equity, Venture Capital
- Privatisierungen

Die Unterschiede zur Betriebsübergabe und Betriebsübernahme liegen einerseits in der Größenordnung der involvierten Unternehmen und der daraus folgenden hohen Transaktionsvolumina, andererseits in der Komplexität aufgrund der Größe der Betriebe.

Mergers & Acquisitions umfassen vorwiegend **familienexterne Unternehmenstransaktionen**. Die Übergabe eines großen Unternehmens innerhalb der Familie erfolgt meistens im Stillen, ohne dass viel nach außen dringt oder die Mitarbeiter von der Übernahme wesentlich betroffen sind. Sehr wohl sind für die Nachfolge von großen Unternehmen innerhalb der Familie auch Experten notwendig (vor allem hinsichtlich Erbrecht, Vertragswesen und Steuerrecht), aber viele Themen, die im Rahmen einer familienexternen Übergabe zu berücksichtigen sind, spielen bei Familienübergaben unabhängig von deren Größe nur eine untergeordnete Rolle (siehe dazu insbesondere auch Kapitel I.C.2.).

Eine Mergers-&-Acquisitions-Transaktion kann sowohl **unternehmensintern als auch unternehmensextern** erfolgen. Gerade Spin-offs (Ausgliederung von Geschäftsbereichen aus einem großen Unternehmen oder einer Unternehmensgruppe) werden oft vom bestehenden Management übernommen und eigenständig ohne weitere Zugehörigkeit zum bisherigen Eigentümer weitergeführt. In der Fachsprache wird dies **Management Buy-out** (MBO) genannt, dh das Management kauft einen Geschäftsbereich, einen Betrieb oder eine Gesellschaft aus einem Unternehmen bzw einer Unternehmensgruppe heraus. Im Gegensatz dazu bezeichnet ein **Management Buy-in** (MBI) den Einkauf eines Managements von außerhalb in das Unternehmen. Der Unterschied zu einem „normalen" Unternehmenserwerb durch unternehmensexterne Personen liegt darin, dass beim Management Buy-in eine Führungskraft (oder auch mehrere Führungskräfte gemeinsam) als Käufer auftritt, die bis zu diesem Zeitpunkt in einem anderen Unternehmen unselbstständig beschäftigt war.

---

61 *Picot*, Handbuch Mergers & Acquisitions (2008) 26.

C. Definitionen und Abgrenzungen

Da die Führungskraft für größere Unternehmensakquisitionen in der Regel nicht über die ausreichenden Finanzmittel verfügt, werden diese Transaktionen meistens von Investoren oder Banken (mit)finanziert. In der Fachsprache wird diese fremdfinanzierte Übernahme dann als **Leveraged Buy-in** (LBI) bezeichnet. Durch den geringen Teil des Eigenkapitals, jedoch erhöhten Teil des Fremdkapitals kommt es zu einer Hebelwirkung (Leverage). Die aufgenommenen Kredite werden aus den Cashflows des übernommenen Unternehmens bedient. Die Hebelwirkung tritt dann ein, wenn die Gesamtkapitalrendite die Höhe der Fremdkapitalzinsen übersteigt. Dadurch ist es dem Erwerber möglich mit relativ geringem Eigenkapitaleinsatz vergleichsweise große Unternehmen zu erwerben. Ein vorwiegend fremdfinanzierter MBO wird dagegen **Leveraged Buy-out** (LBO) genannt.[62]

Als unterstützende Investoren und/oder Kapitalgeber eines MBO oder MBI treten neben Banken öfters Private-Equity- oder Venture-Capital-Gesellschaften auf. Ziel dieser Gesellschaften ist es, durch eine breite Streuung von risikobehafteten Investments eine möglichst über dem (Markt-)Durchschnitt gelegene Rendite zu erwirtschaften. **Private Equity** kennzeichnet dabei Investments in zumeist größere, bestehende, nicht börsennotierte Unternehmen. **Venture Capital** konzentriert sich dagegen auf junge Unternehmen und Start-ups[63], die über eine gute und vielversprechende Geschäftsidee verfügen. Das Risiko von Venture-Capital-Gesellschaften ist in der Regel deutlich höher als jenes von Private-Equity-Gesellschaften.

Die Mehrheit der Mergers-&-Acquisitions-Transaktionen erfolgt **unternehmensextern**. Verkäufer sind große Unternehmen, Unternehmensgruppen oder internationale Konzerne, die einzelne Geschäftsbereiche ausgliedern und damit veräußern wollen, Familienunternehmen, die keinen Nachfolger innerhalb der Familie finden, oder Unternehmen, die in finanzielle Schwierigkeiten geraten sind. Als Käufer treten andere Unternehmensgruppen, institutionelle und private Investoren, Risikokapitalgeber (Private Equity und Venture Capital) oder Konkurrenten auf. Käufer sind bei M&A-Transaktionen in den überwiegenden Fällen andere Unternehmen (Gesellschaften) und keine Privatpersonen, wie dies bei der Betriebsübernahme häufig der Fall ist.

Die **Herausforderungen** von Mergers-&-Acquisitions-Transaktionen bestehen neben den Soft Facts vor allem in den **Hard Facts**. Die Gründe dafür liegen vorwiegend in den großen Dimensionen und den damit verbundenen hohen absoluten Risiken. Es geht einerseits um sehr **hohe Transaktionsvolumina**, die in die Milliardenbeträge gehen können, andererseits um die Aufrechterhaltung der Wertschöpfung der involvierten Unternehmen und damit deren Verantwortung in Wirtschaft und Gesellschaft. Aufgrund der Höhe der Transaktionssummen und der **Komplexität** sind bei Mergers-&-Acquisitions-Transaktionen meistens zahlreiche Berater involviert. Es ist keine Seltenheit, dass sich an einem Verhandlungstisch mehrere M&A-Berater, Rechtsberater, Steuer- sowie andere Experten gegenübersitzen und mit den beiden Parteien (den Verkäufern und den Käufern) die Transaktion (den „*Deal*") verhandeln. Ein weiterer Unterschied zur Betriebsübergabe von Klein- und Mittelunternehmen ist, dass die Entscheidungswege in

---

62 Siehe auch *Picot*, Handbuch Mergers & Acquisitions (2008) 323 ff.
63 Der Begriff Start-up bezeichnet neu gegründete Unternehmen.

großen Unternehmen und Konzernen deutlich länger als in Klein- und Mittelunternehmen sind, da in der Regel mehrere Personen und Personengruppen (zB Gesamtvorstand, Aufsichtsrat, Verwaltungsrat, Holdinggesellschaft) in die Entscheidungen involviert sind.

Auch wenn die Hard Facts bei Mergers-&-Acquisitions-Transaktionen überwiegen, kommt den **Soft Facts** eine wichtige Bedeutung zu, die in der Praxis aber meistens vernachlässigt werden. Gerade die **Kommunikation** mit den Mitarbeitern nach Abschluss der Transaktion sowie die anschließenden **Integrationsmaßnahmen** sind wesentliche Themenfelder, die den Erfolg einer M&A-Unternehmenstransaktion in höchstem Maße beeinflussen. Der Verkauf oder Kauf eines Unternehmens, unabhängig welcher Größenordnung, ist ein bedeutendes Ereignis. Gerade wenn es durch einen Unternehmensverkauf zu Veränderungen im Personal und der Unternehmensorganisation kommt, sind begleitende Maßnahmen im Bereich der Soft Facts zu setzen, die sich vor allem auf die Mitarbeiter konzentrieren, damit bestehende Werte nicht vernichtet, sondern erhalten bzw neu geschaffen werden. Nach statistischen Untersuchungen scheitern in den USA 50% der Zusammenschlüsse innerhalb der ersten fünf Jahre. Die Gründe dafür liegen vorwiegend in der Einstellung und dem Verhalten der Führungskräfte und Mitarbeiter gegenüber Veränderungen.[64] Gerade hier sollen begleitende Maßnahmen im Bereich der Soft Facts ansetzen. Die Soft Facts müssen jedoch bereits in der Phase der Strategie und der Planung mitberücksichtigt und geplant werden. Bei großen Unternehmen sind die strategische Richtung und die Planung wesentliche Voraussetzungen für eine möglichst friktionsfreie und erfolgreiche Umsetzung einer Unternehmenstransaktion sowie ihrer anschließenden Integration.

D. Transaktionsprozess

Der **Transaktionsprozess** teilt den Vorgang einer Betriebsübergabe oder einer Betriebsübernahme in einzelne **Phasen**, wobei die nachfolgenden Phasen auf den vorhergehenden aufbauen und jede Phase in die nachfolgende überleitet. Die einzelnen Phasen sollten weder übersprungen noch vernachlässigt werden. Ebenso sollte die zeitliche Abfolge weitgehend eingehalten werden. Bei einzelnen Themen können sich Phasen überschneiden oder auch wiederholen. Ebenso kann es zu einer rollierenden Behandlung einzelner Phasen oder Themen kommen, wenn beispielsweise bereits beschlossene Strategien und Planungen in der Durchführung an der Umsetzbarkeit scheitern. Insofern ist die Strategie neu zu überarbeiten und aufbauend auf diese die Durchführung und die Transformation neu zu planen. Jede Phase ist wesentlich für den Erfolg der nachfolgenden Phase und damit für den Erfolg der gesamten Unternehmenstransaktion.

Es gibt unterschiedliche Ausführungen von Prozessen für die Vorgehensweise bei Betriebsübergaben und Betriebsübernahmen. Einige dieser beschreiben den Transaktionsprozess in drei Phasen, andere in fünf oder mehr Phasen. Das nachfolgende Modell wurde in dieser Form vom Autor entwickelt und ist als Matrix organisiert (siehe Abbildung 2).

---

[64] Siehe dazu *Picot*, Handbuch Mergers & Acquisitions (2008) 496 oder auch *Weston/Weaver*, Mergers and Acquisitions (2001) 83.

D. Transaktionsprozess

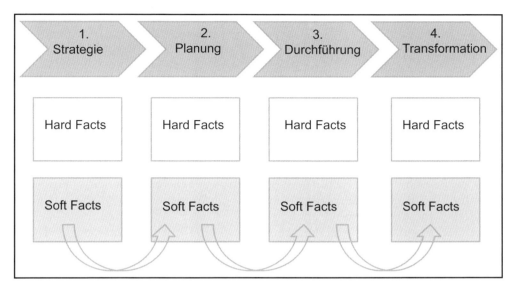

Abbildung 2: Der Transaktionsprozess

Der Transaktionsprozess wird in **vier Phasen** unterteilt. Am Beginn steht die Phase der Strategie, basierend auf dieser erfolgt die Planung. Die Planung dient vor allem der möglichst reibungslosen Durchführung der Übergabe/Übernahme und der darauf folgenden Transformation. Die Transformation beschäftigt sich intensiv mit der neuen Situation für Übergeber, Übernehmer, die Mitarbeiter sowie andere von der Transaktion betroffene Personen und/oder Unternehmen (zB Kunden und Lieferanten). Sofern der Übernehmer eines Betriebes ein (bereits bestehendes) Unternehmen ist und beide Unternehmen (Übergabebetrieb und Übernahmebetrieb) zusammengeführt werden sollen (ohne dass eine rechtliche Verschmelzung beider rechtlichen Einheiten stattfinden muss), kann die vierte Phase auch als Integration bezeichnet werden.

Der Transaktionsprozess ist als **Matrix** organisiert. Jede Phase setzt sich aus einer Vielzahl von einzelnen zu beachtenden Punkten und Themen zusammen, die in Hard Facts und in Soft Facts unterteilt werden. Zu den **Hard Facts** zählen beispielsweise Jahresabschlüsse, Businesspläne, Statuten, Verträge, Steuern, technische Anforderungen und Behördengenehmigungen. Zu den **Soft Facts** gehören etwa Motive, das Verständnis zwischen Übergeber und Übernehmer, die Sorgen der Mitarbeiter, Streitigkeiten und die Verhandlungstaktiken der beiden Parteien. Jede Phase leitet in die nachfolgende Phase über, insbesondere die Soft Facts sind phasenübergreifend: Motive und Streitigkeiten ziehen sich beispielsweise über alle Phasen hinweg und beeinflussen damit maßgeblich den Erfolg oder Misserfolg einer Unternehmenstransaktion.

1. Übergabeprozess

Der Übergabeprozess stellt den Transaktionsprozess aus der **Sicht des Übergebers** dar. Am Anfang stehen das Motiv und die Idee der Übergabe. Am Ende steht die konkrete

I. Einführung

Übergabe und ein neuer, veränderter Lebensweg für den Übergeber (in der Regel außerhalb des Betriebes).

Die **Strategiephase** umfasst im Wesentlichen die Motive der Übergabe, die Analyse der Ist-Situation, die Definition der Ziele und die Definition der möglichen Wege zu den Zielen, die in ihrer Konkretisierung die Strategie darstellen. Es geht zunächst um Themen, die vor allem die Person des Übergebers betreffen und den Bereich der **Soft Facts** ansprechen. „Wie geht es mir als Unternehmer?" und „Was will ich?" sind wesentliche Fragen, die stets am Beginn einer Betriebsübergabe stehen sollten. Zusätzlich zur Definition der Ziele sollte der potentielle Übergeber auch ein Ziel nach dem Ziel definieren. „Was mache ich nach der erfolgten Übergabe?", ist eine weitere nicht unwesentliche Frage im Bereich der Soft Facts. Die **Hard Facts** betreffen vor allem den Übergabebetrieb. Im Vordergrund stehen Fragen wie: „Wie geht es dem Betrieb?", „Kann ich meinen Betrieb im gegenwärtigen Zustand verkaufen?" oder „An wen könnte ich meinen Betrieb verkaufen?". Gerade im Frühstadium einer beabsichtigten Unternehmenstransaktion ist der Ist-Analyse und damit den Hard Facts ein hohes Maß an Aufmerksamkeit zu schenken. Die Ist-Analyse ermöglicht einen realistischen Blick auf das gesamte Vorhaben und verhindert unliebsame Überraschungen.

Die **Planungsphase** umfasst alle Vorbereitungsmaßnahmen für die Durchführung der Betriebsübergabe sowie die Phase der Transformation. Die **Hard Facts** schließen weitgehend an die Ist-Analyse der Strategiephase an, es geht vorwiegend um eine detaillierte Analyse und Aufbereitung der vergangenen und künftigen Unternehmensdaten, den ersten Kontakt zu potentiellen Käufern, die Planung einer Transaktionsstruktur bis hin zur Interessenbekundung. Die einzelnen Punkte der Planungsphase sollten immer mit der Strategie in Einklang stehen, geringfügige Abweichungen können durchaus möglich und sinnvoll sein; wenn es jedoch zu einer wesentlichen Abweichung kommt, sollte auch die Strategie überdacht und neu entwickelt werden. Die **Soft Facts** betreffen die Führung, Koordination und Organisation des Transaktionsprozesses, die interne Kommunikation, die Planung der Transformation (soweit Informationen zur Verfügung stehen) und vor allem den ersten Kontakt zwischen Übergeber und Übernehmer.

Die **Durchführungsphase** stellt den eigentlichen Übergabevorgang dar. Diese Phase ist zu Beginn vor allem durch Prüfungstätigkeiten des Übernehmers gekennzeichnet. Der Übernehmer will wissen, was er kauft, dementsprechend werden umfassende Prüfungsmaßnahmen gesetzt. Der Übergeber hat hier die Aufgabe, alle notwendigen Unterlagen und Informationen, die bereits ganz oder teilweise in der Planungsphase vorbereitet wurden, zur Verfügung zu stellen. Sobald der Übernehmer ausreichend Kenntnis über das Übernahmeobjekt erlangt hat, treten Übergeber und Übernehmer in konkrete Verhandlungen, die in einen Kauf- und Verkaufsvertrag münden. Die Durchführungsphase ist wie die Planungsphase weitgehend an **Hard Facts** orientiert. Die **Soft Facts** sollten jedoch nicht außer Acht gelassen werden. Organisation, Koordination und Führung sind in der Durchführungsphase von wesentlicher Bedeutung, da sehr viele Tätigkeiten in kurzer Zeit und oft auch gleichzeitig durchgeführt werden, um die Transaktion voranzutreiben. Es liegt immer im Interesse beider Parteien, dass eine Betriebsübergabe möglichst rasch über die Bühne geht, da sich die Transaktion ansonsten negativ auf das operative Geschäft der betroffenen Betriebe auswirkt. Bei den Soft Facts ist zusätzlich noch das Verhandlungsgeschick des Übergebers zu nennen; dazu zählen Vorbereitung, Fakten, Argumentation und Emotionen.

Die **Transformationsphase** stellt die letzte Phase des Übergabeprozesses dar. Diese ist im Fall des Übergebers inhaltlich relativ kurz, sofern der Übergeber den Übernehmer nach der erfolgten Betriebsübergabe nicht unterstützt. Sollte eine weitere Unterstützung des Übergebers von beiden Seiten gewollt sein, sind vorab die **Hard Facts,** wie die Basis der Zusammenarbeit (Verantwortungsbereiche), die Gegenleistung (Beschäftigungsverhältnis, Beratervertrag) und die zeitliche Komponente, zu klären. Wenn der Übergeber keine weiteren Aufgaben im Betrieb nach erfolgter Übergabe hat, stehen bei diesem einerseits die Veranlagung des Verkaufserlöses (abhängig von deren Höhe), andererseits die neuen bzw veränderten Wege (Ruhestand, andere Erwerbstätigkeit, Hobbys etc) im Vordergrund. Die kurze Beschreibung der Transformationsphase für den Übergeber sollte jedoch nicht über die Tatsache hinwegtäuschen, dass sie für den Übergeber sehr lange dauern kann. Es geht hier vor allem um das Loslassen vom ehemaligen Betrieb und von früheren Aufgaben und Verantwortungen (**Soft Facts**). Daher ist es für den Übergeber bereits in der Strategiephase von großer Bedeutung, sich Gedanken über die Zukunft nach der erfolgten Übergabe zu machen.

2. Übernahmeprozess

Der Übernahmeprozess stellt den Transaktionsprozess aus der **Sicht des Übernehmers** dar und gleicht vom Konzept dem Übergabeprozess. Inhaltlich bestehen jedoch deutliche Unterschiede, da die Betrachtungsweise eine andere ist.

Die **Strategiephase** umfasst im Wesentlichen die Motive der Übernahme, die Ist-Analyse der finanziellen und personellen Ressourcen des Übernehmers, das Ziel der Übernahme und die Definition möglicher Zielunternehmen (Branche, Betriebsgegenstand, Lage, Größe). Es geht vorwiegend um strategische Fragen wie „Was will ich als Unternehmer?" und „Wie gelange ich zu diesem Ziel?" Je klarer ein Übernehmer seine Strategie definiert, desto einfacher gestaltet sich in weiterer Folge der gesamte Übernahmeprozess. Die **Hard Facts** betreffen vor allem die Ist-Analyse und die Definition des Zielunternehmens. Auf der Basis der Zieldefinition erfolgt die Suche nach den passenden Betrieben. Gerade diese Phase kann sich als große Herausforderung herausstellen, da in der Regel eine Vielzahl an Bedingungen erfüllt sein soll. Die Definition der Zielunternehmen sollte daher auch immer gewisse Abweichungen zulassen. Sofern Zielunternehmen bereits identifiziert wurden, sind umfangreiche Informationen darüber zu sammeln. Die **Soft Facts** betreffen vor allem die eingangs erwähnten Fragestellungen, die den Übernehmer selbst in den Fokus stellen. Gerade der Wille und die Überzeugung eines potentiellen Übernehmers können einen wesentlichen Beitrag zum Erfolg einer Betriebsübernahme leisten.

Die **Planungsphase** umfasst alle Vorbereitungsmaßnahmen für die Umsetzung der Betriebsübernahme sowie die Phase der Transformation. Die **Hard Facts** schließen weitge-

I. Einführung

hend an die Sammlung der Informationen über das Zielunternehmen in der Strategiephase an. Alle erhaltenen Unterlagen und Informationen sind einer detaillierten Analyse zu unterziehen. Es liegt im Interesse des Übernehmers, möglichst umfangreich und frühzeitig über Stärken und Schwächen des Zielunternehmens informiert zu sein. Die Unternehmensanalyse bildet die Basis für die Entscheidung, ob die Betriebsübernahme weiterverfolgt und konkrete Verhandlungen mit dem Übergeber aufgenommen werden sollen. Einen ersten Zwischenschritt zur konkreten Betriebsübernahme stellt die Interessenbekundung des Übernehmers an den Übergeber dar. Der Übernehmer sollte im Zuge der Planung stets beachten, dass diese mit der Strategie in Einklang steht, geringfügige Abweichungen sollten jedoch möglich sein. Die **Soft Facts** betreffen vorwiegend die Organisation der Planung und das erste Zusammentreffen von Übernehmer und Übergeber. Gerade beim ersten Treffen der beiden Parteien geht es um ein Ausloten der Verhandlungspositionen. Diese hängen weitgehend von den Motiven, der Ist-Situation und den Alternativen ab. Sofern die Planung bereits fortgeschritten ist, können auch die ersten Prämissen für die Transformation festgelegt werden.

Die **Durchführungsphase** stellt den eigentlichen Übernahmevorgang dar. Im Vordergrund stehen zunächst die weitere Informationsbeschaffung und die Informationsanalyse von **Hard Facts**. Nachdem der Übernehmer ausreichend Kenntnis über das Übernahmeobjekt und alle sonstigen Faktoren, welche die Ertragsfähigkeit des Unternehmens beeinflussen, erlangt hat, tritt er mit dem Übernehmer in konkrete Verhandlungen, die in einen Kauf- und Verkaufsvertrag münden. Zur Informationsbeschaffung und Informationsanalyse zählen auch **Soft Facts**, soweit diese erfasst werden können. In vielen Fällen reichen Eindrücke über das Wohl- oder Unwohlbefinden von Übergeber oder Mitarbeiter im Betrieb. Ebenso möglich ist die Einholung von Informationen über das Unternehmen, deren Eigentümer und die Mitarbeiter von unternehmensexterner Seite – unter Beachtung einer allfälligen Vertraulichkeitserklärung. Im Rahmen der Soft Facts ist jedenfalls auf einen respektvollen Umgang mit den Mitarbeitern des Zielunternehmens zu achten: Sie sind die künftigen Mitarbeiter des Übernehmers. Hier werden von Beginn an Beziehungen und Eindrücke festgelegt, die später nur schwer korrigierbar sind. Ein weiterer wesentlicher Punkt unter den Soft Facts ist ebenso das Verhandlungsgeschick des Übernehmers, auch hier zählen Vorbereitung, Fakten, Argumentation und Emotionen.

Die **Transformationsphase** hat beim Übernehmer eine gänzlich andere Ausrichtung als beim Übergeber. Während der Übergeber seinen neuen persönlichen und/oder wirtschaftlichen Zielen nachgeht und in der Regel im übergebenen Unternehmen nicht mehr anzutreffen ist, beginnt der Übernehmer mit der Führung des übernommenen Betriebes. Gerade in der Transformationsphase überwiegen die **Soft Facts**. Es geht hier vor allem um das Wohlbefinden der Mitarbeiter unter einer neuen Führung bzw neuen Eigentümerschaft sowie um die Frage der Umsetzbarkeit neuer Konzepte im Unternehmen, die von den Mitarbeitern mitzutragen sind. Die Mitarbeiter müssen sich auf eine neue Führung einstellen und der Übernehmer, sofern er auch die Leitung des Unternehmens übernimmt, auf die neuen Mitarbeiter. Im Unternehmen kann es zu einer Vielzahl von Änderungen kommen. Der Übernehmer lenkt das übernommene Unternehmen in eine neue Richtung, es findet eine Transformation statt. In dieser Phase ist insbesondere auf bestehende Beziehungen von Stakeholdern[65] zum Unternehmen zu achten. Die **Hard Facts** betreffen jegliche Änderungsmaßnahmen im Betrieb nach Abschluss der Transaktion, beispielsweise Umgründungsmaßnahmen, Umfirmierungen, Organisationsänderungen oder die Vereinheitlichung von verwaltungstechnischen Abläufen. Zu beachten ist, dass diese zusätzlich wesentliche Auswirkungen auf die Soft Facts haben können.

---

65 Stakeholder bezeichnet Personen, Gruppen oder Organisationen (inklusive Unternehmen), die von einem Unternehmen profitieren. Diese sind beispielsweise Eigentümer, Manager, Mitarbeiter, Kunden, Lieferanten, Banken und Staat.

II. Strategie

Für „*Strategie*" gibt es in der Wissenschaft und der Unternehmenspraxis unterschiedliche Definitionen und Anwendungsgebiete. Allen gemeinsam sind die **längerfristige Ausrichtung** sowie die **Zielorientierung**. *Henry Mintzberg* unterscheidet insgesamt fünf Verwendungsarten, die er als „**five P's of Strategy**" bezeichnet:[66]

1) Plan

Die Strategie ist ein Plan. Die Strategie beinhaltet das Ziel und beschreibt den Weg zum Ziel. Was will ein Unternehmen oder ein Unternehmer erreichen und wie soll dies realisiert werden?

2) Ploy

Die Strategie ist ein Spielzeug oder eine Taktik (*Ploy*). Im Wettkampf mit Konkurrenten bestimmen die Ressourcen und die Vorgehensweise (Taktik) über Erfolg und Misserfolg. Die Strategie ist hierbei vergleichbar mit einer militärischen Strategie.

3) Pattern

Die Strategie ist ein Muster (*Pattern*). In einem Unternehmen kommen beabsichtigt oder unbeabsichtigt Regelmäßigkeiten zustande. Aus diesen Regelmäßigkeiten lassen sich Muster in den Entscheidungen und Handlungen eines Unternehmens erkennen.

4) Position

Die Strategie stellt die Position dar. Jedes Unternehmen nimmt eine Position in der Umwelt ein. Es geht dabei um die Markt- oder Wettbewerbsposition oder um die Besetzung einer Nische.

5) Perspective

Die Strategie stellt die Perspektive dar. Die Perspektive bezeichnet das Bewusstsein eines Unternehmens. Die Perspektive leitet in die Vision über.

Im Rahmen des Transaktionsprozesses kommt der Strategie aus allen fünf beschriebenen Verwendungsarten Bedeutung zu. Die höchste Übereinstimmung der Strategie innerhalb des Transaktionsprozesses betrifft jedoch die Definition als (strategischer) Plan und Taktik.

Die Strategie gibt dem gesamten Transaktionsprozess einen Rahmen, einen **Plan**. Dieser Plan ist nicht zu verwechseln mit der Planungsphase im Transaktionsprozess. Während die Strategie den grundlegenden (*strategischen*) Gesamtplan in den Fokus stellt, baut die

---

[66] *Müller-Stewens/Lechner*, Strategisches Management (2005) 20.

(*operative*) Planung auf der Strategie auf und beinhaltet alle Vorbereitungsmaßnahmen, welche für die Durchführung und die Transformation der Betriebsübergabe bzw der Betriebsübernahme zu setzen sind. Die strategische Planung legt den grundlegenden Weg bzw die Richtung fest, die operative Planung den konkreten Weg. *Messner* und *Bogensberger* beschreiben den Unterschied treffend mit „*die richtigen Dinge zu tun*" als den strategischen Bereich und „*die Dinge richtig zu tun*" als den operativen Bereich.[67]

Im Rahmen des strategischen Plans kommt der **Taktik** ebenfalls eine wesentliche Bedeutung zu. Die Verhandlungen mit einem Vertragspartner stellen im weitesten Sinn einen Wettbewerb dar. Das Streitobjekt bildet der Betrieb, um diesen wird verhandelt. Jeder kämpft mit seinen Waffen bzw seinen Ressourcen mit dem Ziel, das Bestmögliche für sich herauszuholen. Und jeder verfolgt dabei seine eigene Taktik.

Im Rahmen des Transaktionsprozesses stellt die Strategie somit den **grundlegenden Weg zum Ziel unter Berücksichtigung der gegebenen Ressourcen** (Finanzmittel, Personal, Zeit, Fachkompetenz etc) dar. Das Ziel inkludiert die Phase der Transformation.

Die Strategie wird

- vom Motiv,
- der Ist-Analyse und
- dem Ziel

wesentlich beeinflusst. Je deutlicher und klarer eine Strategie definiert ist, desto strukturierter erfolgen Übergabe und Übernahme. Die Definition der konkreten Strategie kann sehr zeitintensiv sein. Es geht um grundlegende Überlegungen, ob und wie ein Ziel angesteuert werden kann. Mit einfachen Worten umschrieben, soll die Strategie eine Antwort auf die Frage „Was will ich und wie gelange ich zu diesem Ziel?" geben. Auch wenn diese Frage noch so einfach erscheint, kann sie für jeden angehenden und gegenwärtigen Unternehmer sehr herausfordernd sein.

Basierend auf der **konkreten Strategie** erfolgen anschließend

- die Definition der Transaktionskriterien,
- das Finden von potentiellen Übergebern bzw Übernehmern auf Basis der Transaktionskriterien
- sowie die Sammlung von Unternehmensdaten und Informationen.

Im Zusammenhang mit der Strategie werden auch die Themen Berater sowie die unterschiedlichen Sichtweisen des Übergebers und des Übernehmers behandelt. Beide Punkte sollten am Beginn einer Betriebsübergabe bzw Betriebsübernahme thematisiert und bewusst gemacht werden.

A. Motive

Das Motiv stellt den Beweggrund oder die Motivation für ein Vorgehen dar. Es beeinflusst maßgeblich den Erfolg einer Betriebsübergabe oder einer Betriebsübernahme. Die

---

[67] In *Messner/Kreidl/Wala*, Grundlagen der Betriebswirtschaftslehre (2007) 165.

Frage „Warum will der Übergeber verkaufen?" bzw „Warum will der Übernehmer kaufen?" ist eine der bedeutendsten Faktoren für die Verhandlungsgespräche zwischen dem Übergeber und dem Übernehmer. Das Motiv ist die Basis für die Verhandlungsstärke oder Verhandlungsschwäche der jeweiligen Vertragspartei. Zu beachten ist, dass der Betriebsübergeber von gänzlich anderen Motiven geleitet wird als der Betriebsübernehmer. Die wesentliche Frage ist, wer mehr Zeit und wer das stärkere Motiv hat.

Die **Motive des Betriebsübergebers** stehen mit der **Beendigung seiner gegenständlichen Betriebstätigkeit** in Zusammenhang, auch wenn andere Betriebstätigkeiten weitergeführt oder begonnen werden können. Mögliche Motive sind:

- Alter, Ruhestand
- Krankheit
- Familie
- Private finanzielle Notlage
- Betriebliche finanzielle Notlage
- Überforderung als Unternehmer
- Unternehmenssicherung (Fortbestand des Betriebes)
- Vorzeitige oder zwischenzeitliche Beendigung der Erwerbstätigkeit (Vorruhestand oder Auszeit)
- Redimensionierung
- Wechsel der Branche
- Änderung der beruflichen Ausrichtung (selbstständige oder unselbstständige Erwerbstätigkeit)

Die **Motive** des **Betriebsübernehmers** stehen mit dem **Beginn oder der Erweiterung seiner Betriebstätigkeit** in Zusammenhang. Beispiele sind:

- Schaffung einer neuen oder zusätzlichen Einkommensquelle
- Beginn einer selbstständigen Erwerbstätigkeit (Jungunternehmer[68])
- Möglichkeit zur Selbstverwirklichung[69]
- Unabhängigkeit, Eigenständigkeit
- Berufliche Herausforderung
- Erweiterung eines bestehenden Betriebes
- Schneller Markteintritt[70]
- Wachstum, Diversifikation, geographische Ausdehnung
- Zukauf von Know-how
- Erwartete Synergien für einen bereits bestehenden Betrieb (Kosten, Ertrag, Einkauf, Verkauf, Mitarbeiter etc)
- Unternehmenssicherung durch Erweiterung bzw Vergrößerung eines bereits bestehenden Betriebes

---

68 Die Bezeichnung Jungunternehmer bezieht sich nicht auf das Alter des Unternehmers, sondern auf die erstmalige Ausübung einer selbstständigen Tätigkeit.
69 Laut Untersuchungen der Credit Suisse in Zusammenarbeit mit der Universität St. Gallen ist die Möglichkeit zur Selbstverwirklichung in der Schweiz das dominierende Motiv, ein Unternehmen zu übernehmen; siehe im Detail dazu *Credit Suisse Group AG*, Erfolgsfaktoren für Schweizer KMU (2013) 6.
70 Siehe dazu auch *Johnson/Scholes/Whittington*, Strategisches Management (2011) 447.

- Macht, Größe

Unabhängig davon, ob die Betrachtung von der Seite des Übergebers oder derjenigen des Übernehmers erfolgt, spielt zunächst der **Zeitfaktor** eine wesentliche Rolle. Jeglicher Zeitdruck schwächt die Verhandlungsposition. Ein Unternehmer, der aus gesundheitlichen Gründen nicht mehr fähig ist, seinen Betrieb zu führen, und daher gezwungen ist, diesen möglichst schnell zu veräußern, ist in einer deutlich geschwächten Verhandlungsposition, ebenso wie ein Unternehmer, der sich in einer finanziellen Notsituation befindet oder erst kurz vor seinem Ruhestand an die Betriebsübergabe denkt (diese Fälle sind in der Praxis in der Mehrheit!). Jeglicher Zeitdruck kostet Geld[71], da die Verhandlungsposition geschwächt wird, speziell beim Übergeber. Aber auch ein Übernehmer, der aus Konkurrenzdruck gezwungen ist, schnell zu expandieren, befindet sich in keiner optimalen Verhandlungsposition.

Gerade bei Klein- und Mittelunternehmen erfolgt die Mehrzahl der Betriebsübergaben aus Altersgründen.[72] Der Ruhestand ist zeitlich individuell absehbar, für den **Betriebsübergeber** ist es daher von wesentlicher Bedeutung, rechtzeitig an die Übergabe zu denken. Als Richtwert gilt ein Zeitraum zwischen fünf und zehn Jahren vor dem geplanten Ruhestand. In dieser Zeit sollen vor allem grundlegende Überlegungen über die Person des Nachfolgers angestellt werden und der Betrieb auf die Übernahme vorbereitet werden (ein gut gehender Betrieb verkauft sich besser als ein schlecht gehender). Übernehmer kann ein Familienmitglied, ein Mitarbeiter, eine bekannte Person, ein bekannter Unternehmer oder auch ein Mitbewerber sein. Falls der Übergeber nicht fündig wird, sollte er sich auf die Suche nach einem (noch unbekannten) potentiellen Übernehmer (Käufer) machen.[73] Eine der schwierigsten Aufgaben im Rahmen der Betriebsübergabe ist es, den „richtigen" Nachfolger bzw Übernehmer zu finden, der möglichst alle Kriterien erfüllt, die der Übergeber wünscht.

Grundsätzlich ist der Zeitdruck beim **Betriebsübernehmer** deutlich geringer als beim Übergeber. Je nach Motiv finden sich möglicherweise alternative Branchen, Betriebe, Beschäftigungsmodelle (zB unselbstständige Erwerbstätigkeit) oder Wachstumsmodelle für bestehende Betriebe (zB Investitionen oder Werbemaßnahmen). Dennoch gilt auch hier: Je früher ein Übernehmer die Übernahme vorbereitet und plant, desto eher wird ein den Kriterien entsprechender Betrieb gefunden und die Übernahme umgesetzt werden.

Als zweiter wichtiger Faktor ist die **Stärke des Motivs** zu nennen. Bei vielen **Betriebsübergebern** ist dies durch den Zeitfaktor (Alter, Krankheit, Notlagen) wesentlich beeinflusst. Der **Betriebsübernehmer** ist zwar aufgrund von möglichen Alternativen dem Zeitdruck weniger ausgesetzt, kann jedoch stark vom eigenen Motiv geleitet werden, insbesondere wenn ein Unternehmen in seinem speziellen Fokus steht. Die Gründe dafür können vielfältig sein: Das Unternehmen liegt in einer bevorzugten Region, die Produkte

---

[71] In dem Sinne, dass sich die Verkaufskonditionen unter Zeitdruck deutlich verschlechtern und folgend der Verkaufserlös für einen Übergeber erheblich geringer ausfällt, als wenn er ohne Zeitdruck verkauft.
[72] Siehe Kapitel I.B.
[73] Bzw einen Experten mit der Suche beauftragen, siehe dazu Kapitel II.G.

oder Dienstleistungen passen sehr gut ins Portfolio oder das Unternehmen entspricht insgesamt den idealen Vorstellungen des Übernehmers. Auch hier gilt: Sobald der Übergeber bemerkt, dass sein Unternehmen auf der Wunschliste des Übernehmers ganz oben steht, stärkt dies seine Position und schwächt die des potentiellen Übernehmers.

Auch wenn viele Übernehmer ihren Wunschkandidaten offen und öffentlich kommunizieren, ist es für ihre Verhandlungsposition ebenso wichtig hervorzuheben, dass es **Alternativen** gibt. Sowohl ein Übergeber als auch ein Übernehmer sollte stets Alternativen an der Hand haben. Oft genügt es, diese Alternativen ohne konkrete Hintergrundgespräche in den Verhandlungen beiläufig zu erwähnen. Ohne tatsächliche oder fiktive Alternativen begibt sich die eine Partei in die Abhängigkeit der anderen (siehe dazu auch Kapitel II.C.).

B. Ist-Analyse

Die Ist-Analyse soll das **Potential** des Übergabebetriebes bzw des Übernehmers aufzeigen. Die Ist-Analyse unterstützt den Übergeber oder den Übernehmer dabei, das grundlegende strategische Ziel zu definieren. Transaktionsvorhaben werden durch die Ist-Analyse in eine realisierbare Form gebracht. Ein strategisches Ziel soll nicht unerreichbar sein, es soll das eigentliche Potential aber auch nicht unterbewerten.

Dem **Betriebsübergeber** liefert die Ist-Analyse grundlegende Informationen über den Zustand und das Potential seines Betriebes. Da ihm alle Unterlagen und Daten zur Verfügung stehen, kann die Analyse sowohl überblicksmäßig als auch bereits im Detail, wie im Rahmen einer Unternehmensanalyse (siehe Kapitel III.A.), erfolgen. Die Ist-Analyse dient der Bildung eines grundlegenden Bewusstseins über den Zustand des Übergabebetriebes und damit dessen Übergabe- bzw Verkaufsfähigkeit. Grundsätzlich sollte der Übergeber über den Zustand seines Betriebes (sehr) gut informiert sein, doch zeigt die Praxis, dass dies aus den verschiedensten Gründen nicht immer im gewünschten Maße der Fall ist.

Viele – vor allem – Kleinunternehmer verfügen nicht über ausreichende betriebswirtschaftliche Kenntnisse und verlassen sich dabei ausschließlich auf die jährlichen Abschlüsse ihrer externen Berater als Orientierungshilfe. Da Jahresabschlüsse erst im Nachhinein und oft auch mit einer gewissen Zeitverzögerung erstellt werden, ist es dem Unternehmer in diesem Fall nicht möglich, Aussagen über den gegenwärtigen Zustand seines Betriebes zu treffen, es sei denn, er verfügt über zeitnahe Controllinginstrumente, die er selbst anwendet oder die ihm regelmäßig extern zur Verfügung gestellt werden. Weiters läuft jeder Unternehmer unabhängig davon, ob in einem Klein- oder Mittelunternehmen, Gefahr, betriebsblind zu werden – je nach Person in unterschiedlicher Ausprägung. Naturgemäß sieht ein Unternehmer, der über Jahre hinweg in seinem eigenen Betrieb tätig ist, diesen mit anderen Augen als ein Externer und damit anders als ein potentieller Übernehmer.

Ein Übernehmer kauft nie die Vergangenheit eines Unternehmens, sondern immer nur die Gegenwart und Zukunft und damit das Potential eines Unternehmens. Die Ist-Analyse soll einem Übergeber, vor dem Startschuss für eine Übergabe, einen möglichst realistischen Überblick über den gegenwärtigen und künftigen Zustand seines Betriebes ermöglichen.

B. Ist-Analyse

Die **Ist-Analyse** soll den Betrieb in seinen wesentlichen positiven und negativen Punkten zusammenfassen und ein möglichst kompaktes Bild liefern. Nachfolgende Themen sollten als Vorbereitung für eine Betriebsübergabe analysiert und genauer betrachtet werden:

- Ertragsfähigkeit, Vermögenslage und Liquidität des Betriebes (Finanzlage)
- Marktanteile, Ruf des Unternehmens
- Produkt-, Waren- oder Leistungsqualität
- Mitarbeiter
- Zukunftspotential, Marktentwicklung
- USP (Unique Selling Proposition)[74]
- Vor- und Nachteile des Betriebes
- Eventuelle Hindernisse für eine Betriebsübergabe

Die wesentlichen Ergebnisse einer Ist-Analyse können zusätzlich in einer **Stärken-Schwächen-Analyse** zusammengefasst werden. Die Stärken können bis zur konkreten Übergabe weiter ausgebaut und klar in Richtung der potentiellen Übernehmer kommuniziert werden. Aber auch die Schwächen können soweit möglich bereinigt oder abgeschwächt werden. Es spricht nichts dagegen, die „Braut zu schmücken", nur sollte der Schmuck auch einen Wert darstellen und von möglichst langfristiger Dauer sein.

Beim **Betriebsübernehmer** konzentriert sich die Ist-Analyse vor allem auf die **finanziellen und personellen Ressourcen**. Die Ist-Analyse zeigt damit das vorhandene Potential des Übernehmers auf.

Finanzielle Ressourcen:

- Verfügbare Eigenmittel
- Verfügbare Fremdmittel
- Mögliche Förderungen (mit oder ohne Rückzahlung, Haftungsübernahmen etc)
- Stille oder offene Beteiligungen von Investoren

Auch wenn es theoretisch umfangreiche Möglichkeiten von Unterstützungsfinanzierungen (Banken, Förderungen, Beteiligungen, Private Equity, Business Angels, Venture Capital etc) gibt, sind die insgesamt für ein Übernahmevorhaben verfügbaren Mittel immer begrenzt. Ein potentieller Übernehmer sollte daher vor einer beabsichtigten Betriebsübernahme die finanziellen Möglichkeiten bzw Grenzen abklären. Dabei sollte natürlich auch in die Überlegungen mit einfließen, dass jegliche aufzunehmende Fremdmittel innerhalb einer gewissen Zeitspanne auch zurückzuzahlen sind.

Personelle Ressourcen:

- Fachliche Ausbildung und Eignung für den Betrieb
- Betriebswirtschaftliches Know-how
- Unternehmergeist
- Führungspotential
- Verfügbare Zeit (Familie, Kinder)

---

74 Übersetzt „Alleinstellungsmerkmal"; was macht den Betrieb zu etwas Besonderem oder wodurch hebt sich der Betrieb von den Mitbewerbern ab?

II. Strategie

Gerade **Jungunternehmer**[75] sollten sich der Verantwortung und des Risikos einer Selbstständigkeit bewusst sein. Die fachliche Eignung als Voraussetzung für die Übernahme eines Betriebes versteht sich von selbst, sofern die Führung nicht in andere Hände gegeben wird. Ebenso ist ein Mindestmaß an betriebswirtschaftlichen Kenntnissen erforderlich; dieses kann bei Bedarf in verschiedenen Kursen und/oder Schulen erworben werden. Eine wesentliche Grundvoraussetzung stellt aber der Unternehmergeist eines Unternehmers dar.

Das Grünbuch der Europäischen Kommission beschreibt den **Unternehmergeist** als *„die kreative Fähigkeit des Einzelnen, alleine oder innerhalb einer bestehenden Organisation eine Chance zu erkennen und sie mit dem Ziel zu verfolgen, etwas Neues zu schaffen oder wirtschaftliche Erfolge zu erzielen"*.[76] Unternehmer sind einem ständigen Wettbewerb ausgesetzt; das erfordert Kreativität, Zielorientierung, Wirtschaftlichkeit, Organisationstalent und insbesondere auch Leidenschaft. Ein Unternehmer soll sich mit seinem Produkt, seiner Ware oder seiner Dienstleistung identifizieren können, er soll einen authentischen Gesamteindruck vermitteln.

Das Unternehmerdasein soll insgesamt keine Qual, sondern mit Spaß und Freude (wie auch jedes andere Arbeitsverhältnis, soweit dies möglich ist) verbunden sein. Freude am Unternehmertum führt zu **Zufriedenheit** mit sich selbst und seiner Leistung. Diese Zufriedenheit kann und soll an den Kunden weitergegeben werden, womit langfristig dessen Bindung an das Unternehmen erreicht wird (*„Ein guter Kunde ist ein zufriedener Kunde"*). Ein Unternehmer sollte daher sowohl fachliche Eignung (Hard Facts) als auch die Motivation und die Leidenschaft (Soft Facts) für seine Tätigkeit mitbringen.

Für den Fall, dass ein Übernehmer bereits über einen Betrieb verfügt und diesen durch eine Betriebsübernahme zu erweitern beabsichtigt, ist der bestehende Betrieb wie bei einem Betriebsübergeber einer Ist-Analyse zu unterziehen. Die Analysebereiche umfassen zusätzlich zu den oben angeführten Themen die finanziellen und personellen Ressourcen sowie die **Synergiepotentiale** (Strategic Fit)[77] beider Betriebe.

Zusammenfassend soll die Ist-Analyse das Potential und etwaige Hürden von Übergeber und Übernehmer aufzeigen. Viele Unternehmer beginnen in der Praxis ohne umfangreiche Überlegungen und Analysen mit der Betriebsübergabe bzw der Betriebsübernahme. Oft genug zeichnen sich im Laufe der Durchführung unüberwindbare Hürden ab, sodass das gesamte Vorhaben neu überdacht oder gar abgesagt werden muss. Die dadurch entstehenden Kosten stellen Leerkosten[78] dar. Ein Großteil dieser Kosten lässt sich durch eine umfangreiche und gewissenhafte Ist-Analyse vermeiden.

---

75 „Jungunternehmer" bezieht sich nicht auf das Alter des Unternehmers, sondern auf die erstmalige Ausübung einer selbstständigen Tätigkeit.
76 Grünbuch der Kommission „Unternehmergeist in Europa" (2003).
77 Strategic Fit beschreibt die strategische Vereinbarkeit zweier Betriebe.
78 In diesem Sinne Kosten, die nicht genutzt werden.

C. Alternativen zur Übergabe/Übernahme

Gerade bei größeren Betrieben wird als Weg für eine Wachstumsstrategie häufig das Mittel einer Unternehmensübernahme gewählt. Durch einen Unternehmenserwerb kann ein Unternehmen sehr schnell wachsen. Es kann sich jedoch auch sehr viele Probleme auf einmal einkaufen, nämlich dann, wenn der Kauf nicht gründlich überlegt wurde (Strategie).

In der Strategiephase sollten Übergeber und Übernehmer vorab jedenfalls auch andere Möglichkeiten, die zum Ziel führen, prüfen und andenken.

Der **Betriebsübergeber** kann – sofern Alter und Gesundheit dem nicht im Wege stehen – eine Weiterführung in Betracht ziehen oder die operative Führung der Geschäfte einer anderen Person überlassen und sich auf die Gesellschafterebene[79] zurückziehen. Möglich sind weiters Kooperationen oder Partnerschaften mit anderen Unternehmen. Zuletzt ist auch die Liquidation des Unternehmens eine Alternative, die in Betracht gezogen werden sollte. Es gibt eine Vielzahl von Unternehmen, deren Ertragsfähigkeit gering bis negativ ist, die jedoch über eine sehr hohe Substanz verfügen. In diesen Fällen kann unter gewissen Voraussetzungen der Erlös aus dem Verkauf aller Vermögensgegenstände abzüglich der Schulden und Liquidationskosten höher sein als das, was ein Betriebsübernehmer für die Ertragskraft des Betriebes bieten würde (siehe dazu auch Kapitel III.D. Unternehmensbewertung). Sowohl das Vorhandensein anderer Übernehmer als auch Alternativen zur Betriebsübergabe stärken die Verhandlungsposition eines Übergebers.

Die Alternativen für **Betriebsübernehmer** sind vielfältig. Für einen angehenden **Jungunternehmer** bietet sich die Möglichkeit, von einer selbstständigen Tätigkeit abzusehen und einem unselbstständigen Beschäftigungsverhältnis (eventuell in der gleichen Branche, um weitere Erfahrungen zu sammeln) nachzugehen. Ebenso wäre die Gründung eines eigenen Unternehmens zu überlegen.

Für **Unternehmer**, die bereits über einen Betrieb verfügen und durch eine Übernahme wachsen wollen, bietet sich die Alternative, organisch bzw von innen heraus zu wachsen. Organisches oder **internes Wachstum** liegt vor, wenn ein Betrieb auf seine eigenen Fähigkeiten aufbaut und diese von innen her weiterentwickelt.[80] Beispiele dafür sind:

- Investitionen in den bestehenden Betrieb
- Verstärkte Marktbearbeitung (Werbung, Kundenoffensive)
- Entwicklung neuer Produkte oder Dienstleistungen
- Erweiterung des Produktportfolios
- Expansion durch Filialen, Zweigstellen, Niederlassungen

Die Alternativen sind weitgehend von der Strategie des Unternehmens abhängig. Der Vorteil des organischen Wachstums gegenüber der Betriebsübernahme (**externes Wachstum**) liegt darin, dass etwas Eigenes geschaffen wird. Einer der Nachteile von or-

---
79 Sofern es sich um ein Einzelunternehmen handelt, wäre dieses vorab in eine GmbH einzubringen.
80 *Johnson/Scholes/Whittington*, Strategisches Management (2011) 445.

ganischem Wachstum ist die zeitliche Komponente. Während die Schaffung von internem Wachstum einige Zeit in Anspruch nehmen kann, ist eine Betriebsübernahme relativ rasch vollzogen.

Unabhängig davon, ob ein Betriebsübernehmer alternative Modelle zur Betriebsübernahme verfolgt, sollte er solche zumindest andenken. Jegliche Alternativen, auch wenn diese nur fiktiv sind, stärken die Verhandlungsposition.

D. Ziel

Das Motiv (Beweggrund, Motivation) und die Ist-Analyse stellen die Basis für das Ziel dar. Ziele sind Aussagen über bestimmte Ergebnisse, die angestrebt werden sollen und die in der Zukunft liegen.[81] Sie beschreiben einen **gewünschten Zustand**, der gegenüber der Gegenwart grundsätzlich verändert sein soll.

Ein Ziel ist klar umschrieben, enthält aber keine umfangreiche Beschreibung des gewünschten Zielzustandes, es stellt diesen möglichst kurz und prägnant dar, sodass er auch klar und deutlich kommuniziert werden kann. Ein Ziel beinhaltet nicht die Wege, wie man zum Ziel gelangt (das ist die Aufgabe der Strategie – siehe Kapitel II.E.). Das Ziel steht über allen Maßnahmen, die im Transaktionsprozess gesetzt werden. Es soll eine grundlegende Richtung vorgeben, aber in der Durchführung nicht einengen. Gerade umfassende Zielbeschreibungen gehen im Zuge einer Unternehmenstransaktion „am Ziel vorbei" und bieten keinerlei Flexibilität in der Durchführung.

Anbei einige kurze Fallbeispiele für die Ziele eines Betriebsübergebers sowie eines Betriebsübernehmers. Zur besseren Veranschaulichung werden zusätzlich Motive und Ergebnisse aus der Ist-Analyse angeführt. Die Ist-Analyse fällt in der Praxis deutlich umfassender aus, im Nachfolgenden sollen jedoch lediglich kurze Ergebnisse bzw Aussagen über die Ist-Analyse beispielhaft dargestellt werden.

Ziele eines Betriebsübergebers
- Das Alter eines Unternehmers ist bereits fortgeschritten (Motiv). Er möchte mit 65 Jahren in den Ruhestand gehen und davor seinen Betrieb übergeben (Ziel).
- Ein Unternehmer, Mitte 50, ist krank (Motiv). Er ist trotz mehrmaliger Versuche nicht mehr arbeitsfähig (Ist-Analyse). Er möchte umgehend seinen Betrieb übergeben (Ziel).
- Ein Unternehmer befindet sich in einer privaten finanziellen Notlage, er benötigt umgehend liquide Mittel (Motiv). Die Bank ist nicht bereit, ihm einen Kredit zu gewähren (Ist-Analyse). Da das Unternehmen eine geringe, aber dennoch positive Substanz aufweist (Ist-Analyse), möchte er dieses bestmöglich verkaufen (Ziel).
- Der Betrieb erwirtschaftet kaum mehr Erträge (Motiv), die Reserven sind bereits verbraucht (Ist-Analyse). Bevor es noch schlimmer wird, will der Unternehmer seinen Betrieb schnellstmöglich verkaufen (Ziel).
- Ein Unternehmer hat keine Nachkommen, möchte jedoch, dass der Traditionsbetrieb langfristig erhalten bleibt (Motiv). Ein Mitarbeiter interessiert sich für den Betrieb und könnte mit Hilfe einer Bank die notwendigen Finanzmittel aufbringen (Ist-Analyse). Der Unternehmer möchte innerhalb der nächsten fünf Jahre seinen Betrieb an den Mitarbeiter übergeben (Ziel).

---

81 Siehe dazu auch *Johnson/Scholes/Whittington*, Strategisches Management (2011) 215.

- Ein Unternehmer, Mitte 40, hat ein sehr erfolgreiches Unternehmen aufgebaut und damit sehr gut verdient. Er will etwas Neues machen und sich zuvor eine Auszeit gönnen (Motiv). Er will sich von seinem Unternehmen trennen und es an den Bestbieter verkaufen (Ziel).
- Ein Jungunternehmer ist überfordert, das Unternehmertum ist doch nicht seine Sache (Motiv). Er möchte zurück in ein unselbstständiges Beschäftigungsverhältnis und zuvor seinen Betrieb verkaufen (Ziel).

Ziele eines Betriebsübernehmers

- Ein Angestellter kommt mit seinen Vorgesetzten nicht klar. Er will unabhängig sein, seine eigenen Ideen einbringen und seine eigenen Entscheidungen treffen (Motiv). Er möchte sich selbstständig machen und einen speziellen Betrieb übernehmen (Ziel). Er hat sich bereits Gedanken über Branche, Größe und Betriebsgegenstand sowie seine finanziellen Möglichkeiten gemacht (Ist-Analyse).
- Ein Absolvent einer Universität hat während des Studiums gemeinsam mit Kollegen eine erfolgreiche IT-Plattform gegründet. Die selbstständige Arbeitsweise hat ihm sehr viel Spaß gemacht, er kann sich ein Angestelltenverhältnis nicht vorstellen (Motiv). Er hat von seiner verstorbenen Großmutter einige Barmittel geerbt (Ist-Analyse). Er möchte sich selbstständig machen und einen speziellen ihm bekannten IT-Betrieb übernehmen (Ziel).
- Ein Unternehmer hat den Markt in seiner Region bereits ausgeschöpft und kann daher an seinem Standort nicht mehr weiter wachsen (Motiv). Er möchte einen Betrieb mit ähnlicher Ausrichtung in der umliegenden Region erwerben (Ziel).
- Ein Unternehmer hat größere Barmittel aus seinem Betrieb auf der Bank zur Verfügung. Da die Zinsen gering sind und er andere Anlageprodukte nicht kaufen will, überlegt er, einen zusätzlichen Betrieb zu erwerben (Motiv). Er sucht Betriebe im Umfeld von 100 km in der gleichen Branche und mit gleicher Größe; diese sollen möglichst Sanierungsfälle sein, da er viel Erfahrung im Wiederaufbau von Unternehmen hat (Ziel).
- Ein Unternehmer lässt einen Teil seiner Produkte fremdproduzieren. Die damit verbundenen Kosten sind in den letzten Jahren stark gestiegen, wodurch die Ertragsfähigkeit seines Unternehmens deutlich geschwächt wurde (Motiv). Er möchte den bislang fremdproduzierten Produktteil selbst anfertigen und dazu einen günstigen Betrieb übernehmen, der diese Lücke schließt (Ziel).
- Ein Unternehmer hat ein erfolgreiches Unternehmen aufgebaut. Die Konkurrenz ist sehr stark. Wenn er nicht expandiert, verliert er Marktanteile (Motiv). Er möchte ein bis zwei neue Unternehmen in seiner Branche dazukaufen, um am Markt weiter bestehen zu können (Ziel).

Sowohl ein Übergeber als auch ein Übernehmer sollte stets darauf achten, nicht zu weit vom Ziel abzuweichen. **Geringfügige Abweichungen** vom Ziel werden jedoch bei jeder Betriebsübergabe und Betriebsübernahme alleine schon aus verhandlungstaktischen Gründen notwendig sein.

Soweit Mitarbeiter oder Berater in die Betriebsübergabe bzw Betriebsübernahme involviert sind, sollten sie über das Ziel klar informiert sein. Das Ziel sollte die Phase der Transformation möglichst mit einbeziehen, da diese ein wesentlicher Bestandteil einer Unternehmenstransaktion ist.

E. Definition der konkreten Strategie

Die konkrete Strategie einer Betriebsübergabe oder einer Betriebsübernahme fasst das **Motiv**, die Ergebnisse der **Ist-Analyse** und das **Ziel** zusammen und widmet sich der grundlegenden strategischen **Beschreibung des Weges zum Ziel**. Wie oben angemerkt

II. Strategie

sollte das Ziel nicht nach der Durchführungsphase enden, sondern die Phase der Transformation, also die Neugestaltung oder Integration eines übernommenen Betriebes sowie die neu gestalteten Wege eines Betriebsübergebers, mit einbeziehen.

Die Strategie kann auch konkrete Maßnahmen zur Steigerung des Unternehmenswertes oder die Bereinigung von Schwächen vor dem Beginn der Unternehmenstransaktion beinhalten. Die Planung der konkreten Unternehmenstransaktion erfolgt in der Planungsphase. Naturgemäß kann es in einzelnen Punkten zu Überschneidungen zwischen der Strategiephase und der Planungsphase kommen (vor allem in der Ausformulierung). Wesentlich ist jedoch vielmehr, dass die Themen berücksichtigt werden.

Nachfolgend sind einige Fallbeispiele angeführt, welche die bislang überwiegend theoretische Abhandlung möglichst praxisrelevant veranschaulichen sollen. Die Beispiele sind fiktiv gewählt und fassen die einzelnen Punkte einer Strategie stark verkürzt zusammen.

Strategie eines Betriebsübergebers (GmbH – Ruhestand)

Herr M. ist geschäftsführender Gesellschafter der M. Werkzeugmaschinen GmbH. M. ist 55 Jahre alt und möchte mit rund 62 Jahren den Ruhestand antreten, um seinen Hobbys nachgehen zu können. Er hat keinen Nachfolger in der Familie, möchte jedoch, dass das Unternehmen langfristig bestehen bleibt und die Arbeitsplätze gesichert sind. Das Ziel von Herrn M. ist es, bis zu seinem 60. Lebensjahr einen Übernehmer gefunden zu haben, dem er den Betrieb anschließend übergeben kann.

Motiv: Herr M. ist 55 Jahre alt, er denkt rechtzeitig an seinen Ruhestand.

Ziel: Herr M. möchte mit 62 Jahren finanziell abgesichert in den Ruhestand treten und seinen Hobbys nachgehen.

Ist-Analyse: Die Ist-Analyse zeigt ein gesundes Unternehmen. Die Ertragsfähigkeit ist in den letzten Jahren gestiegen, der Umsatz konstant. Die Finanzierung steht auf soliden Beinen. Die Mitarbeiter sind motiviert und in mittlerem Alter. Das Unternehmen hat einen ausgezeichneten Ruf. Der Konkurrenzdruck ist in der Branche jedoch sehr stark. Es stehen einige neue Investitionen an, die in der nächsten Zeit unbedingt durchgeführt werden sollten.

Strategie: Herr M. verfolgt die Strategie, sein Unternehmen zu festigen und durch weiteres Wachstum zu stärken. Dies soll insbesondere durch intensiven Kundenkontakt und Neuinvestitionen aus dem laufenden Cashflow erfolgen. In vier Jahren soll der Betrieb als starkes Unternehmen am Markt angeboten werden. Auf Basis weiterer Umsatz- und Ertragssteigerungen soll das Unternehmen einen Nettoverkaufserlös von mindestens EUR 2,5 Millionen bringen. Damit kann Herr M. beruhigt und finanziell abgesichert in den Ruhestand gehen.

Strategie eines Betriebsübergebers (Einzelunternehmen – Abgabe Verantwortung)

Frau B. ist Inhaberin eines großen Friseursalons, den sie vor 30 Jahren gegründet und eigenständig aufgebaut hat. Der Salon beschäftigt zwölf Mitarbeiter. Frau B. ist 50 Jahre alt. Sie möchte langfristig die Verantwortung für ihren Betrieb abgeben, aber weiterhin als Friseurin ihre Stammkunden betreuen. Sie denkt an die Übergabe an eine tüchtige Mitarbeiterin, die ihr Interesse an der Übernahme des Betriebes bereits bekundet hat.

Motiv: Frau B. möchte die Verantwortung für ihren Betrieb abgeben.

Ziel: Frau B. möchte den Betrieb innerhalb der nächsten drei Jahre an ihre Mitarbeiterin übergeben.

Ist-Analyse: Der Betrieb läuft seit Jahren sehr gut. Die Erträge sind konstant. Die Mitarbeiter sind gut ausgebildet und motiviert, dennoch kommt es immer wieder zu Kündigungen, da viele von anderen Salons abgeworben werden oder sich selbstständig machen. Die Entgeltzahlungen

E. Definition der konkreten Strategie

an die Mitarbeiter orientieren sich am Branchendurchschnitt. Frau B. hat noch einen geringfügigen Kredit, den sie jedoch in zwei Jahren abgezahlt hat. Die interessierte Mitarbeiterin weist eine hohe Sozial- und Führungskompetenz auf. Sie ist sehr motiviert. Frau B. hat schon ein konkretes Gespräch mit ihr geführt, um sie nicht an die Konkurrenz zu verlieren. Die Mitarbeiterin hat Frau B. bereits mitgeteilt, dass sie etwas Geld zur Verfügung hat und auch einen Kredit aufnehmen kann, falls dies im Rahmen der Betriebsübergabe notwendig sein sollte.

Strategie: Frau B. verfolgt die Strategie, ihren Betrieb für die nächsten drei Jahre weiterhin erfolgreich unter ihrer Verantwortung zu führen. Sie wird der Mitarbeiterin, die ihr Interesse bekundet hat, den Betrieb übernehmen zu wollen, künftig vermehrt Führungsaufgaben zuweisen und sie in alle wesentlichen Tätigkeiten als Inhaberin einführen. Zwecks Kundenbindung beabsichtigt sie, die Kunden langfristig in Gesprächen auf die bevorstehende Übernahme vorzubereiten. Durch die weitere Mitarbeit von Frau B. als Angestellte nach der Übernahme soll sich für den Kunden wenig ändern. Als Gegenleistung für den Betrieb denkt Frau B. an jährliche Teilzahlungen bis zu ihrem 60. Lebensjahr. Die Details wird sie im Rahmen der Planung mit ihrem Berater besprechen.

Strategie eines Betriebsübergebers (Einzelunternehmen – Krankheit)

Herr T. ist Inhaber eines Tischlereibetriebes mit 20 Mitarbeitern. Der Betrieb ist in finanzielle Schwierigkeiten geraten. Überraschend ist nun auch noch eine schwere Krankheit von Herrn T. dazugekommen. Herr T. muss sich dringend schonen. Er hat einen langjährigen Mitarbeiter, der sich in der Zwischenzeit um die Geschäfte kümmert. Herrn T. ist klar, dass er so schnell wie möglich einen Käufer für seinen Betrieb finden muss.

Motiv: Herr T. ist schwer krank. Er kann seine Arbeit nicht mehr ausführen.

Ziel: Herr T. möchte seinen Betrieb so schnell wie möglich verkaufen.

Ist-Analyse: Der Betrieb ist in den letzten beiden Jahren in die negativen Zahlen gekommen. Dennoch weist das Unternehmen aufgrund der vorhandenen Substanz (Grund, Gebäude, Maschinenpark) einen knapp positiven Eigenkapitalbuchwert auf. Vor fünf Jahren wurde ein Gutachten über Grund und Gebäude erstellt. Der Verkehrswert liegt laut diesem Gutachten über dem aktuellen Buchwert in der Bilanz (stille Reserven). Die Bank macht Druck, da ihr die negative Geschäftsentwicklung und die schwere Krankheit von Herrn T. bekannt sind. Die Kunden sind mit der Tischlerei sehr zufrieden. Die Kostenkalkulation weist Schwächen auf. Herr T. ist schwer krank und damit nicht arbeitsfähig.

Strategie: Herr T. kontaktiert einen Berater, der so schnell wie möglich einen Käufer für ihn finden soll. Präferiert wird eine unternehmensinterne Lösung; wenn sich jedoch kein Mitarbeiter findet, der über die notwendigen Mittel verfügt bzw diese mit Unterstützung Dritter bereitstellen kann, soll das Unternehmen unternehmensextern verkauft werden. Herr T. hat mit seinem Berater einen Minimumverkaufspreis errechnet. Er möchte sich nach dem Verkauf voll auf seine Genesung konzentrieren. Etwas Geld käme ihm da ganz gelegen.

Strategie eines Betriebsübernehmers (Jungunternehmer)

Herr A. hat Betriebswirtschaft und Informationstechnologie studiert und danach in einem großen Telekommunikationsunternehmen gearbeitet. Herr A. hat viele Ideen, welche für ihn in einem großen Unternehmen kurz- und langfristig jedoch nicht umsetzbar sind. Zudem möchte er unabhängiger arbeiten. Er hat bereits einen sehr guten Kontakt zu einem kleinen, etablierten IT-Unternehmen, welches sich auf Kommunikationsdienstleistungen spezialisiert hat und einen guten Ruf in der Branche genießt. Der geschäftsführende Gesellschafter ist 60 Jahre alt und möchte mit 65 Jahren sein Unternehmen übergeben. Er hat Herrn A. bereits angeboten, einstweilen mit 25% in sein Unternehmen einzusteigen und in fünf Jahren seinen Anteil auf über 50% zu erhöhen.

Motiv: Eigenständigkeit, Selbstverwirklichung

II. Strategie

Ziel: Herr A. möchte zunächst 25% der IT-Firma erwerben und im Unternehmen mitarbeiten. In fünf Jahren möchte er seine Beteiligung auf über 50% erhöhen und das Unternehmen erfolgreich als geschäftsführender Gesellschafter leiten.

Ist-Analyse: Herr A. ist sehr talentiert und weist ein hohes Interesse auf. Gerade auf dem Gebiet der Forschung wird ihm hohes Potential nachgesagt. Herr A. verfügt über betriebswirtschaftliche Kenntnisse und weitreichende Erfahrungen im Bereich von Kommunikationsdienstleistungen. Er will nicht mehr in einem Großbetrieb arbeiten. Herr A. hat von seiner Großmutter etwas Geld erhalten, zudem würde ihn sein Vater in seinem Vorhaben finanziell unterstützen.

Strategie: Herr A. verfolgt die Strategie, seinen bisherigen Job zu kündigen und sich zunächst mit einer Minderheit am Unternehmen zu beteiligen. Er möchte im Unternehmen zunächst vorwiegend in der Forschung tätig sein. In fünf Jahren beabsichtigt er, seinen Anteil auf über 50% zu erhöhen, diese Option muss ihm jedoch bereits jetzt (vor dem Erwerb der 25%) vertraglich zugesichert werden. Sobald er mehr als 50% der Unternehmensanteile hält, will er die Geschäftsführung übernehmen und das Unternehmen erfolgreich in die Zukunft führen.

Strategie eines Betriebsübernehmers (GmbH – Unternehmenssicherung durch Expansion)

Frau S. ist geschäftsführende Gesellschafterin der S. IT-GmbH. Sie hat ihr Unternehmen vor sieben Jahren gegründet und ist damit bereits zu einem bedeutenden Market Player aufgestiegen. Die Konkurrenz ist jedoch sehr stark. Um die Zukunft des Unternehmens zu sichern, muss Frau S. weiter expandieren. Frau S. erhält zwar laufend Kaufangebote von Konkurrenten, doch lehnt sie diese kategorisch ab. Frau S. möchte ihr Unternehmen weiterhin stärken. Frau S. denkt daher an die Übernahme eines kleineren Konkurrenten.

Motiv: Unternehmenssicherung durch Expansion

Ziel: Frau S. möchte ihr Unternehmen am Markt deutlich stärken.

Ist-Analyse: Die S. IT-GmbH ist die Nummer neun am Markt. Die finanzielle Situation bietet zwar wenig Spielraum, dennoch hat ihr Bankberater die Unterstützung seitens der Bank zugesagt, falls sie expandieren will. Lediglich die zusätzlichen Sicherheiten wären noch zu vereinbaren. Möglich wäre auch eine Besicherung durch die Gesellschaftsanteile an der Gesellschaft, die Frau S. zu kaufen beabsichtigt. Frau S. hat das Zielunternehmen bereits seit längerer Zeit im Visier. Sie hat schon eine Fülle an Daten gesammelt. Sie kennt den Unternehmer persönlich und denkt, dass dieser bei einem fairen Kaufpreis verkaufen wird. Ohne Expansion kann Frau S. die Position ihres Unternehmens am Markt langfristig nicht aufrechterhalten, da der Wettbewerbsdruck zu stark ist. Alternativen zum Unternehmenserwerb wären eine neue Marktinitiative (neue Produkte, verstärktes Marketing etc) mit zusätzlichem Personal oder eine Kooperation mit einem anderen Unternehmen. Sie hat die Vor- und Nachteile der vorliegenden Optionen mit ihrem Führungsteam bereits diskutiert, mit dem Ergebnis, dass alle den Kauf des kleineren Konkurrenten befürworten.

Strategie: Frau S. verfolgt die Strategie, zu expandieren, um am Markt bestehen zu können. Dies soll insbesondere durch den Erwerb eines Konkurrenten erfolgen. Die Akquisition soll eine deutlich breitere Geschäftsbasis ermöglichen, wodurch neue Dienstleistungen geschaffen und neue Kunden gewonnen werden sollen. In drei Jahren soll die S. IT-GmbH die Nummer vier am Markt sein.

Wesentliche Merkmale einer Strategie sind die **längerfristige Ausrichtung und deren Zielorientierung**, vorausgesetzt es sprechen die aktuellen Umstände wie zB eine Krankheit oder eine finanzielle Notlage nicht dagegen. Eine Strategie ist dann sinnvoll, wenn genügend Zeit bleibt, Maßnahmen vor der effektiven Übergabe bzw Übernahme zu setzen.

E. Definition der konkreten Strategie

Wenn es bei einem **Betriebsübergeber** die Situation erfordert, dass die Betriebsübergabe umgehend umgesetzt werden soll oder muss, wird er sofort mit der Planung bzw, wenn dafür auch keine Zeit vorhanden ist, mit der Durchführung der Transaktion beginnen. Es sollte dem Übergeber jedoch klar sein, dass ein Verkauf unter Druck zu seinem wesentlichen Nachteil führt. In der Regel wird empfohlen, **fünf bis zehn Jahre vor einer Betriebsübergabe** an die Strategie zu denken und diese auszuarbeiten.

Ein **Betriebsübernehmer** sollte sich **ein bis drei Jahre vor einer geplanten Betriebsübernahme** Gedanken über die Strategie machen und diese möglichst schriftlich ausarbeiten. Je klarer und eindeutiger die Strategie erarbeitet wird, desto konkreter kann die Suche nach einem passenden Betrieb erfolgen. Ist das Zielunternehmen bereits bekannt, kann sich die Vorlaufzeit deutlich verkürzen.

Betriebsübergabe und Betriebsübernahme ohne Strategie

In der Praxis wird häufig die Strategie im Rahmen einer Unternehmenstransaktion entweder gar nicht oder nur mangelhaft berücksichtigt. In vielen Fällen bemerken Übergeber oder Übernehmer dann erst im Laufe der Unternehmenstransaktion, dass die Richtung (das Ziel und der Weg zum Ziel) nicht mit ihren *eigentlichen* Vorstellungen übereinstimmt. Sofern Korrekturmaßnahmen noch möglich sind, verursachen diese in der Regel hohe Kosten. Mit Kosten sind auch jene Kosten gemeint, die bis zum Zeitpunkt der Korrekturmaßnahme aufgewendet wurden (dazu zählen neben externen Kosten auch die Arbeitszeit des Unternehmers und eventuell mit einbezogener Mitarbeiter).

> **Mangelnde Strategie eines Betriebsübergebers**
>
> Herr O. hat ein gut gehendes Lebensmittelgeschäft und ist 63 Jahre alt. Er hat bereits viel über das Thema der Betriebsübergabe gelesen und sich entschlossen vorzusorgen. Er sucht einen Berater auf, der ihn über den Verkaufsvorgang aufklärt. Herr O. sagt schnell entschlossen: „Finden Sie mir einen passenden Käufer und dann verkaufe ich alles." Nach kurzer Zeit findet sich ein großer Lebensmittelhändler, der den Betrieb sofort und zu einem sehr guten Preis übernehmen will. Es folgen einige Verhandlungen mit Herrn O., seinem Berater und dem Käufer. Schnell wird eine Einigung herbeigeführt und ein Unterzeichnungstermin beim Notar vereinbart.
>
> Am Tag der Unterzeichnung liest der Notar die Verträge vor, Herr O. liest genauestens mit, auch wenn er die Verträge schon einige Male zuvor gelesen hat. Bei einer Textpassage meint er: „Nein, das gefällt mir so nicht, das will ich so nicht!" Nach einiger Diskussion trennen sich die Parteien und der Käufer sagt zu, die angesprochene Textpassage nochmals überdenken zu wollen und zu ändern.
>
> Nach geraumer Zeit findet wieder ein Unterzeichnungstermin beim Notar statt. Wieder das gleiche Prozedere, der Notar liest vor, bei einer anderen Textpassage wendet Herr O. ein: „Ich habe kein gutes Gefühl dabei, dass passt mir so nicht!"
>
> Herr O. hat die Verträge nie unterzeichnet. Er wollte nie verkaufen, nur war ihm dies nicht bewusst. Herr O. liebt den Umgang und Kontakt mit Menschen, für ihn hätte der Verkauf ohne weitere Tätigkeit in seinem Leben eine große Leere bedeutet. Sein Berater hat auf diesen Punkt (Strategie) nicht geachtet, sondern sich sogleich auf die Suche nach einem Käufer begeben, ohne Motiv, Ziel oder gar die Strategie (insbesondere den Weg von Herrn O. nach der Betriebsübergabe) zu hinterfragen.
>
> Herr O. hat seinen Betrieb weitergeführt und mit 65 Jahren an einen jungen Mitarbeiter übergeben, der den Laden unverändert weiterführt. Herr O. ist heute 68 Jahre alt und geht tagtäglich in den Betrieb, hilft mit und pflegt zufrieden den Kontakt mit den Kunden.

II. Strategie

Mangelnde Strategie eines Betriebsübernehmers

Herr L. und Herr P. arbeiten in einem etablierten Mittelunternehmen. Beide sind im Management tätig, zählen jedoch nicht zum engsten Kreis der Entscheidungsträger. Sie verdienen sehr gut, wollen jedoch ihre eigenen Chefs sein und sich mit einem eigenen Unternehmen selbst verwirklichen.

Herr L. und Herr P. verstehen sich sehr gut miteinander, sie haben sich einige Male zusammengesetzt und verschiedene Geschäftsideen ausgearbeitet. Sie beabsichtigen, ein Klein- oder Mittelunternehmen zu erwerben und dieses am Markt deutlich zu stärken. Die Branche ist ihnen nicht so wichtig, es kann ein Handels- oder ein Produktionsunternehmen sein. Das gewünschte Unternehmen soll preisgünstig, da beide nur über beschränkte Mittel verfügen, und ertragreich sein. Weiters soll der Sitz des Unternehmens höchstens 50 km vom Wohnort der beiden entfernt liegen.

Herr L. und Herr P. kontaktieren einige Berater in der Hoffnung, dass diese auf Basis ihrer Wünsche das passende Unternehmen finden.

Herr L. und Herr P. arbeiten heute noch in ihrem Betrieb, ihre Vorstellungen waren einerseits nicht ausreichend konkret, andererseits am Markt vorbei (preisgünstig, ertragreich, Sitz des Unternehmens im Umkreis von 50 km).

F. Transaktionskriterien

Die Transaktionskriterien stellen die Bedingungen dar, unter denen ein Übergeber bereit ist, seinen Betrieb zu übergeben, und ein Übernehmer bereit ist, einen Betrieb zu übernehmen. Die Transaktionskriterien werden aus der konkreten Strategie (siehe Kapitel II.E.) abgeleitet.

Die wichtigsten Transaktionskriterien für einen **Betriebsübergeber** sind:

- Verkaufsgegenstand (was soll verkauft werden), möglichst genaue Abgrenzung (Unternehmen, Gesellschaft, Teilbetrieb, Vermögensgegenstände, Schulden etc)
- Verkäufer (wer ist Verkäufer, Privatperson, Unternehmen, Gesellschafter, Gesellschaft)
- Rechtliche Transaktionsstruktur (Asset Deal, Share Deal)[82]
- Unternehmenswert – Verkaufspreis[83] (Bandbreite, Mindestverkaufspreis)
- Zahlungsbedingungen
- Haftungen, Garantien, Gewährleistungen
- Beschäftigungsgarantien
- Standortgarantien
- Beratungsvertrag für den Übergeber

Die erste und wesentlichste Frage betrifft die **Abgrenzung des Verkaufsgegenstandes**. In vielen Fällen ist bis zur Vertragserstellung nicht eindeutig geklärt, was eigentlich der Verkaufsgegenstand sein soll. Der Umfang des Verkaufsgegenstandes beeinflusst wesentlich die Vertragsstruktur und den Verkaufspreis. Es ist daher in der Phase der Strategie klar und eindeutig zu definieren, was zum Verkauf steht. Vom Verkauf eines Betriebes ausgenommen werden des Öfteren Grundstücke, Gebäude, Teilbetriebe, nicht betriebsnotwendige Vermögensgegenstände sowie Schulden an Banken oder Gesellschafter. Aber ebenso können Vermögensgegenstände und Schulden, obwohl sie nicht

---

[82] Siehe dazu Kapitel III.I.
[83] Siehe dazu Kapitel III.D. und Kapitel IV.D.

zum Betriebsvermögen zählen, in den Verkaufsgegenstand mit hineingenommen werden. Beispiele dafür sind Grundstücke und Gebäude, die sich im Privatvermögen des Übergebers befinden und vom Betrieb gepachtet oder gemietet werden, damit verbundene Schulden sowie Rechte, Patente oder Lizenzen, die sich im Privatvermögen oder in einem anderen Betrieb des Betriebsübergebers befinden.

Die Frage, ob der Betrieb inklusive oder exklusive **Schulden** verkauft werden soll, stiftet stets die größte Verwirrung. Ein Unternehmen mit Schulden ist weniger wert als ein Unternehmen ohne Schulden, daher sind die Schulden[84] von einem Bruttounternehmenswert immer in Abzug zu bringen, wenn das Unternehmen inklusive Schulden gekauft werden soll. Im Gegensatz dazu muss ein Übernehmer jedoch mehr bezahlen, wenn die Schulden beim Übergeber verbleiben, weil dieser sie ja auch begleichen muss (siehe dazu im Detail Kapitel III.D.).

Eine weitere wichtige Frage, die ebenso nicht immer geklärt ist, ist: „Wer ist der Verkäufer?"[85] Gerade aus steuerlichen Gründen ist dies am Beginn in der Strategiephase zu klären, da der Veräußerungserlös beim Veräußerer zu versteuern ist. Es macht einen wesentlichen Unterschied aus, ob Veräußerer eine Privatperson (Inhaber oder Gesellschafter) oder eine Gesellschaft ist. Diese Details sollten vorab mit einem Steuerexperten besprochen werden.

Die wichtigsten Transaktionskriterien für einen **Betriebsübernehmer** sind:

- Möglichst genaue Beschreibung des gewünschten Betriebsgegenstandes (Produkte, Waren, Dienstleistungen) des Zielunternehmens
- Markt (Kunden, Tiefe, Breite, Anteile, Region, künftige Markteinschätzung)
- Umfang und Größe des Betriebes (Unternehmen, Teilbetrieb, Vermögensgegenstände, Schulden)
- Ertragskraft und finanzielle Lage des Betriebes (insbesondere Verschuldung)
- Rechtliche Transaktionsstruktur
- Unternehmenswert – Kaufpreis
- Zahlungsbedingungen, alternative Zahlungsmodelle (Earn-out-Klauseln)[86]
- Haftungen, Garantien, Gewährleistungen
- Mitarbeiter des Betriebes (Alter, fachliche Eignung, Motivation, Unternehmenskultur etc)
- Konkurrenzklauseln für den Übergeber

Die erste Frage des Betriebsübernehmers betrifft das **Zielunternehmen** (siehe Kapitel II.G.), sofern dieses nicht bereits eindeutig identifiziert ist. Gerade Übernehmer, die zwar Vorstellungen über ihre künftige Tätigkeit als Unternehmer, aber nicht über ihr künftiges Unternehmen haben, sind schwer zu vermitteln. Meist klaffen die Wünsche und die Realität weit auseinander (siehe Fallbeispiel Mangelnde Strategie eines Betriebsübernehmers Kapitel II.E.). Ein Übernehmer sollte daher zunächst möglichst detailliert festlegen, in welche Richtung die Suche nach einem potentiellen Übernahmebetrieb gehen soll. Wenn der Betrieb bereits feststeht bzw erfolgreich identifiziert wurde, sind

---

84 Als Schulden in diesem Sinne gelten Nettofinanzschulden, siehe dazu im Detail Kapitel III.D.
85 Asset Deal oder Share Deal, siehe dazu Kapitel III.I.
86 Siehe dazu Kapitel IV.E.

Transaktionsstruktur sowie etwaige Abgrenzungen, ebenso wie beim Betriebsübergeber, zu definieren.

Der mögliche **Kaufpreisrahmen** und dessen Finanzierung (Eigen- oder Fremdfinanzierung) sind in der Strategiephase zu klären. Aus verständlichen Gründen wird vom Betriebsübergeber oder dessen Berater oft vor Beginn der Verhandlungen ein schriftlicher **Finanzierungs- oder Bonitätsnachweis** verlangt. Dies soll gewährleisten, dass die Gespräche über eine potentielle Betriebsübernahme ernsthaft geführt werden und der Übernehmer über die entsprechenden Finanzmittel verfügt und/oder diese nachweislich aufbringen kann. Zu beachten ist ebenso, wie bereits beim Betriebsübergeber erwähnt, die Abgrenzung inklusive oder exklusive Schulden.

In der Praxis sind sowohl beim Übergeber als auch beim Übernehmer genauer Betriebsgegenstand, Umfang des Betriebes, Transaktionsstruktur und der Kauf- bzw Verkaufspreis die wichtigsten Transaktionskriterien. Eine Unternehmenstransaktion soll griffig sein, es soll von Beginn an klar sein, was genau zum Verkauf steht bzw was ein Übernehmer zu kaufen bereit ist. Es macht für einen Übernehmer einen großen Unterschied, ob nur Teile eines Unternehmens oder das gesamte Unternehmen, die Gesellschaft oder nur einzelne Vermögensgegenstände gekauft werden. Es kann ein Übergeber auch Bereitschaft signalisieren, dass, wenn der Preis stimmt, auch weitere Betriebsteile zum Verkauf stehen, dennoch sollten zunächst ein Transaktionsteil und dessen Struktur klar abgegrenzt sein. Ein Übergeber sollte sich daher zunächst Klarheit darüber verschaffen, was zum Verkauf steht. Ein Übernehmer sollte in der Folge jedoch ebenso deutlich kommunizieren, ob dies in seinem Interesse liegt oder nicht.

Transaktionskriterien erleichtern die Gespräche und Verhandlungen. Ein Übergeber oder Übernehmer sollte zwar einen Verhandlungsspielraum offenlassen, jedoch auch **klare Grenzen** aufzeigen. Jeder Verhandlungspartner wird versuchen, die Grenzen des anderen auszuloten. Je mehr ein Verhandlungspartner nachgibt, desto mehr wird der andere verlangen. Es ist daher essentiell, im Vorhinein für sich selbst (unabhängig davon, ob Übernehmer oder Übergeber) klare Grenzen zu setzen. Wenn diese Grenzen erreicht werden und die Verhandlungen den Spielraum innerhalb der Transaktionskriterien verlassen, sollten die Verhandlungen abgebrochen werden. Diese Empfehlung könnte auch vereinfacht lauten: „Bevor Sie über den Tisch gezogen werden, sollten Sie den Mut haben, aufzustehen und die Verhandlungen abzubrechen." Die Transaktionskriterien geben dazu den Rahmen vor.

G. Finden von potentiellen Übergebern und Übernehmern

Eines der wichtigsten Themen am Beginn einer Betriebsübergabe oder Betriebsübernahme ist die Suche nach oder das Finden[87] eines den Transaktionskriterien entsprechen-

---

87 Aus psychologischen Gründen sollte grundsätzlich der Bezeichnung „Finden" der Vorrang vor „Suchen" gegeben werden. „Finden" impliziert, dass der Übergeber bzw Übernehmer bereits gefunden ist und damit der Suchende das Ziel schon vor Augen hat. Im Gegensatz dazu kann sich das „Suchen" als sehr langwierig herausstellen.

den Übernehmers bzw Übergabebetriebes, wobei die Betrachtungsweise des Übergebers grundlegend anders als jene des Übernehmers ist.

Sicht des Übergebers

Sofern kein Familienmitglied vorhanden ist, das im beiderseitigen Interesse den Betrieb übernehmen möchte, kann eine Betriebsübergabe nur noch außerhalb der Familie, dh familienextern erfolgen. Es hängt dann von der Strategie des Übergebers ab, in welche Richtung die Suche nach einem potentiellen Übernehmer erfolgen soll.

Eine Variante, die gerade bei Klein- und Mittelunternehmen immer überlegt werden sollte, ist die **unternehmensinterne Übergabe** an einen oder mehrere Mitarbeiter („Management Buy-out"– MBO).[88] Der Vorteil besteht darin, dass der oder die Mitarbeiter den Betrieb und die Strukturen bereits sehr gut kennen und als Führungspersönlichkeit größtenteils bereits anerkannt sind, was bei unternehmensexternen Führungspersonen immer eine zusätzliche Herausforderung zur Betriebsübergabe darstellt. Oft bleibt der Betrieb nach einem Management Buy-out auch in seiner Struktur erhalten. Der Nachteil liegt meist darin, dass Mitarbeiter selten über das notwendige Kapital verfügen, um einen bestehenden Betrieb zu übernehmen. Es gibt zwar verschiedene Finanzierungsmöglichkeiten für MBO („Leveraged Buy-out"– LBO)[89], dennoch stellt schon alleine die Aufbringung eines Mindestanteils an Eigenmitteln für viele eine große Hürde dar.

Einem Übergeber sollte bewusst sein, dass er durch eine Übergabe des Betriebes an einen Mitarbeiter vermutlich auf Teile seines Verkaufspreises verzichtet. Dafür erspart er sich jedoch eine oft langwierige Suche nach potentiellen Übernehmern sowie längere Verhandlungen und weiß seinen Betrieb in guten Händen. Es gibt aber auch alternative Modelle, die eine Übernahme durch Mitarbeiter, trotz hohen notwendigen finanziellen Einsatzes, ermöglichen. Denkbar sind zB Beteiligungsmodelle, wo der Mitarbeiter zunächst nur Anteile (zB 25%) am Unternehmen übernimmt und diese sukzessive entsprechend seinen finanziellen Kapazitäten erhöht (siehe auch Fallbeispiel Jungunternehmer Kapitel II.E.). Ebenso möglich wäre die Einbringung von Sach- oder Arbeitsleistungen. Im Zuge dessen sind jedoch insbesondere rechtliche und steuerliche Besonderheiten zu berücksichtigen.

Bei **Kleinstunternehmen** sollte immer an die Übergabe an einen Mitarbeiter gedacht werden. Diese gestaltet sich meist unkompliziert und die Preisdifferenzen sollten für beide Seiten überwindbar sein. Weiters gibt es bei Kleinstunternehmen öfters die Möglichkeit von zusätzlichen regionalen Förderungen für die Finanzierung der Übernahme (Übernahme von Haftungen, direkte und indirekte Förderungen etc).

Sofern kein Mitarbeiter vorhanden ist, der einerseits über Interesse und Potential, andererseits über die finanziellen Mittel verfügt, beginnt die Suche nach anderen **unternehmensexternen Personen und/oder Unternehmen**, die Interesse haben könnten, den Betrieb, unter Beachtung der Transaktionskriterien, zu übernehmen.

---

88 Siehe ebenso Kapitel I.C.4.
89 Definition siehe Kapitel I.C.4.

Die **Unterscheidung zwischen Person und Unternehmen** ist insofern hervorzuheben, als grundsätzlich davon ausgegangen werden kann, dass Personen die Strukturen des Betriebes in den meisten Fällen großteils übernehmen. Ist Übernehmer ein Unternehmen (Mitbewerber, größere Unternehmensgruppe etc), wird in den meisten Fällen die Struktur des Betriebes an das übernehmende Unternehmen angepasst bzw in dieses integriert (Transformation, siehe dazu insb Kapitel V.E. Integrationsprinzipien). Es kann hier zu grundlegenden Änderungen im Betrieb des Übergebers kommen, was bis zur völligen Auflösung und Eingliederung des alten Betriebes in das Unternehmen des Übernehmers reichen kann, der Betrieb von einem größeren Betrieb quasi „geschluckt" wird.

Die **Suche** nach einem passenden Übernehmer kann vom Übergeber selbst oder über einen Berater erfolgen. Jedenfalls sollte der Übergeber als Branchenkenner zunächst selbst entsprechende Überlegungen anstellen und dabei nicht nur die Branche (Mitbewerber), sondern auch das nähere Umfeld (Bekannte, Freunde, Kunden, Lieferanten etc) durchleuchten („Screening"). Es empfiehlt sich zunächst die Anfertigung einer Liste mit allen potentiellen Interessenten („**Long List**").

Zusätzlich können Experten auf dem Gebiet der Partnersuche für Betriebe beauftragt werden. Diese verfügen meist über umfassende Datenbanken von potentiellen Übergebern und Übernehmern und verschaffen die Möglichkeit, diskret Interessenten zu suchen. Ebenso bieten verschiedene öffentliche Plattformen die Gelegenheit, den Übergabebetrieb zu präsentieren und damit auf potentielle Übernehmer aufmerksam zu machen.

Es sollte grundsätzlich beachtet werden, dass die Information (sowohl öffentlich als auch über Experten) über eine mögliche Betriebsübergabe weitgehend **anonym** erfolgt. Weder Firmenname, Name des Übergebers noch die genaue Lage (Adresse) des Unternehmens sollten genannt werden, welche beim Leser eindeutige Rückschlüsse auf dessen Identität zulassen. Als Beschreibungen reichen Angaben über die Branche, eine Beschreibung des Betriebsgegenstandes, Umsatz und die Anzahl der Beschäftigten. Die Anonymität bewahrt vor dem Gerücht, dass der Betrieb übergeben bzw verkauft werden soll, was in der Regel zu Unruhe unter den Mitarbeitern, Kunden und Lieferanten führt. Ob bereits im Rahmen dieser anonymen Firmenbeschreibungen die Transaktionskriterien, vor allem der Verkaufspreis, mit aufgenommen werden sollen, ist von Fall zu Fall zu entscheiden. Einerseits bewahrt es vor Angeboten, die außerhalb der eigenen Preisvorstellungen liegen, andererseits schränkt es den Verhandlungsspielraum ein.

Je nach Suchfortschritt kann die Liste der potentiellen Kandidaten (Long List) beliebig erweitert werden. Auf Basis der Long List werden **Informationen** gesammelt (siehe Kapitel II.H.), die Aufschluss über einen möglichen Erfolg der Betriebsübergabe auf Basis der Transaktionskriterien geben sollen. Jene Kandidaten, welche die Transaktionskriterien voraussichtlich nur mit geringer Wahrscheinlichkeit erfüllen, sind aus der Liste auszuscheiden. Aus der langen Liste werden somit die erfolgversprechendsten Kandidaten herausgefiltert („**Short List**"). Das sind nun die potentiellen Übernehmer, die vom Berater oder Übergeber in einem nächsten Schritt kontaktiert werden (siehe dazu Kapitel III.E.).

Sicht des Übernehmers

Unabhängig davon, ob ein potentieller Übernehmer bereits in der Branche tätig ist (Unternehmer) oder nicht (zB Jungunternehmer), sollte er vorerst selbst Überlegungen hinsichtlich möglicher Übernahmebetriebe anstellen, die für ihn von Interesse sind. Gerade durch die konkrete Unternehmenssuche wird die Sichtweise des Übernehmers und in weiterer Folge seine Strategie geschärft. Während zuvor viele Punkte theoretisch aufgearbeitet und vorbereitet wurden, geht es nun um die konkrete Suche eines passenden Betriebes. Es kann hierdurch auch zu neuen Strategieanpassungen kommen, wenn keine geeigneten Betriebe gefunden werden oder die Suche einen anderen Fokus ergibt.

Wie der Übergeber sollte auch der Übernehmer eine Liste mit potentiellen Übernahmebetrieben (**Long List**) anfertigen. Diese Liste soll die Möglichkeiten der interessanten Übernahmebetriebe und deren Vielfalt aufzeigen. Sie kann sowohl Betriebe umfassen, die über Berater oder diverse öffentliche Plattformen am Markt angeboten werden, als auch Betriebe, die nach Kenntnis des Übernehmers nicht am Markt angeboten werden, aber dennoch in seinem Fokus stehen.

Auch der Übernehmer hat die Möglichkeit, für die Suche öffentliche Plattformen zu nutzen oder externe Experten auf dem Gebiet der Partnersuche für Betriebe zu beauftragen. Suchgebote sollten grundsätzlich anonym gestaltet werden, wenngleich eine offene Suchanfrage voraussichtlich nicht jene Nachteile nach sich ziehen wird, wie dies bei einer offenen Suchanfrage im Rahmen einer Betriebsübergabe möglich sein kann. Unbedingt sollten Suchanfragen von Übernehmern jedoch eine möglichst genaue Beschreibung dessen enthalten, was gesucht wird. Diese beinhaltet zumindest eine möglichst genaue Angabe über den Betriebsgegenstand, die geografische Lage und die Unternehmensgröße (Umsatz, Anzahl der Beschäftigten). Eine Angabe der möglichen Eigen- und Fremdmittel kann erfolgen, jedoch auch kontraproduktiv sein, da der Übergeber bereits vorab seinen Preisrahmen bekannt gibt.

Auf Basis der Long List werden Informationen über die jeweiligen Betriebe gesammelt (siehe Kapitel II.H.), die Aufschluss darüber geben sollen, ob sie den Transaktionskriterien entsprechen. Jene Kandidaten, welche die Transaktionskriterien nur mit geringer Wahrscheinlichkeit erfüllen, sind aus der Liste auszuscheiden. Aus der langen Liste werden somit die erfolgversprechendsten *realisierbaren* Kandidaten herausgefiltert (**Short List**). Diese Betriebe werden vom Berater oder Übernehmer in einem nächsten Schritt kontaktiert (siehe dazu Kapitel III.E.). Zuletzt sei auf die besondere Bedeutung des Wortes „*realisierbar*" hingewiesen: Ein Unternehmer (Übergeber) muss natürlich auch bereit sein, seinen Betrieb zu veräußern.

H. Sammlung von Informationen über den potentiellen Verhandlungspartner

Eine wichtige Grundlage für eine Unternehmenstransaktion stellt die Sammlung von Informationen über den potentiellen Verhandlungspartner dar. Während die Ist-Analyse das *eigene* Potential (des Übergebers und des Übernehmers) aufzeigt, stellt die Sammlung von Informationen über den potentiellen Verhandlungspartner das (*fremde*) **Potential des Verhandlungspartners** in den Vordergrund.

II. Strategie

Sicht des Übergebers

Noch bevor der Übergeber (oder dessen Berater) Gespräche mit potentiellen Interessenten aufnimmt, wird er deren Kreis einschränken (Long List – Short List). Verhandlungsgespräche mit einer Vielzahl von Interessenten kosten Zeit und Geld, daher sind jene herauszufiltern, welche aus Sicht des Übergebers (oder seines Beraters) den größten Erfolg versprechen. Die gesammelten Informationen sollen vorwiegend Aufschluss über das mögliche **Interesse am Betrieb und die Finanzkraft des Übernehmers** geben.

Zu beachten ist, ob der potentielle Interessent eine Person oder ein Unternehmen ist. Informationen über Privatpersonen sind deutlich schwieriger zu erlangen als über Unternehmen, da Letztere je nach Unternehmensgröße und Unternehmensform zur Offenlegung von Bilanzdaten und/oder sonstigen Unternehmensdaten verpflichtet sind. Informationen geben verschiedene Informationsdienste (Kreditschutzvereine, Bonitäts-, Wirtschaftsauskunftei etc), Presse, Firmenbuch, Handelsregister, Grundbuch, Suchmaschinen im Internet oder auch persönliche Bekannte, die über etwaige Informationen verfügen könnten. Viele Informationsdienstleister haben heute Online-Zugänge, sodass die Informationssuche deutlich erleichtert wird. Zu beachten ist jedoch, dass diese in den überwiegenden Fällen kostenpflichtig sind.

Wenn ein potentieller Übernehmer ein Unternehmen ist, sollte der Übergeber ebenso Informationen über die Personen, die im Unternehmen federführend tätig sind (Geschäftsführung, Gesellschafter), einholen, da diese die Verhandlungspartner[90] darstellen.

Sicht des Übernehmers

Für den Übernehmer ist es von Bedeutung, möglichst umfangreiche Daten und Informationen über die **Branche**, den **Markt** sowie die **potentiellen Übernahmebetriebe** zu sammeln.[91] Branchen- und Marktdaten sind über regionale und/oder nationale Organisationen oder Institutionen erhältlich (zB Wirtschaftskammer, Handelskammer, Universitäten, Ministerien, Banken, Wirtschaftsforschungsinstitute, Marktforschungsunternehmen). Zusätzlich ist es von Vorteil, Gespräche mit Branchenkennern („*Brancheninsidern*") zu führen, sofern die Branche für den Unternehmer neu ist.

Die Suche nach Informationen über den potentiellen Betrieb soll auch die Person des Übergebers (Inhaber, Gesellschafter) umfassen. Informationsquellen sind wie bereits oben dargestellt Kreditschutzvereine, Bonitätsauskunftei, Wirtschaftsauskunftei, Presse, Firmenbuch, Handelsregister, Grundbuch, Suchmaschinen im Internet oder persönliche Bekannte, die über etwaige Informationen verfügen könnten.

Sofern einem Übernehmer, der ein konkretes Zielunternehmen im Auge hat, nicht bekannt ist, ob der Eigentümer des Zielunternehmens bereit wäre, dieses zu veräußern, sollte er „*verkaufsfördernde Informationen*" suchen. Das sind Informationen, welche die Schlussfolgerung zulassen, dass ein Unternehmer unter den passenden Umständen

---

90 Verhandlungspartner ist/sind in erster Linie der/die Gesellschafter. Die Geschäftsführung wird in der Regel in die Verhandlungen mit einbezogen, sofern Gesellschafter und Geschäftsführung nicht ohnedies ident sind.
91 Das Sammeln von Daten und Informationen wird „Research" genannt.

(Konditionen) bereit wäre, den Betrieb zu veräußern, etwa über das Nichtvorhandensein von Nachkommen, das Erreichen eines gewissen Alters, Krankheit, eine schlechte Ertragslage des Zielunternehmens oder eine finanzielle Notsituation des Unternehmers und/oder des Zielunternehmens.

I. Berater

Das Risiko, dass bei einer Unternehmenstransaktion Fehler passieren, ist sehr hoch. Einerseits nimmt der Transaktionsprozesses längere Zeit in Anspruch, andererseits stehen je nach Unternehmensgröße verhältnismäßig höhere Transaktionssummen sowie der Betrieb und dessen Mitarbeiter auf dem Spiel. Bereits kleine Fehler am Beginn des Transaktionsprozesses können in der Folge schwerwiegende Auswirkungen im Rahmen der Durchführung und/oder der Transformation haben. Dies macht die Betriebsübergabe und die Betriebsübernahme ohne professionelle Unterstützung stets zu einer riskanten Unternehmung.

Den Beratern kommen im Transaktionsprozess folgende wichtige **Aufgaben** zu. Sie sollen

- den Übergeber bzw den Übernehmer (je nachdem, wen sie beraten und/oder vertreten) in der Entscheidungsfindung unterstützen,
- ihn durch den Transaktionsprozess führen,
- ihn in speziellen Fachfragen (Finanzen, Steuern, Recht, Technik, Umwelt, Markt etc) beraten,
- Unterlagen aufbereiten, analysieren und bewerten,
- Risiken und Potentiale aufzeigen,
- das Unternehmen bewerten,
- potentielle Käufer (Übernehmer) und Unternehmen (Übergeber) finden,
- Vermittler und/oder Mediator zwischen Übergeber und Übernehmer sein,
- gemeinsam mit dem Klienten (oder in Vertretung) die Kauf- und Verkaufskonditionen verhandeln,
- die Kauf- und Verkaufsverträge erstellen,
- alle Beteiligten (Berater, Experten, Übergeber, Übernehmer, involvierte Mitarbeiter) koordinieren,
- Blockaden während der Unternehmenstransaktion lösen sowie
- ihm eine Unterstützung in allen zusätzlichen Fragen im Bereich der Hard Facts und der Soft Facts sein.

In einem Transaktionsprozess sind daher **Experten aus verschiedenen Fachbereichen** (Finanzen, Recht, Steuern, Technik, IT, Umwelt, Personal, Prozessbegleiter etc) sinnvoll und notwendig. Sie sollten spezielle Kenntnisse und Erfahrungen auf dem Gebiet der Betriebsübergabe und der Betriebsübernahme mitbringen. Der Vorteil der Berater liegt nicht nur in der Nutzung der **speziellen Fachkenntnisse,** sondern auch im **externen Blickwinkel**. Ein externer Berater sieht eine Übergabe oder Übernahme von außen. Er ist weder betriebsblind noch emotional mit dem gegenständlichen Betrieb oder einem Verhandlungspartner verbunden.

II. Strategie

Es ist die Aufgabe des Übergebers bzw des Übernehmers, Überlegungen anzustellen und sich zu informieren, wo er im Rahmen der Transaktion Unterstützung benötigt. Und es ist Aufgabe der Berater, ihren **Nutzen** im Rahmen der Unternehmenstransaktion möglichst einfach und klar einem Klienten (Übergeber oder Übernehmer) zu kommunizieren.

Auch wenn Berater Kosten verursachen (diese können bei Betriebsübergaben und Betriebsübernahmen durchaus einen erheblichen Betrag ausmachen), stehen diese in der Regel in keinem Verhältnis zum **Risiko**. Generell sollte sich ein Berater sein Geld selbst verdienen, indem er auf die entscheidende Punkte hinweist, die auf einen Vorteil bzw einen Nutzen für den Klienten schließen lassen (zB höherer Verkaufspreis beim Übergeber oder geringerer Kaufpreis beim Übernehmer).

J. Die Sicht des Übergebers und die Sicht des Übernehmers

Gerade in der Planungs- und in der Durchführungsphase ist es von Vorteil, mögliche Schritte des Gegenübers zu verstehen und auch vorauszusehen. Dies verhindert weitgehend Überraschungen und sichert einen möglichst reibungslosen Ablauf des Transaktionsprozesses. Ein weiterer Vorteil liegt darin, dass der Übergeber bzw der Übernehmer auf viele Fragen vorbereitet ist, rascher agieren kann und damit Verhandlungsstärke signalisiert. Grundsätzlich sollten die Positionen und Sichtweisen von Übergeber und Übernehmer (sowie ihrer Berater) klar sein, in der Praxis treten dennoch immer wieder Unsicherheiten auf. Nachfolgend sind die wesentlichsten Unterschiede zwischen Übergeber und Übernehmer zusammengefasst:

Sicht des Übergebers

- Der Übergeber will so **wenig Informationen** wie möglich über sein Unternehmen preisgeben, da die Daten vertrauliche Informationen darstellen und missbräuchlich verwendet werden könnten, wenn die Betriebsübergabe an den Informationsempfänger nicht erfolgen sollte. Es werden zwar üblicherweise verbindliche Vertraulichkeitserklärungen abgegeben bzw vereinbart (siehe dazu Kapitel III.H.), die missbräuchliche Verwendung von vertraulichen Informationen nach Abbruch einer beabsichtigten Unternehmenstransaktion lässt sich in der Praxis jedoch nur schwer nachweisen bzw beweisen.[92]
- Ein Übergeber will einen möglichst **hohen Verkaufspreis** für seinen Betrieb erzielen, die Zahlung soll möglichst auf einmal gleich nach der Unterzeichnung der Kauf- und Verkaufsverträge erfolgen.
- Um einen möglichst hohen Verkaufspreis zu erzielen, wird ein Übergeber seinen Betrieb so **ertragreich** wie möglich darstellen und die Risiken seines Betriebes deutlich abschwächen. Ein Übergeber wird alle **positiven Punkte** hervorheben.
- Der Übergeber möchte in den Kauf- und Verkaufsverträgen möglichst geringe Garantien und Haftungen vereinbaren.

---

[92] Aber auch wenn diese nachgewiesen werden können, ist der Schaden bereits entstanden. Es stellt sich sodann die Frage der adäquaten Wiedergutmachung.

Sicht des Übernehmers

- Der Übernehmer will so **viele Informationen** wie möglich über das Unternehmen erhalten. Er muss/will sich über das, was er kauft, informieren. Dazu benötigt er alle relevanten Dokumente, Daten, Informationen und Auskünfte. Weiters will er sich über den baulichen und technischen Zustand des Vertragsgegenstandes überzeugen, dh er wird den Betrieb besichtigen wollen (bei Produktionsbetrieben möglichst in vollem Betrieb).
- Ein Übernehmer will einen möglichst **geringen Kaufpreis** und eine Zahlung auf Raten vereinbaren, die Zahlung abhängig von künftigen Ereignissen machen (zB Earn-out-Klauseln)[93] und Teile der Zahlung für etwaige Ansprüche aus den Verträgen (zB für Gewährleistungen oder Garantien), auf einem Treuhandkonto zurückbehalten.
- Um einen möglichst geringen Kaufpreis zu bezahlen, wird ein Übernehmer den Betrieb des Übergebers so **ertragsschwach** wie möglich darstellen und die Risiken des Betriebes deutlich beleuchten. Ein Übernehmer wird alle **negativen Punkte** hervorheben.
- Der Übernehmer möchte weitreichende Garantien und Haftungen des Übergebers vertraglich vereinbaren, sodass sein Risiko möglichst gering ist.

Sicht des Verkäufers versus Sicht des Käufers

Eine Übergabe oder Übernahme eines Betriebes ist am einfachsten mit einem alltäglichen Beispiel vergleichbar, wie beispielsweise mit dem Verkauf oder Kauf eines gebrauchten Autos.

Der Verkäufer wird dahingehend argumentieren, dass sich das Auto in einem guten Zustand befindet, keine Schäden vorhanden sind, das Auto bis dato sehr gut gelaufen ist und dies auch in Zukunft noch viele Jahre tun wird. Er möchte einen möglichst hohen Verkaufspreis für sein Auto erzielen.

Der Käufer wird zunächst alle Papiere und das Auto optisch prüfen, er wird eine oder mehrere Probefahrten machen, eine oder mehrere Fachwerkstätten mit der Prüfung des Autos beauftragen und jegliche Mängel (auch wenn diese noch so gering sind) in die Verhandlungen einbringen, denn er möchte einen möglichst geringen Kaufpreis zahlen.

K. Übergang in die Planungsphase

Der Abschluss der Strategiephase ist gleichsam der Beginn der Planungsphase. Der Start in die neue Phase kann als **Kick Off** (übersetzt *loslegen*) bezeichnet werden. Unterstützend sollten alle Punkte der Strategiephase nochmals kurz zusammengefasst und Punkt für Punkt wiederholt und bewusst gemacht werden:

- Das Motiv ist klar und verständlich.
- Das Potential wurde abgesteckt.
- Die Alternativen wurden geprüft.
- Das Ziel ist klar und eindeutig.
- Die Strategie wurde klar und ausreichend definiert.
- Die Transaktionskriterien wurden klar festgelegt.

---

[93] Earn-out-Klauseln machen den Kaufpreis abhängig von künftigen Ereignissen, wie zB der künftigen Ertragsfähigkeit des Unternehmens: Je höher der künftige Ertrag, desto höher der Kaufpreis, je geringer der künftige Ertrag, desto geringer der Kaufpreis.

II. Strategie

- Potentielle Kandidaten wurden identifiziert.
- Es liegen ausreichend Informationen über die potentiellen Verhandlungspartner (die den Transaktionskriterien entsprechen) vor, um eine (grobe) Ersteinschätzung über deren Potential vornehmen zu können.
- Experten wurden beauftragt.

Sind mehrere Mitarbeiter und externe Experten mit der Übergabe oder Übernahme befasst, sollte ein gemeinsames Meeting (Kick-off-Meeting) den Auftakt für die Konkretisierung (Planung) des Projektes bilden. Hier können nochmals die genauen Kriterien (Motiv, Ist-Analyse, Ziele, Strategie, Transaktionskriterien) und Aufgaben angesprochen werden, um Missverständnisse vorab auszuräumen und die klare Richtung (Strategie) vorzugeben. Der Start in die konkrete Planung soll auch als Motivationsschub für die an der Transaktion beteiligten Personen für die Betriebsübergabe oder Betriebsübernahme dienen.

III. Planung

Die Phase der Planung dient der Vorbereitung der Durchführung und der Transformation. Hauptaugenmerk liegt auf der weiteren Sammlung von Daten und Informationen, deren Analyse und Bewertung als Grundlage für eine erste Entscheidung (Interessenbekundung), ob die Unternehmenstransaktion weiterverfolgt werden soll. Je näher eine positive Entscheidung für eine Transaktion rückt, desto konkreter können einzelne Punkte der Durchführung und der Transformation geplant werden. In der Planungsphase können verschiedene Szenarien ohne reale Konsequenzen durchgespielt, Vor- und Nachteile gesammelt und besondere Themen sensibilisiert werden. Eine Durchführung einer Unternehmenstransaktion ohne Planung verursacht hohe Leerkosten, einen hohen Zeitaufwand im Rahmen der Durchführung und der Transformation, zusätzliche Kosten für laufende Korrekturen und negative Auswirkungen auf die gesamte Transaktion sowohl im Bereich der Hard Facts als auch im Bereich der Soft Facts.

A. Unternehmensanalyse

Die Unternehmensanalyse dient beim **Betriebsübergeber** der Aufbereitung und Analyse der eigenen Unternehmensdaten. Die Unternehmensanalyse ist vergangenheits- bis zukunftsorientiert, bildet die Basis für den Businessplan (siehe Kapitel III.B.) und kann beim Betriebsübergeber sowohl in der Strategiephase als auch in der Planungsphase erfolgen. Eine Unternehmensanalyse in der Strategiephase fließt in die Transaktionskriterien ein. Sofern Analyse und Bewertung in der Planungsphase erfolgen, sollten die Transaktionskriterien entsprechend den neuen Ergebnissen angepasst werden.

Beim **Betriebsübernehmer** erfolgt die Unternehmensanalyse fortlaufend mit den zur Verfügung stehenden Daten über den Übernahmebetrieb. Sofern Daten in der Planungsphase vorhanden sind, können und sollen diese detailliert analysiert werden. Die Unternehmensanalyse reicht beim Betriebsübernehmer bis in die Phase der Durchführung hinein. Je mehr Daten dem Übernehmer zur Verfügung stehen – insbesondere sei auf die umfassende Prüfung aller Unternehmensdaten im Rahmen der Due Diligence (siehe Kapitel IV.A.) verwiesen –, desto intensiver werden die Analysen erstellt.

Der **Nutzen der Unternehmensanalyse** liegt

- in der übersichtlichen Darstellung und Analyse der Vermögens-, Ertrags- und Finanzlage,
- in der übersichtlichen Darstellung und Analyse der Produktions-, Dienstleistungs-, Handels- und Marktdaten,
- in der teilweisen Überprüfung und Plausibilisierung des Datenmaterials (vor allem Businessplan),

III. Planung

- im Erkennen von Trends, Steuerungsmöglichkeiten und möglichen Risiken,
- in der Analyse der Kosten (Aufwendungen)[94] und Erträge,
- im Erkennen von Stärken und Schwächen sowie
- insbesondere für den Übernehmer im intensiven Kennenlernen des Übernahmebetriebes.

Einen bedeutenden Anteil an der Unternehmensanalyse hat die **Finanzanalyse**; diese beschäftigt sich vor allem mit der vergangenen, gegenwärtigen und künftigen Vermögens-, Ertrags- und Finanzlage eines Unternehmens. Es gibt verschiedene Ansätze, vergangene Finanzdaten aufzubereiten und zu analysieren. Eine relativ einfache Analyse ist die Gegenüberstellung von Finanzdaten über einen Zeitraum von zumindest drei (vollen)[95] Jahren.

Tabelle 10 zeigt ein fiktives Beispiel für eine grobe Aufbereitung und Analyse einer **Gewinn- und Verlustrechnung** (Ergebnisrechnung) für die Jahre 2011 bis 2013 auf der Basis von Ist-Daten.

Ergebnisrechnung in EUR 1.000	IST 2011	in %	IST 2012	in %	IST 2013	in %
Umsatz	3.400	89%	3.800	97%	4.200	91%
Bestandsveränderungen	100	3%	−100	−3%		
Sonstige betriebliche Erträge	300	8%	200	5%	400	9%
Betriebsleistung	**3.800**	**100%**	**3.900**	**100%**	**4.600**	**100%**
Materialaufwand, bezogene Leistungen	−1.700	−45%	−1.850	−47%	−2.000	−43%
Rohertrag	**2.100**	**55%**	**2.050**	**53%**	**2.600**	**57%**
Personalaufwand	−1.000	−26%	−1.100	−28%	−1.300	−28%
Abschreibungen	−200	−5%	−220	−6%	−220	−5%
Übrige betriebliche Aufwendungen	−400	−11%	−420	−11%	−450	−10%
Betriebsergebnis	**500**	**13%**	**310**	**8%**	**630**	**14%**
Zinsertrag	10	0%	10	0%	10	0%
Zinsaufwand	−30	−1%	−40	−1%	−40	−1%
EGT	**480**	**13%**	**280**	**7%**	**600**	**13%**
Ertragsteuern	−80	−2%	−80	−2%	−150	−3%
Jahresergebnis	**400**	**11%**	**200**	**5%**	**450**	**10%**

Tabelle 10: Beispiel einer komprimierten Ergebnisanalyse

Die Finanzanalyse unterliegt **keinen gesetzlichen Vorschriften**, die Gliederung oder die Benennung von Zwischensummen sowie die Zusammenfassung von Positionen können

---

94 Zu unterscheiden sind Analysen auf Basis der Kostenrechnung und/oder der Finanzbuchhaltung.
95 Die Vergleichbarkeit von Rumpfgeschäftsjahren oder Zwischenabschlüssen ist nur dann gegeben, wenn die entsprechenden Vergleichsdaten auch für die Vorjahre vorhanden sind.

daher beliebig, sollen aber möglichst sinnvoll erfolgen. Grundsätzlich können einzelne Positionen aus den vorhandenen Jahresabschlüssen oder anderen Finanzreports (zB Controlling-Reports, soweit vorhanden) übernommen werden. Sofern Posten (zB Miete, Leasing, Instandhaltung, bezogene Leistungen) mit verhältnismäßig hohen Einzelwerten aufscheinen, empfiehlt es sich, diese in einer gesonderten Zeile anzuführen. Zu beachten ist, dass eine einmal gewählte Gliederung, vergleichbar mit dem Grundsatz der Bilanzkontinuität in der Finanzbuchhaltung, beibehalten werden sollte, um die Vergleichbarkeit mit den anderen Perioden zu gewährleisten.

Die **relativen Werte** (Prozentangaben) ermöglichen das Erkennen von Trends und die Unterscheidung von wesentlichen und unwesentlichen Details. Verhältnismäßig kleine Beträge können daher auch zusammengefasst bzw an anderer Stelle, falls dies sinnvoll ist, analysiert werden. Zum besseren Überblick empfiehlt es sich, die Analyse in 1.000er Werten durchzuführen. Bei Kleinstunternehmen sollte davon jedoch abgesehen werden.

Tabelle 11 zeigt ein Beispiel für eine grobe Aufbereitung und Analyse einer **Bilanz** für die Bilanzstichtage 31.12.2011, 31.12.2012 und 31.12.2013 auf der Basis von Ist-Daten.

Bilanz in EUR 1.000	IST 31.12.2011	in %	IST 31.12.2012	in %	IST 31.12.2013	in %
Immaterielle Vermögensgegenstände	10	1%	10	1%	10	1%
Sachanlagen	800	44%	850	45%	860	43%
Finanzanlagen	20	1%	20	1%	30	2%
Anlagevermögen	**830**	**45%**	**880**	**46%**	**900**	**45%**
Vorräte	400	22%	300	16%	300	15%
Forderungen Lieferung und Leistung	350	19%	400	21%	450	23%
Sonstige Forderungen	150	8%	200	11%	180	9%
Kassa, Bank	100	5%	120	6%	170	9%
AKTIVA	**1.830**	**100%**	**1.900**	**100%**	**2.000**	**100%**
Nennkapital	50	3%	50	3%	50	3%
freie Rücklagen	300	16%	100	5%	100	5%
Gewinn-/Verlustvortrag	−100	−5%	300	16%	500	25%
Jahresergebnis	400	22%	200	11%	450	23%
Eigenkapital	**650**	**36%**	**650**	**34%**	**1.100**	**55%**
langfristige Rückstellungen	100	5%	100	5%	150	8%
kurzfristige Rückstellungen	100	5%	120	6%	100	5%
Bankverbindlichkeiten	500	27%	560	29%	300	15%
Verbindlichkeiten Lieferung und Leistung	300	16%	320	17%	250	13%
Sonstige Verbindlichkeiten	180	10%	150	8%	100	5%
PASSIVA	**1.830**	**100%**	**1.900**	**100%**	**2.000**	**100%**

Tabelle 11: Beispiel einer komprimierten Bilanzanalyse

III. Planung

Möglich ist ebenso eine Gegenüberstellung von vier oder fünf vergangenen Jahren. Eine darüber hinausgehende Analyse stellt jedoch mehr eine Geschichtsforschung als eine sinnvolle Analyse für die Gegenwart und die Zukunft eines Unternehmens dar. Weiters können möglichst aktuelle Halbjahreszahlen die Analyse ergänzen, wobei zur Vergleichbarkeit auch die Halbjahreszahlen des vorangegangenen Jahres angeführt werden sollten. Sofern der **Businessplan** bereits vorliegt, kann (soll) die Vergangenheitsanalyse um die gegenwärtigen (vorläufigen) und künftigen Daten **erweitert werden**. Eine Darstellung der letzten drei und künftigen drei bis fünf Jahre ist bei umfassenden Analysen durchaus üblich und als Entscheidungsgrundlage für die Unternehmenstransaktion sehr hilfreich.

Eine sinnvolle Möglichkeit, die Ergebnis- und Bilanzanalyse zu erweitern, ist die Anführung einer **Cashflow-Rechnung** (siehe Tabelle 12). Diese kann, wenn sie in Jahresabschlüssen oder anderen Finanzreports vorhanden ist, übernommen oder eigenständig über die indirekte Berechnungsmethode[96] errechnet und angeführt werden. Eine zusätzliche Anführung von relativen Werten (Prozentzahlen) kann in der Cashflow-Rechnung unterbleiben. Der Vorteil der Cashflow-Analyse ist, dass auch Geldbewegungen während des Geschäftsjahres aufgezeigt werden und diese die Ergebnis- und Bilanzanalyse abrunden und ergänzen.

Cashflow (indirekte Berechnung) in EUR 1.000	IST 2011	IST 2012	IST 2013
Jahresergebnis	400	200	450
Abschreibungen	200	220	220
Veränderung langfristige Rückstellungen		0	50
Cashflow aus dem Ergebnis	**600**	**420**	**720**
Veränderung Working Capital		10	−170
Operativer Cashflow		**430**	**550**
Investitions-Cashflow		**−270**	**−240**
Veränderung Bankverbindlichkeiten		60	−260
Ausschüttung Gesellschafter		−200	
Finanzierungs-Cashflow		**−140**	**−260**
Unternehmens-Cashflow		**20**	**50**
Kassa, Bank Anfangsbestand		100	120
Kassa, Bank Endbestand	100	120	170

Tabelle 12: Beispiel einer komprimierten Cashflow-Analyse

---

96 Zur Berechnungsmethode siehe beispielsweise *Messner/Kreidl/Wala*, Grundlagen der Betriebswirtschaftslehre (2007) 191 ff.

A. Unternehmensanalyse

Auf Basis dieser drei einfachen und sich ergänzenden Analysen kann ein guter Überblick über das Unternehmen gewonnen werden. In weiterer Folge sollte die Finanzanalyse in die wesentlichen Details unterteilt werden. Von Nutzen wären beispielsweise die Aufgliederung des Umsatzes, der Materialaufwendungen, der Personalaufwendungen, der Sachanlagen, der Vorräte, der Bankverbindlichkeiten sowie eine Vernetzung dieser Finanzdaten mit anderen Unternehmensdaten, die nicht aus den Finanzzahlen ersichtlich sind, wie beispielsweise Durchschnittspreise (Umsatz dividiert durch die verkaufte Menge), Umsatz pro Region, ABC-Kundenanalyse[97], Personalaufwand je Mitarbeiter etc. Diese **weiterführenden Analysen** sollten immer gesondert, dh getrennt von der überblicksmäßigen Gegenüberstellung (wie oben Tabelle 10 bis 12), erfolgen. Zu beachten ist, dass insbesondere Finanzanalysen nicht überstrapaziert werden sollten, indem alle möglichen Zahlen bis ins kleinste Detail zerlegt werden. Vor allem sollte der Blick auf das Wesentliche durch kleinste Detailanalysen nicht verloren gehen.

Hilfreich können auch **Kennzahlen** sein, allerdings unter der Voraussetzung, dass dem Analysten und Leser bewusst ist, wie sich diese Kennzahlen zusammensetzen und bei geringfügigen Änderungen von Variablen ändern und – vor allem – was sie bedeuten. Gerade in Gesprächen mit Verhandlungspartnern oder internen Meetings werden sehr gerne Kennzahlen (zB ROCE, ROI, ROE, NOPLAT, Anlagendeckungsgrad, Umschlagshäufigkeit etc)[98] verwendet, ohne dass den Gesprächsteilnehmern bewusst ist, was genau damit gemeint ist. Falls Kennzahlen verwendet werden, sollten diese immer in einer Fußnote oder im Anhang genau erläutert und definiert werden, vor allem auch deshalb, weil sie unterschiedlich berechnet werden können.

Die Unternehmensanalyse ist nicht nur auf die Finanzanalyse beschränkt. Im Nachfolgenden sind Beispiele für Unternehmensfaktoren angeführt, die je nach Wesentlichkeit, Sinnhaftigkeit und Form des Betriebes einer **weiterführenden Analyse** zu unterziehen sind:

- Produktionsablauf, Produktionsprozess, Produktionskapazitäten, Produktionsmengen
- Handelsvolumina, Handelswege, Handelspartner
- Erbrachte Stunden in einem Dienstleistungsbetrieb für jeweilige Leistungen, Kapazitäten
- Kostenrechnung, Produkt-/Dienstleistungskalkulation
- Wareneingang, Warenausgang, Lagerkapazitäten
- Marktanteil, Marktpotential, Marktgröße, Marktausschöpfung
- Kunden, Kundenstruktur, Kundenpotential, Regionen, Länder
- Mitbewerber, Konkurrenz
- Investitionen (notwendige Ersatzinvestitionen, Instandhaltung, Erweiterungsinvestitionen)
- Personal(kenn)zahlen, Soft Facts (zB Mitarbeiterzufriedenheit)
- Organisationsstruktur, Organigramme

---

[97] Die ABC-Kundenanalyse reiht die Kunden nach deren Anteil am Gesamtumsatz. Der Kunde mit dem höchsten Umsatz stellt den A-Kunden, also den wichtigsten Kunden, dar. Siehe dazu auch *Messner/Kreidl/Wala*, Grundlagen der Betriebswirtschaftslehre (2007) 45 ff.

[98] Siehe dazu beispielsweise *Messner/Kreidl/Wala*, Grundlagen der Betriebswirtschaftslehre (2007).

Soweit möglich sollten diese Analysen ebenso im Zeitablauf (mindestens drei Jahre, empfehlenswert ist die Übereinstimmung der Beobachtungsperioden mit jenen der Finanzanalyse) dargestellt werden, um Entwicklungen erkennen zu können. Sinnvoll ist es weiters, Querverbindungen zwischen den einzelnen Analysen herzustellen. Dies ermöglicht einen detaillierten Einblick in die Funktionsweise des Betriebes.

B. Businessplan

Während sich die Unternehmensanalyse mit der Aufbereitung und der Analyse von vergangenen bis hin zu künftigen Ereignissen beschäftigt, liegt der Fokus beim Businessplan ausschließlich in der **Zukunft**. Es sollte jedoch ein klares allgemeines Verständnis darüber herrschen, dass die Vergangenheit und die Gegenwart die Basis für jegliche Zukunft eines Unternehmens darstellen.

Unter Businessplan wird im umgangssprachlichen Gebrauch unter anderem die Geschäftsidee und der Gründungsplan eines Jungunternehmers oder eines neuen Unternehmens verstanden. Doch auch der Plan eines Unternehmers über die weitere Entwicklung seines Unternehmens – vor allem wenn eine Übergabe oder eine Übernahme geplant ist – wird als Businessplan bezeichnet.

Der Businessplan soll die **künftige Entwicklung des Unternehmens** aufzeigen. Als Basis und zur besseren Vergleichbarkeit und Lesbarkeit empfiehlt es sich auch, die Vergangenheitsdaten der letzten ein bis drei Jahre in den Businessplan aufzunehmen. Der Businessplan beinhaltet sowohl Finanzzahlen als auch schriftliche Erläuterungen, welche die künftige Entwicklung verbal darstellen sollen. Kernelemente eines Businessplanes sind dessen Ableitbarkeit aus der Vergangenheit und der Gegenwart sowie dessen Plausibilität. Folgende Inhalte kann ein Businessplan aufweisen:

1. Ausgangslage
2. Planerfolgsrechnung
3. Planbilanz
4. Finanzplan
5. Vertriebsplanung (Umsatzentwicklung)
6. Marktplanung (Markteinschätzung und künftige Marktentwicklung)
7. Investitionsplanung (wesentliche Ersatz- und/oder Neuinvestitionen)
8. Personalplanung (Anzahl der Mitarbeiter, Organisationsstruktur, Personalkosten)
9. Wesentliche Änderungen und Neuerungen zur Vergangenheit und Gegenwart
10. Beschreibung der (künftigen) Unternehmensstrategie

Den Kern des Businessplanes bilden wie in der Finanzanalyse die **Planerfolgsrechnung** (Planergebnisrechnung), die **Planbilanz** und der **Finanzplan** (Plan-Cashflow-Rechnung). Alle anderen Punkte sollen die Finanzzahlen erläutern und plausibilisieren. Auch hier sollte besonders der Wesentlichkeit und Sinnhaftigkeit Beachtung geschenkt werden. Über dem gesamten Businessplan steht die **Unternehmensstrategie** – nicht zu verwechseln mit der Strategiephase im Zuge der Betriebsübergabe oder Betriebsübernahme, die zwar ähnlich ausgerichtet sein kann, jedoch ein anderes Ziel verfolgt (siehe Kapitel V.L.). Die Unternehmensstrategie sollte mit den Plandaten und -erklärungen übereinstimmen und schlüssig und klar formuliert sein.

Der Businessplan wird meistens aus dem Budget und dem Mehrjahresplan eines Unternehmens (soweit vorhanden) abgeleitet. Ein **Budget** betrifft immer das nächste Geschäftsjahr, ein **Mehrjahresplan** beinhaltet in der Regel das Budget und die darauffolgenden zwei bis vier Jahre, damit ist ein Blick von bis zu fünf Jahren in die Zukunft von der Gegenwart aus gegeben. Je weiter Unternehmen in die Zukunft planen, desto unsicherer werden die Prognosen.

Viele Klein- und Mittelunternehmen führen in der Praxis weder Budget noch einen Mehrjahresplan. Ungeachtet der Wichtigkeit eines Budgets und eines Mehrjahresplanes als laufendes Steuerungs- und Kontrollinstrument in einem Unternehmen sollte ein Businessplan zumindest vor einer beabsichtigten Übergabe bzw Übernahme erstellt werden. Beim **Betriebsübergeber** liegt der Nutzen im höheren erzielbaren Verkaufspreis. Beim **Betriebsübernehmer** besteht der Vorteil in der Kenntnis der geplanten Entwicklung als Entscheidungsgrundlage und als Angriffspunkt für Verhandlungen mit dem Übergeber bei unterschiedlichen Meinungen über die Zukunft des Unternehmens oder des Marktes. Weiters dient der Businessplan eines Betriebsübernehmers in der Regel als Vorlage für eine etwaige beantragte Finanzierung bei einem Bankinstitut.

Jeder Businessplan verfolgt ein Ziel. Da sich die Ziele eines Betriebsübergebers von denen eines Betriebsübernehmers unterscheiden, sollten im Rahmen des Businessplanes auch die verschiedenen Zugänge beachtet werden.

1. Der Businessplan aus der Sicht des Übergebers

Der Businessplan bildet die Basis für die Unternehmensbewertung und damit die Grundlage für jegliche Verhandlungen über den Verkaufspreis, der Gegenleistung für den Übergeber. Jegliche Daten (vor allem Finanzzahlen), die in den Businessplan eingehen, wirken sich in der Unternehmensbewertung aus. Ein Übergeber wird daher danach trachten, seinen Betrieb im Businessplan so positiv wie möglich darzustellen. Insbesondere wird er versuchen, künftige Erträge und Cashflows stark steigend zu planen.

Dennoch sollte der Businessplan plausibel sein und mit der Vergangenheitsentwicklung übereinstimmen. Sofern ein außergewöhnliches Wachstum vorgesehen ist, sollte dies durch die Maßnahmen beschrieben werden, die dieses Wachstum begründen.

Ende der 1990er Jahre machte sich durch die Internet-Revolution eine Aufbruchstimmung vieler neuer Unternehmen im Bereich der neuen Medien am Unternehmensmarkt bemerkbar. Kennzeichen dieser Unternehmen war in der Regel eine „**Hockey-Stick-Planung**" (sinngemäß übersetzt: eine Planung, bei der die Entwicklung der Erträge von der jüngsten Vergangenheit aus gesehen einem Eishockey-Schläger ähnlich ist, siehe Abbildung 3). Das Verkaufsargument war, dass die Unternehmen aufgrund höherer Investitionen gegenwärtig negativ sind, aber in Zukunft höchste Erträge erwirtschaften würden. Eine stark steigende Entwicklung ohne Basis aus der Vergangenheit kann durchaus eintreten, nur sollte diese (Verkaufs-)Strategie eines Übergebers von einem Übernehmer möglichst umfassend und sorgfältig hinterfragt werden.

III. Planung

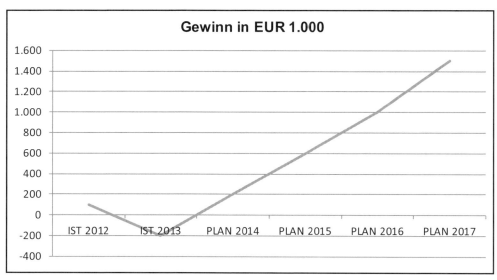

Abbildung 3: Hockey-Stick-Planung

Unternehmen, die in den letzten Jahren in die Verlustzone geraten sind, sollten zwar optimistisch, aber nicht zu optimistisch planen. Durch eine unrealistische Planung verliert der Übergeber in der Regel an Glaubwürdigkeit und damit einen potentiellen Übernehmer. An oberster Stelle steht stets die **Plausibilität** und damit verbunden die Glaubwürdigkeit.

Hockey-Stick-Planung eines Softwareunternehmens

Die S. GmbH & Co KG ist seit den 1990er Jahren im Bereich der Softwareproduktion tätig. Die letzten 20 Jahren waren für den Betrieb ein stetiges Auf und Ab. Einerseits wurden neue Produkte entwickelt und erfolgreich vermarktet, andererseits gingen einige Produkte gänzlich am Markt vorbei und verursachten lediglich hohe Kosten. Die Entwicklung der Erträge spiegelte sich auch in der Belegschaft wider. Ständig wurden Mitarbeiter ausgetauscht oder sie kündigten selbst.

In den letzten beiden Jahren spitzte sich die Unternehmenssituation zu. Das Unternehmen erwirtschaftete deutlich negative Ergebnisse, das Eigenkapital ist beinahe aufgebraucht. Das Unternehmen begründet dies mit einem neuen Produkt, das seit zwei Jahren entwickelt wird. Dieses Produkt soll am Markt einschlagen und die S. GmbH & Co KG nach oben katapultieren. Es gibt angeblich bereits Testphasen mit einzelnen Anwendern, die dem Produkt beste Noten geben.

Trotz angeblich guter Zukunftsprognosen wollen sich die Gesellschafter vom Unternehmen trennen. Sie begründen ihren Ausstieg damit, dass weitere Kapitalmaßnahmen für die Endentwicklung des Produktes notwendig sind und sie nur mehr über begrenzte Mittel verfügen. Das Produkt sei sehr gut bei einem größeren etablierten Unternehmen aufgehoben.

Die Gesellschafter haben gemeinsam mit der Geschäftsführung einen Businessplan erstellt. Er zeigt das letzte negative Jahr sowie die nächsten fünf positiven Jahre. Bereits im nächsten Jahr soll der Turnaround geschafft werden und in den darauf folgenden Jahren sollen sich die Gewinne von Jahr zu Jahr verdoppeln.

Die Gesellschafter erwarten sich einen hohen Verkaufspreis, da sie sehr viel Arbeit und Finanzmittel in die Produktentwicklung gesteckt haben und vom Erfolg ihres Produktes überzeugt sind.

Der Businessplan kann grundsätzlich mit zwei Methoden erstellt werden: Von der obersten Unternehmensführung herab oder von unten zur Unternehmensführung herauf. Die einfachere Variante ist in der Regel der **Top-down-Ansatz**. Die Unternehmensführung gibt Ziele vor, diese werden mit den einzelnen Abteilungen oder Mitarbeitern auf Durchführbarkeit und Plausibilität überprüft und in einem Businessplan (oder Mehrjahresplan) gefasst. Der **Bottom-up-Ansatz** geht genau in umgekehrter Reihenfolge vor. Zunächst verfassen einzelne Abteilungen oder Mitarbeiter (zB Vertrieb, Produktion, Verwaltung) ihre Plansätze, diese werden dann bis zur obersten Unternehmensebene weitergeleitet, zusammengefasst und korrigiert. Unabhängig davon, welcher Ansatz gewählt wird, hat letztendlich immer die Unternehmensführung (das Management) einen Businessplan, ein Budget oder einen Mehrjahresplan zu verantworten.

Der Businessplan des Übergebers sollte **ausnahmslos keine Fehler** enthalten. Jegliche Fehler deuten auf mögliche weitere Fehler im Businessplan hin und machen damit den Verkaufspreis leicht angreifbar. Gerade wenn der Übergeber argumentiert, dass die Entwicklung seines Betriebes in Zukunft deutlich positiv ausfällt, der vorliegende Businessplan dies untermauert und dadurch ein höherer Verkaufspreis gerechtfertigt sei, werden jedem Übernehmer Fehler im Businessplan sehr willkommen sein und damit die Verhandlungsstrategie des Übergebers deutlich schwächen.

Weiters sollte ein Businessplan anschaulich gestaltet sein. Ein Businessplan ist nicht nur ein Zahlenwerk samt Erklärungen, sondern auch ein **Marketinginstrument**, schließlich will der Übergeber seinen Betrieb einem Übernehmer „*schön verpackt*" verkaufen. Die Verpackung und die Aufbereitung sollten daher professionell gestaltet sein, damit der erste Eindruck des Lesers möglichst positiv ist. Der Verwendung von Farben, Diagrammen, Produktbildern, Grafiken und Tabellen sollte dezent, aber dennoch eine gewisse Aufmerksamkeit beim Erstellen des Businessplanes geschenkt werden. Um zu vermeiden, dass Businesspläne in verschiedenen Fassungen übergeben – was die Gespräche zwischen Übergeber und Übernehmer deutlich erschwert – und leichtfertig an andere Personen weitergeleitet werden, ist es zweckmäßig, sie nicht elektronisch, sondern immer gebunden in Hardcopy zu übergeben.

2. Der Businessplan aus der Sicht des Übernehmers

Der Übernehmer übernimmt (kauft) nicht die Vergangenheit eines Betriebes, sondern die **Zukunft**.[99] Es ist für ihn daher zunächst von besonderem Interesse, wie der Übergeber, der das Unternehmen längere Zeit geführt hat, die künftige Geschäftsentwicklung seines Betriebes sieht. Die Sichtweise des Übergebers wird, wie bereits im vorigen Kapitel angeführt, naturgemäß möglichst positiv ausfallen. Zu besonderer Vorsicht ist zu raten, wenn der Übergeber nach einer langen Zeit ohne Zusatzmaßnahmen, die geeignet wären, den Umsatz- und die Ertragsfähigkeit zu steigern, im Zuge des bevorstehenden Verkaufs des Unternehmens plötzlich neue Ideen oder Maßnahmen entwickelt, die sich positiv auswirken sollen. Ebenso vorsichtig sollte ein Übernehmer sein, wenn der Übergeber den Markt unerwartet stark steigend prognostiziert.

---

99 Es gibt auch Bewertungsmodelle, die auf die Gegenwart abzielen (siehe Kapitel III.D.2.), diese sind im Rahmen des Businessplanes jedoch zweitrangig.

Es ist daher die primäre Aufgabe des Übernehmers, den Businessplan des Übergebers auf dessen **Plausibilität und Realisierbarkeit zu prüfen**. Jegliche wesentliche Änderungen in den geplanten Finanzzahlen, wie beispielsweise stark steigende Umsätze oder sonstige Erträge, deutlich geringere Aufwendungen oder Investitionen sowie geringere Personalzahlen sind, wenn sie nicht eindeutig im Businessplan erläutert werden, in einem Gespräch mit dem Übergeber ausführlich und sorgfältig zu hinterfragen. Sollte der Übernehmer andere Meinungen vertreten oder gar Fehler im Businessplan entdecken, steht es ihm frei, diesen gesondert im Rahmen seiner Unternehmensanalyse zu korrigieren.

Dadurch können nun **unterschiedliche Varianten** eines Businessplanes entstehen (zB „Best Case", „Base Case" und „Worst Case").[100] Da wie oben bereits angeführt der Businessplan maßgeblich den Unternehmenswert beeinflusst, wird ein Übergeber stets den **Best Case** und ein Übernehmer stets den **Worst Case** als Richtschnur für die Bewertung und die Verhandlungen ansehen. Die verschiedenen Businesspläne können somit zu stark unterschiedlichen Unternehmenswerten führen, die im Rahmen der Kaufpreisverhandlungen letztendlich zu klären (zu verhandeln) sind.

Ein Übernehmer bringt in einen bestehenden Betrieb neue Ideen und zusätzliche Potentiale (**Synergien**) ein. Er wird daher den Businessplan des Übergebers nicht nur auf dessen Fehlerhaftigkeit, Plausibilität und Realisierbarkeit überprüfen, sondern auch unter dem Blickwinkel der möglichen positiven, künftigen Synergien betrachten, vor allem dann, wenn Käufer ein Unternehmer ist und den Übernahmebetrieb mit seinem bisherigen Betrieb zusammenführt. Im Konkreten kann dies zu hohen Einsparungsmöglichkeiten und neuen Ertragspotentialen führen. Diese Auswirkungen können dann im Businessplan des Übernehmers berücksichtigt werden, zu den oben genannten Varianten kommt dann eine Variante „**Businessplan inklusive Synergien**" hinzu.

Es ist zu beachten, dass der Businessplan inklusive Synergien nicht die Basis für die Kaufpreisverhandlungen darstellen sollte, auch wenn einfallsreiche Übergeber in der Praxis immer wieder auf die Idee kommen, diesen für die Verhandlungsbasis heranzuziehen, um einen (weiteren) Vorteil für sich herauszuholen. Ein Übernehmer sollte einem Übergeber nicht einen Preis für seine eigenen Synergien zahlen. Es ist daher ratsam, neue Ideen und Synergien dem Übergeber nicht preiszugeben und sie lediglich auf Übernehmerseite zu besprechen und zu bewerten (siehe auch Kapitel IV.D.). Sehr wohl kann diese Variante als Vorlage für Kreditgespräche bei Banken oder anderen Finanzinstituten dienen.

C. Unternehmensbeschreibung

Die Unternehmensbeschreibung ist grundsätzlich **ausschließlich Aufgabe des Übergebers**. Bevor ein potenzieller Übernehmer eine Absichtserklärung[101] (gleichgültig ob mündlich oder schriftlich) ausspricht oder unterzeichnet, möchte er sich eingehender über das Unternehmen informieren (diese Informationen gehen über die Sammlung

---

100 Übersetzt Businessplan im besten Fall, im Basisfall und im schlechtesten Fall.
101 Siehe Kapitel III.L.

von Informationen wie in Kapitel II.H. beschrieben hinaus). Öffentliche Informationen sind speziell bei Klein- und Mittelunternehmen nur eingeschränkt vorhanden, daher ist der Übernehmer auf die Bereitschaft des Übergebers, Unternehmensinformationen und -daten zur Verfügung zu stellen, angewiesen.

Je nach der Unternehmensgröße und der Gestaltung der Betriebsübergabe gibt es unterschiedliche Formen der **Informationsweitergabe** an einen potentiellen Übernehmer **in der Planungsphase** (nicht zu verwechseln mit der Due Diligence in der Durchführungsphase, es geht nun darum, dass der potentielle Übernehmer erstmals Informationen direkt vom Übergeber erhält). Je kleiner ein Unternehmen ist, desto weniger aufbereitete Informationen sind in der Praxis vorhanden. Grundsätzlich sollten bei Kleinstbetrieben der letzte Jahresabschluss sowie eine kurze persönliche Führung und/oder Beschreibung des Betriebes für eine **Erstinformation** vollkommen genügen. Je größer und komplexer ein Betrieb, desto mehr Informationen wird ein Übergeber einem Übernehmer für eine erste Entscheidungsgrundlage bereitstellen müssen.

1. Unternehmenspräsentation

Eine Unternehmenspräsentation ist in vielen Mittelunternehmen bereits vorhanden. Meistens sind dies Computerpräsentationen, Unternehmensfolder oder Unternehmensbroschüren. Es geht hier vor allem darum, einen Eindruck vom Unternehmen, dessen Historie, die Produkte, Waren oder Dienstleistungen und die Vision zu vermitteln. Auch aus Zeit- und Kostengründen ist es nicht immer notwendig, für eine bevorstehende Betriebsübergabe neue Unterlagen zu produzieren. Wenn gute Broschüren oder Präsentationen vorhanden sind, können und sollen diese auch verwendet werden. Zusätzlich zum Informationsmaterial ist eine kurze persönliche Präsentation des Betriebes durch den Betriebsübergeber empfehlenswert. In der Präsentation sollte das Unternehmen, die Geschichte und einige Eckdaten dargestellt werden. Die Präsentation sollte grundsätzlich nicht im Betrieb des Übergebers stattfinden, da dies zu einer Beunruhigung der Mitarbeiter führen kann, vor allem, wenn diese in die Betriebsübergabe nicht eingebunden sind. Alternativen sind beispielsweise eine Präsentation nach Arbeitsschluss, ein neutraler Ort oder das Büro eines Beraters.

2. Kurzdarstellung des Betriebes

Eine Kurzdarstellung des Betriebes (englisch „*Teaser*") ist ein auf die beabsichtigte Betriebsübergabe fokussierter Text, der potentiellen Übernahmeinteressenten zur Verfügung gestellt wird. Der Text umfasst oft nur ein bis zwei Seiten, beschreibt sehr kurz die Branche, den Unternehmensgegenstand, die regionale Lage und liefert einige Eckdaten über den Betrieb. Diese Kurzdarstellung ist meist anonymisiert, dh der Name des Betriebes und des Eigentümers werden nicht genannt, ebenso soll es nicht möglich sein aus dem Inhalt Rückschlüsse auf den Betrieb oder dessen Eigentümer zu ziehen. Genannt wird lediglich eine Ansprechperson (meist Berater), die für nähere Informationen zur Verfügung steht.

Der Vorteil der anonymisierten Kurzdarstellung liegt darin, dass sie sehr breit in der (eingeschränkten)[102] Öffentlichkeit gestreut werden kann. Durch die weitgehende Anonymität der Ausschreibung wird ein öffentliches Bekanntwerden der geplanten Übergabe und damit eine negative Auswirkung auf das Unternehmen, verhindert. Der Nutzen eines Teasers besteht vor allem darin, eine Vielzahl von Interessenten für das Unternehmen zu gewinnen. Dadurch erhöht sich die Anzahl der Alternativen und in der Regel der mögliche Verkaufspreis.

3. Informationsmemorandum

Die Erstellung von Informationsmemoranden ist vorwiegend nur bei Mittel- und Großunternehmen üblich, da dies mit einem gewissen Zeitaufwand und Kosten verbunden ist. Ein Informationsmemorandum enthält eine Fülle an vergangenen, gegenwärtigen und künftigen Informationen über das Unternehmen. Während der Jahresabschluss vergangene und der Businessplan zukünftige Daten in den Fokus stellt, fasst das Informationsmemorandum alle diese Daten in einem **Handbuch** zusammen. Ein Informationsmemorandum kann somit sehr umfassend gestaltet sein. Der Leser erhält in der Regel einen ausführlichen und detaillierten Einblick in das Unternehmen. Im Nachfolgenden wird ein Beispiel für ein Informationsmemorandum eines Produktionsbetriebs anhand seines Inhaltsverzeichnisses dargestellt. Die Inhalte können entsprechend auch auf Dienstleistungs- oder Handelsunternehmen umgelegt und angepasst werden.

1. Haftungsausschluss[103]
2. Executive Summary (Zusammenfassung)
3. Kontaktpersonen für den Unternehmensverkauf
4. Das Unternehmen
   a. Die Vision des Unternehmens
   b. Allgemeine Informationen über das Unternehmen
   c. Informationen zum Verkäufer
   d. Geschichte des Unternehmens
   e. Organisation im Unternehmen
   f. Management
   g. Mitarbeiter
   h. EDV-Systeme
   i. Region, Sitz des Unternehmens
5. Produktion und technische Ausstattung
   a. Produktionsmaschinen
   b. Produktionskapazitäten
   c. Lagerkapazitäten
   d. Umwelt
   e. Investitionen und Instandhaltung

---

102 Ein Teaser kann sowohl öffentlich (zB Website) als auch nur ausgewählten Empfängern zur Verfügung gestellt werden.
103 Der Haftungsausschluss soll die Ersteller (in der Regel Berater) des Informationsmemorandums vor Fehlern und der Unrichtigkeit von Daten und Informationen schützen.

6. Produkte
    a. Umsatzaufgliederung nach Produkten
    b. Produktbeschreibungen (Produkt A, B, C, D etc)
    c. Qualitätssicherung
    d. Verpackung
7. Der Markt
    a. Umsatzaufgliederung nach Märkten (Regionen, Länder)
    b. Kunden (ABC-Kundenanalyse)[104]
    c. Allgemeine Informationen zum Markt
8. Forschung und Entwicklung
9. Finanzzahlen (letzte drei bis vier Jahre)
10. Strategie und Aussichten
11. Businessplan (künftige drei bis fünf Jahre)

Der Vorteil des Informationsmemorandums liegt darin, dass potentielle Übernehmer am Beginn einer Transaktion nicht mühevoll nach Informationen suchen müssen, sondern diese vom Übergeber umfassend und zusammenfassend bereitgestellt werden. Weiters kann das Informationsmemorandum mehreren potentiellen Interessenten zur Verfügung gestellt werden. Das Informationsmemorandum soll nicht in die Breite gestreut werden, da es eine Fülle von betriebsinternen sensiblen Informationen enthält. Bei der Auswahl der potentiellen Interessenten, die das Informationsmemorandum erhalten sollen, ist eine gezielte Auswahl zu treffen und vorab die Unterzeichnung einer Vertraulichkeitserklärung (siehe Kapitel III.H.) einzufordern. Die Gestaltung des Informationsmemorandums soll professionell und ohne jegliche Fehler erfolgen. Dem Format des Informationsmemorandums ist wie dem Businessplan größtmögliche Aufmerksamkeit zu schenken (als Verkaufsargument zählt auch die Verpackung).[105]

Zu beachten ist, dass das Informationsmemorandum vom Übergeber (bzw dessen Berater) erstellt wurde. Jegliche darin enthaltenen Informationen sind daher im Rahmen der Due Diligence (siehe Kapitel IV.A.) vom Übernehmer (bzw dessen Berater) im Detail noch zu überprüfen.

D. Unternehmensbewertung

Über das Thema Unternehmensbewertung existieren zahlreiche Bücher und Beiträge, welche jedoch meist so komplex geschrieben sind, dass sie für viele Unternehmer kaum zugänglich sind. Zusätzliche Standards, Fachgutachten und Richtlinien von einzelnen Berufsverbänden[106] in den jeweiligen Ländern, die von Experten für Experten erstellt wurden, erschweren ein allgemeines Verständnis und scheinen für viele Unternehmer

---

104 Die ABC-Kundenanalyse reiht die Kunden nach ihrer Umsatzgewichtung: Der Kunde mit dem höchsten Umsatz ist der A-Kunde. Zu beachten ist, dass die Kunden im Informationsmemorandum namentlich nicht genannt, sondern nur mittels Buchstaben anonymisiert dargestellt werden sollten.
105 Siehe dazu ebenso Kapitel III.B.1.
106 Deutschland: *Fachausschuss für Unternehmensbewertung und Betriebswirtschaft (FAUB)*, Grundsätze zur Durchführung von Unternehmensbewertungen, IDW S 1 (2008). Österreich: *Kammer der Wirtschaftstreuhänder*, Fachgutachten zur Unternehmensbewertung, KFS/BW1 (2006). Schweiz: *Treuhand-Kammer Schweiz*, Unternehmensbewertung, Richtlinien und Grundsätze für die Bewertenden (2008).

auch wenig geeignet. Das gegenständlich Kapitel versucht daher mittels eines generellen Ansatzes auf möglichst einfache Weise das Thema Unternehmensbewertung darzustellen und die Grundzüge der verschiedensten Methoden zu vermitteln, ohne auf komplexe Details einzugehen. Ziel ist es, ein grundlegendes Verständnis für die Methoden und deren Zielsetzung zu schaffen sowie eine Sensibilisierung für Werttreiber und Wertvernichter zu erreichen.

1. Allgemeine Informationen

Der **Wert eines Unternehmens entspricht dem** zukünftigen ökonomischen **Nutzen**, den die gegenwärtigen oder künftigen Eigentümer des Unternehmens aus dem Unternehmen ziehen können. Der ökonomische Nutzen wird dabei an den subjektiven Erwartungen der jeweiligen Eigentümer gemessen. Insofern ist ein Unternehmenswert für einen Übergeber oder Übernehmer stets ein **subjektiver Wert**, da jeder das Unternehmen aus einer anderen Perspektive betrachtet und der persönliche Nutzen von Person zu Person unterschiedlich sein kann.

Dagegen stellt der **objektivierte Wert** einen allgemein gültigen Wert dar; dies kann beispielsweise die Unternehmenssubstanz (dh Vermögen abzüglich Schulden) sein. Aber auch hier können Abweichungen aufgrund unterschiedlicher (subjektiver) Ansichten auftreten, die eine vollkommene Objektivität in Frage stellen.

Den einen, „richtigen" Unternehmenswert gibt es nicht, da jeder Betrachter individuelle Ansichten hat. Auch wenn sogenannte (Unternehmenswert-)Gutachten erstellt werden, haben diese keinen Anspruch darauf, den einzigen wahren inneren Wert des Unternehmens zu vermitteln. Gerade bei solchen Gutachten ist immer darauf zu achten, wer sie in Auftrag gegeben hat (*„wer zahlt, schafft an"*). Für jedes Gutachten kann (und sollte) ein Gegengutachten erstellt werden. Ein Übernehmer sollte daher ein Unternehmenswertgutachten, welches ihm der Übergeber vorlegt, nie als das einzig wahre Gutachten aufnehmen. Gleiches gilt umgekehrt.

Unternehmenswert ist nicht gleich Kauf- und Verkaufspreis. **Kauf- und Verkaufspreis** ist jener Wert, der nach der Einigung über den Preis zwischen Übergeber und Übernehmer effektiv für das Unternehmen bezahlt wird (siehe dazu im Detail Kapitel IV.D.). Der Unternehmenswert bildet die Ausgangsbasis für die Kaufpreisverhandlungen und wird aus einem empirischen Rechenmodell aufgrund von (subjektiven) Wertvorstellungen des Übergebers bzw des Übernehmers ermittelt.

Zur besseren Veranschaulichung des Unterschiedes zwischen Wert und Preis soll das nachfolgende Fallbeispiel dienen, welches einen typischen Praxisfall darstellt.

> **Unternehmenswert und Kaufpreis**
>
> Herr M. beabsichtigt, sein Unternehmen, einen Holzbetrieb, zu verkaufen. Der Holzbetrieb wird als GmbH in zweiter Generation geführt. Der Betrieb wurde fortlaufend ausgebaut und erwirtschaftet heute einen Umsatz von rund EUR 20 Millionen. Herr M. verfügt zwar über gute wirtschaftliche Kenntnisse, jedoch hat er keine Vorstellung, wie viel er für den Betrieb verlangen könnte. Er sucht einen Unternehmensbewertungsexperten auf, der das Unternehmen bewerten soll. Herr M. führt ausführliche Gespräche mit dem Experten über den Betrieb, sodass

D. Unternehmensbewertung

dieser über die Funktionsweise des Betriebes, dessen Vor- und Nachteile sowie die Risiken gut informiert ist, und übergibt ihm die Jahresabschlüsse der letzten drei Jahre, die Planungsrechnung (Planergebnisrechung, Planbilanz und Finanzplan) für die nächsten drei Jahre sowie zusätzliche wichtige Informationen und Unterlagen über den Betrieb. Der Experte wurde ebenso über wesentliche Verträge, die Branche und über die Markteinschätzung von Herrn M. informiert.

Er analysiert zunächst alle erhaltenen Unterlagen und Informationen auf deren Plausibilität, führt einige weitere Gespräche mit Herrn M., da sich auf Basis der Unterlagen einige Zusatzfragen ergeben haben, und erstellt dann eine Unternehmensbewertung über das Unternehmen. Der Bericht über die Unternehmensbewertung[107] listet die Datenbasis, die zu Grunde gelegten weiteren Informationen, den Bewertungsanlass, den Bewertungszweck, die getroffenen Annahmen, die verwendeten Methoden sowie einige Zahlen- und Rechnungsdetails auf. Die Bewertung zeigt einen Unternehmenswert von rund EUR 7,4 Millionen inklusive der vorhandenen Finanzverschuldung (dh ein potentieller Käufer übernimmt die GmbH mit der vorhandenen Finanzverschuldung).[108]

Der Wert von EUR 7,4 Millionen stellt den **Unternehmenswert auf Basis der subjektiven Einschätzung von Herrn M.** (diese umfasst die Planungsrechnung, seine persönliche Sichtweise über den Betrieb und seine Markteinschätzung) sowie des Bewertungsexperten dar (der Experte hält sich an die Vorgaben von Herrn M., soweit diese plausibel sind, lässt jedoch auch seine Erfahrung in die Bewertung einfließen, sodass diese möglichst realistisch ist).

Herr M. hat nach einiger Zeit einen möglichen Käufer, Herrn S., gefunden. Herr S. hat alle Jahresabschlüsse und die Planungsrechnung erhalten sowie das Unternehmen sorgfältig durchleuchtet (Due Diligence)[109], er kennt damit das Unternehmen bereits sehr gut, vor allem weiß er über die Vor- und Nachteile und die Risiken des Unternehmens Bescheid. Da Herr S. bereits seit Längerem in der Branche tätig ist, verfügt er über relativ gute Marktkenntnisse. Herr S. hat für die Durchführung des beabsichtigten Unternehmenskaufs Experten beauftragt, die ihm unter anderem auch eine Unternehmensbewertung auf Basis der vorhandenen Unterlagen erstellt haben. In die Unternehmensbewertung wurden sowohl die Erkenntnisse aus der Due Diligence (einige Korrekturen in der Planungsrechnung sowie die Aufnahme von zusätzlichen Risiken) als auch die Einschätzung von Herrn S. über das Unternehmen sowie den Markt mit einbezogen. Die Bewertung der Experten zeigt einen Unternehmenswert von rund EUR 5,0 Millionen inklusive der vorhandenen Finanzverschuldung.

Der Wert von EUR 5,0 Millionen stellt den **Unternehmenswert auf Basis der subjektiven Einschätzung des potentiellen Käufers Herrn S.** sowie der beauftragten Experten dar (die Experten halten sich an die Vorgaben von Herrn S. und die Erkenntnisse aus der Due Diligence, dennoch fließt auch hier eine weitere subjektive Komponente durch die persönliche Erfahrung der Experten ein, sodass die Bewertung möglichst realistisch ist).

Der Unternehmenswert von Herrn M. stellt die **Ausgangsbasis des Verkäufers** dar. Da Herr M. über Verhandlungstaktiken aus seinem Holzgeschäft sehr gut Bescheid weiß, will er mit EUR 8,0 Millionen die Verhandlungen beginnen.

Der Unternehmenswert von Herrn S. stellt die **Ausgangsbasis des Käufers** dar. Herr S. möchte den Betrieb unbedingt haben, er will Herrn M. ein gutes Angebot machen, welches er seiner Meinung nach nicht ablehnen kann. Er will ihm in einer ersten Verhandlungsrunde sogleich EUR 5,5 Millionen bieten.

Herr M. und Herr S. treffen sich mit ihren Beratern erstmals zu einem konkreten Verhandlungsgespräch, in dem vor allem auch der mögliche Kauf- und Verkaufspreis besprochen werden soll. – Herr S. hat Herrn M. zwar eine Interessenbekundung vor Durchführung der Due Diligence übermittelt, jedoch bewusst einen möglichen Wert offengelassen, da er sich zuerst

---

107 Die Bezeichnung als Gutachten ist in diesem Sinne unerheblich.
108 Dies entspricht dem Nettounternehmenswert, siehe dazu im Detail Kapitel III.D.4.
109 Siehe Kapitel IV.A.

über den Betrieb informieren wollte. Da Herr S. kein Unbekannter in der Branche ist und über die notwendigen Mittel verfügt, hat Herr M. dies akzeptiert. – Beim ersten Verhandlungsgespräch bedanken sich beide Parteien für die bisherige Bereitschaft zur Kooperation im Zuge der möglichen Unternehmenstransaktion und werfen sich gegenseitig Komplimente zu. Herr M. hat einen sehr guten Eindruck, er spürt das große Interesse von Herrn S. und wartet noch ab, ob nicht doch Herr S. zuerst sein Angebot auf den Tisch legt. Doch Herr S. ziert sich weiter und fragt nach einiger Zeit nach, was sich Herr M. als Verkaufspreis vorstellt. Herr M. nimmt diese Gelegenheit wahr und nennt einen Betrag von EUR 8,3 Millionen (er hat seinen Wert aufgrund seiner subjektiven positiven Einschätzung der laufenden Gespräche kurzerhand nach oben revidiert).

Herr S. fragt nach, ob er diesen Wert inklusive oder exklusive Verschuldung versteht. Ohne die Verschuldung kann sich Herr S. den Wert durchaus vorstellen. Auf die Antwort von Herrn M., dass er den Wert natürlich inklusive Verschuldung verstehe, reagiert Herr S. sehr überrascht und negativ. Er hat den persönlichen Eindruck, dass Herr M. sehr hoch pokert. Nach einigen Überlegungen spricht Herr S. sein erstes Angebot in Höhe von EUR 5 Millionen aus (auch Herr S. hat sein Angebot kurzfristig wieder nach unten revidiert, um Herrn M. seine Ablehnung gegenüber diesem sehr hohen Angebot deutlich aufzuzeigen).

In weiterer Folge diskutieren beide Parteien die am Tisch liegenden Wertansätze und versuchen diese mit Hilfe ihrer Berater bestmöglich zu argumentieren. Beide Parteien sehen trotz hoher Differenz der Wertvorstellungen das gegenseitige Interesse und wollen daher die Verhandlungen weiterführen. Am Ende des ersten Verhandlungsgespräches erklärt Herr M. als Entgegenkommen seine Bereitschaft, sich vorstellen zu können, auf EUR 7,5 Millionen herunterzugehen, wenn alles Weitere reibungslos und rasch über die Bühne geht. Auch Herr S. teilt mit, sich unter Umständen 6,0 Millionen vorstellen zu können, er müsse dies aber erst mit seinen Partnern absprechen.

Nach zwei weiteren Verhandlungsrunden, der Zusicherung von weitreichenden Garantien für den Käufer, der Zusicherung einer Zahlung des Gesamtbetrages Zug um Zug und einem Beratervertrag für Herrn M. für die Laufzeit von einem Jahr einigen sich beide Parteien auf einen Kaufpreis von EUR 6,85 Millionen (gegen Schluss der Verhandlungen wurde um jeden Euro gefeilscht, daraus resultierte die unrunde Summe).

Einen Monat später wurden alle Verträge unterzeichnet (Signing und zugleich Closing).[110] Bereits einige Tage vor der Unterzeichnung hat Herr S. EUR 6,85 Millionen auf ein Treuhandkonto eines Notars überwiesen. Mit der Unterzeichnung der Verträge überweist der Notar EUR 6,85 Millionen vom Treuhandkonto auf das Konto des Verkäufers. **Der bezahlte Wert von EUR 6,85 Millionen stellt den Verkaufs- und Kaufpreis dar.**

Das Fallbeispiel zeigt einen typischen Verlauf einer Verhandlung über Unternehmenswert, Kauf- und Verkaufspreis. Jede Partei hat ihre eigenen (subjektiven) Wertvorstellungen, diese sind beim Verkäufer naturgemäß höher und beim Käufer naturgemäß niedriger angesiedelt. Die jeweiligen subjektiven Wertvorstellungen münden in einen Unternehmenswert des Verkäufers und in einen Unternehmenswert des Käufers. Ausschließlich der am Ende bezahlte Preis stellt den Kauf- und Verkaufspreis dar.

In der Praxis hört man immer wieder kritische Aussagen wie „Warum muss man eine Unternehmensbewertung machen lassen, wenn sich dieser vom Kauf- und Verkaufspreis sowieso unterscheidet?" Der Unternehmenswert stellt die Basis dar, ohne Unternehmenswert hat ein Käufer oder Verkäufer keine realistischen Wertvorstellungen, die sich gegenüber der anderen Partei argumentieren lassen. Durch die Kenntnis des Unternehmenswertes schlägt der Verkäufer bzw der Käufer einen Grundpfeiler ein, an dem er

---

110 Siehe dazu Kapitel IV.F.

sich im Laufe der Verhandlungen anhalten kann. Ein Kauf oder Verkauf eines Unternehmens ohne Kenntnis des fundierten Unternehmenswertes ist vergleichbar mit dem Ankauf oder Verkauf eines Wertgegenstandes aus Gold, ohne zuvor dessen Reinheitsgehalt bestimmen zu lassen.

Der **Unternehmenswert ist vorwiegend zukunftsorientiert**. Ein Käufer zahlt nichts für die Vergangenheit eines Unternehmens, dessen Eigentümer er nicht war und aus dem ihm keine Erträge zugeflossen sind. Er zahlt einen Preis für die gegenwärtige Substanz und/oder die künftigen Erträge bzw Zahlungen, die ihm in der Zukunft zufließen. Gerade hierbei kommt es bei vielen Kleinunternehmen zu Missverständnissen. Aufgrund der guten Erträge in der Vergangenheit erwarten Betriebsübergeber einen hohen Unternehmenswert, der jedoch nur dann dargestellt werden kann, wenn diese Erträge auch in der Zukunft anfallen. Gerade Unternehmer, die sich dem Ruhestand nähern, vernachlässigen in den letzten Jahren oftmals den Betrieb, da sie künftig ja ohnehin nicht mehr Eigentümer des Unternehmens sein werden. Es wird wenig reinvestiert und es werden keine Anstrengungen unternommen, neue Kunden dazuzugewinnen. Auch wenn das Unternehmen in der Vergangenheit gut verdient hat, lassen sich Betriebe, die ins Alter gekommen sind und an Ertragstärke verloren haben (bzw gegenwärtig verlieren), nur noch mit hohen Einbußen verkaufen. Es ist daher essentiell, ein **Unternehmen in guten Jahren zu verkaufen** und dieses bis zum Zeitpunkt des Verkaufes laufend am Markt zu orientieren, damit neue Ertragskraft die alte ersetzen kann.

Die Unternehmensdaten, welche für die Unternehmensbewertung herangezogen werden, sollten daher vorwiegend die Zukunft widerspiegeln, die Vergangenheits- und Gegenwartsdaten dienen der Plausibilisierung der Zukunftsdaten. Die Basis für eine Bewertung sollte grundsätzlich der **Businessplan** (siehe Kapitel III.B.) oder die **Planungsrechnung** (Planergebnisrechnung, Planbilanz und Finanzplan) darstellen. Sofern diese nicht vorhanden oder verfügbar sind, kann die Unternehmensbewertung nur mittels Annahmen (**Schätzungen**) aus der näheren Vergangenheit und den Aussagen des Übergebers oder des Übernehmers erfolgen. Dies kann jedoch zu erheblichen Nachteilen eines Vertragspartners führen.

Eine **Ausnahme vom Zukunftsprinzip** stellt das Substanzwertverfahren dar; dieses basiert auf möglichst aktuellen Stichtagswerten der Bilanz, ein Businessplan oder eine Planungsrechnung ist in diesem Fall nicht notwendig. Das Substanzwertverfahren sollte jedoch nur dann angewendet werden, wenn die vorhandene Substanz höher als andere Unternehmenswerte aus dem dynamischen Verfahren oder dem Vergleichswertverfahren ist oder die Fortführung des Unternehmens fraglich erscheint (siehe dazu Kapitel III.D.2.).

Beim Betriebsübergeber kann eine erste Unternehmensbewertung (unter Beachtung der Unternehmensanalyse, siehe Kapitel III.A.) bereits in der **Strategiephase** erfolgen. Die Ergebnisse dieser Bewertung gehen in die Transaktionskriterien ein. Sollte es im Zuge der **Planungsphase** zu einer Änderung von Planungs- oder Marktdaten kommen, ist eine neuerliche Bewertung anzustellen, die nachträglich entsprechend die Transaktionskriterien korrigiert. In der Durchführungsphase erfolgt keine weitere Bewertung des

Betriebes durch den Übergeber, es sei denn, dass sich wesentliche Änderungen in der zu Grunde gelegten Datenbasis ergeben haben.

Beim Betriebsübernehmer erfolgt die erste Unternehmensbewertung in der Regel in der **Planungsphase**, Voraussetzung ist jedoch, dass ihm die entsprechenden Unternehmensdaten des Übergebers vorliegen. Die erste Unternehmensbewertung stellt die Basis für die Interessenbekundung (siehe Kapitel III.L.) dar. Eine zweite Bewertung erfolgt in der **Durchführungsphase** auf Basis der Erkenntnisse aus der Due Diligence, diese stellt sodann auch die Grundlage für die Kauf- und Verkaufspreisverhandlungen dar.

Unternehmensbewertungen sollten ausschließlich von **Experten** durchgeführt werden, die über entsprechende Sachkenntnis und Erfahrung auf diesem Gebiet verfügen. Es werden zwar oft Tools für die Unternehmensbewertung seitens verschiedener Plattformen, Organisationen oder Institutionen online angeboten, von einem Selbstversuch ist jedoch dringend abzuraten.

Die Basis der Unternehmensbewertung bilden Unternehmensdaten, die vom Bewerter zunächst einer eingehenden **Analyse und Datenkorrektur** zu unterziehen sind. Dabei werden unter anderem die Basisdaten um außergewöhnliche Aufwands- und Ertragskomponenten bereinigt. Gerade im Fall von Einzelunternehmen oder auch von eigentümergeführten Gesellschaften sind kalkulatorische Unternehmerlöhne[111] anzusetzen, da diese in der Regel in der Ergebnisrechnung keine Berücksichtigung finden. Weiters ist zu prüfen, ob alle betriebsnotwendigen Vermögensgegenstände in den Daten enthalten sind. Ebenso können Vermögensgegenstände in den Daten enthalten sein, die nicht betriebsnotwendig erscheinen. Erst auf Basis dieser umfassenden Datenanalyse und Datenaufbereitung, gehen die verschiedenen Finanzwerte in ein Bewertungsmodell ein.

Im **Bewertungsmodell** werden zusätzlich einzelne Parameter (Eigenkapitalkosten, Fremdkapitalkosten, risikofreier Normalzins, Risikozu- und -abschläge, Steuerraten, Wachstumsraten, Inflationsraten, die Gewichtung von Eigenkapital zu Fremdkapital, Länderrisiken etc) entsprechend den vorliegenden Informationen festgelegt. Die Verbindung der verschiedenen Parameter mit den korrigierten Daten führt zum Unternehmenswert. Bereits die Änderung nur eines Parameters kann zu einer wesentlichen Änderung des Unternehmenswertes führen.

Die Unternehmensbewertung kann diesbezüglich mit dem Steuern eines großen Schiffes verglichen werden. Es gibt eine Vielzahl von Rädern und Knöpfen an denen man drehen und drücken kann. Es ist wichtig, dass ein Steuermann allen Steuerungsinstrumenten Beachtung schenkt. Wenn der Steuermann nur an einem kleinem Rad dreht, kann dies bereits sehr große Auswirkungen auf die Richtung, in die das Schiff steuert, haben.

Vor einer Bewertung sind immer der **Bewertungsanlass** (Erwerb oder Veräußerung von Unternehmen oder Unternehmensanteilen, Ein- oder Austritt von Gesellschaftern, Umgründung, Abfindung, Erbteilung, Kreditwürdigkeitsprüfung etc) und der **Bewer-**

---

111 Ein Einzelunternehmer bezieht als Beschäftigter kein Entgelt aus dem Unternehmen. Es ist daher ein fiktiver Wert, welcher der Arbeitsleistung entspricht, als zusätzlicher Personalaufwand anzusetzen.

tungszweck (objektivierter oder subjektiver Unternehmenswert, Einigungs- oder Schiedswert) zu klären.[112] Je nach Bewertungsanlass und -zweck können unterschiedliche Methoden zum Einsatz kommen. Grundsätzlich lassen sich drei **Verfahren** zur Unternehmensbewertung unterscheiden:

Statische Verfahren

Statische Verfahren bewerten ein Unternehmen bezogen auf einen **Zeitpunkt**. Es zählen nicht künftige Erfolge, sondern das, was im Bewertungszeitpunkt an Vermögen abzüglich Schulden (Substanz) vorhanden ist. Für die Bewertung der Vermögensgegenstände und Schulden gibt es unterschiedliche Ansätze.

Dynamische Verfahren

Dynamische Verfahren bewerten ein Unternehmen bezogen auf einen **Zeitraum**. Die Substanz bildet die Basis für die künftigen Erfolge. Die Abzinsung (oder Diskontierung) der künftigen Erfolge auf den Barwert im Bewertungszeitpunkt stellt den Unternehmenswert dar. Für die Definition von künftigen Erfolgen gibt es unterschiedliche Ansätze.

Vergleichswertverfahren

Vergleichswertverfahren bewerten ein Unternehmen **im Vergleich** zum Wert eines oder mehreren anderen Unternehmen. Eine wesentliche Bedingung ist, dass die Unternehmen, die miteinander hinsichtlich ihres Wertes verglichen werden, auch in ihrer Unternehmenstätigkeit, Größe und Struktur vergleichbar sind. Beispielsweise ist Tischler A mit Tischler B (unter der Annahme gleicher oder ähnlicher Produkte, Regionen, Kunden etc) vergleichbar. Ein Lebensmittelhändler etwa ist mit einem IT-Dienstleister nicht vergleichbar. Für die Definition des Vergleichskriteriums gibt es unterschiedliche Ansätze.

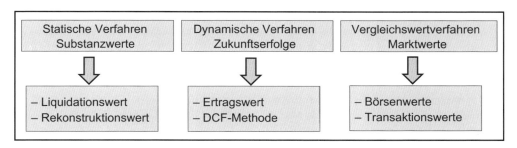

Abbildung 4: Unternehmensbewertungsmethoden

Wie Abbildung 4 zeigt, gibt es innerhalb der einzelnen Verfahren (statisch, dynamisch und Vergleichswert) unterschiedliche **Methoden** (Liquidationswert, Rekonstruktions-

---

[112] Siehe dazu *Kammer der Wirtschaftstreuhänder*, Fachgutachten zur Unternehmensbewertung, KFS/BW1 (2006) sowie *Fachausschuss für Unternehmensbewertung und Betriebswirtschaft (FAUB)*, Grundsätze zur Durchführung von Unternehmensbewertungen, IDW S 1 (2008).

2. Substanzwert

wert, Ertragswert etc). In den nachfolgenden Kapiteln werden die wichtigsten Verfahren und Methoden kurz dargestellt.

Das Substanzwertverfahren bewertet ein Unternehmen zu einem (möglichst nahen) **Zeitpunkt**. Da zwischen der Datenerfassung, der Berichterstattung und der Bewertung zwangsläufig einige Zeit vergeht, können die Bewertungszeitpunkte nur in der Vergangenheit liegen. Dennoch sollte die Bewertung möglichst zeitnahe erfolgen, da ein Übernehmer bei Anwendung dieses Verfahrens nachträglichen Änderungen in der Substanz stets hinterherläuft. Diesbezüglich können aber auch Nachbesserungsklauseln[113] vereinbart werden.

Datenbasis für die Bewertung sind die im Bewertungszeitpunkt vorhandenen Vermögensgegenstände und Schulden des Unternehmens bzw von Teilen des Unternehmens, wenn nur ein Teilbetrieb veräußert werden soll. Ein Businessplan oder andere Zukunftsdaten sind bei diesem Verfahren grundsätzlich nicht notwendig. Als Grundlage für die Bewertung dienen die **Bilanzdaten zum Bewertungsstichtag**, unter der Voraussetzung, dass in diesen alle Vermögensgegenstände und Schulden, die übernommen werden sollen, auch enthalten sind. Sofern einzelne Vermögensgegenstände oder Schulden in der **Bilanz nicht enthalten** sind, aber übernommen werden sollen, sind sie in die Bewertung aufzunehmen. Einzelne Vermögensgegenstände oder Schulden, die in der **Bilanz enthalten** sind, aber nicht übernommen werden sollen, sind im Rahmen der Bewertung zu eliminieren.

> **Vermögensgegenstände und Schulden (Hinzurechnung)**
> Herr H. ist 100 %iger Gesellschafter einer Produktionsfirma (GmbH). Die Gesellschaft soll zu 100% verkauft werden. Grund und Gebäude werden von einer anderen Gesellschaft, die im Eigentum von Herrn H. steht, gepachtet. Ein Käufer beabsichtigt, sowohl die Produktionsfirma als auch die Liegenschaft zu kaufen. Da die Produktionsfirma eine sehr hohe Substanz (Maschinenpark) aufweist (und der resultierende Unternehmenswert höher als jegliche Werte auf Basis von Zukunftserfolgen ist), wird das Substanzwertverfahren angewendet. Der Substanzwert wird auf Basis der Vermögensgegenstände und Schulden der Produktionsfirma zuzüglich der Substanzwerte (Marktwerte) von Grund und Gebäude errechnet.

> **Vermögensgegenstände und Schulden (Hinwegrechnung)**
> Frau L. führt einen Hotelbetrieb. Das Geschäft ist in den letzten Jahren deutlich zurückgegangen, sodass sie an einen Verkauf ihres Hotels denkt. Die Substanz (Grundstück, Gebäude, Einrichtung) ist deutlich mehr wert als jeglicher Wert auf Basis von Zukunftserfolgen. Der Betrieb wird seit jeher als Einzelunternehmen geführt, Grund und Gebäude sind Teile des Betriebsvermögens. Frau L. will alles verkaufen, außer einem kleinen Grundstück und den auf diesem Grundstück lastenden Schulden. Der Substanzwert wird auf Basis der Vermögensgegenstände und Schulden des Betriebes abzüglich des Substanzwertes des kleinen Grundstückes (samt den auf diesem lastenden Schulden) errechnet.

---

[113] Der Kauf- und Verkaufspreis wird nachträglich um die neuen Erkenntnisse bis zu einem gewählten Stichtag korrigiert bzw angepasst.

Die **Bewertung** nach dem Substanzwertverfahren kann anhand von **zwei Methoden** erfolgen:

Liquidationswert

Der Liquidationswert stellt den Wert aus der **Sicht des Übergebers** dar. Dieser bildet den untersten Wert – und in diesem Falle zugleich Preis – eines Unternehmens. Sollte der Übergeber keinen Übernehmer finden, der bereit ist, einen Wert über den Liquidationswert zu bezahlen, kann er **alle Vermögensgegenstände des Betriebes einzeln veräußern**. Vom gesamten Veräußerungserlös sind die Schulden und die durch die Liquidation entstehenden Kosten (Liquidationskosten) zu begleichen bzw im Rahmen der Bewertung nach dem Substanzwertverfahren in Abzug zu bringen. Der daraus resultierende Wert stellt den Liquidationswert dar. Die einzelnen Vermögensgegenstände sind mit jenen Werten anzusetzen, die bei einem marktüblichen Verkauf zu Stande kommen würden, hierbei sind sowohl stille Reserven als auch stille Lasten zu berücksichtigen. Die Schulden sind mit dem Rückzahlungsbetrag anzusetzen. Das Unternehmen wird so bewertet, als ob es liquidiert würde (keine Fortführung des Unternehmens), dementsprechend sind auch etwaige Liquidationskosten zu berücksichtigen.

Gerade bei Unternehmen, die eine hohe Substanz aber einen geringen Ertrag aufweisen, kann diese Bewertungsmethode durchaus eine Alternative zu anderen Bewertungsverfahren sein.

Rekonstruktionswert

Der Rekonstruktionswert stellt den Wert aus der **Sicht des Übernehmers** dar. Ein (angehender) Unternehmer hat die Wahl, ein neues Unternehmen zu gründen und die dafür notwendigen Vermögensgegenstände **einzeln** am Markt zu kaufen **oder** alle notwendigen Vermögensgegenstände und Schulden (den Betrieb) **gesamt** von einem Unternehmer (Übergeber) zu erwerben. Der Ankauf der einzelnen Vermögensgegenstände, die Akquisition von Kunden, der Aufbau des gesamten Geschäfts usw werden vermutlich einige Zeit und Kosten (zB Transport, Aufstellung und Einrichtung der Maschinen, Werbemaßnahmen) in Anspruch nehmen. Alternativ kann ein Unternehmer daher auf ein bereits vorhandenes Gesamtsystem (Betrieb des Übergebers) zurückgreifen. Der Wert dieser sogenannten Wiederbeschaffungskosten abzüglich der Schulden des Übergebers stellt den Rekonstruktionswert dar. Der Rekonstruktionswert orientiert sich an den **Wiederbeschaffungskosten des Nettovermögens** eines identen zu errichtenden Unternehmens.[114] In der Praxis werden Fälle, in denen ein exakt identes Unternehmen geschaffen werden soll, wahrscheinlich kaum vorkommen. Dennoch kann der Erwerb eines bestehenden vergleichbaren Unternehmens viele Vorteile gegenüber dem Aufbau eines eigenen ähnlichen Betriebes bringen. Der Rekonstruktionswert teilt diesen Vorteilen sowie den Vermögensgegenständen und Schulden einen Wert zu.

Die Bewertung eines Betriebes mittels **Substanzwert** (Liquidationswert oder Rekonstruktionswert) stellt ein relativ einfaches Verfahren dar. Die einzelnen Vermögensgegenstände und Schulden sind zunächst festzuhalten und danach einzeln oder gesamt zu be-

---

114 *Wala/Messner/Haslehner/Szauer*, Grundlagen der Unternehmensbewertung, Aufsichtsrat aktuell 2008.

werten (inklusive stiller Reserven und stiller Lasten). Der Saldo aus den bewerteten Vermögensgegenständen abzüglich Schulden (sowie abzüglich etwaiger noch entstehender Kosten) bildet den Substanzwert.

Wenn die Vermögensgegenstände und Schulden in der Bilanz (Buchwerte zum Bewertungsstichtag) den Marktwerten entsprechen, stellt der **Wert des Eigenkapitals** zugleich den Liquidationswert des Unternehmens dar (unter der Annahme, dass keine Liquidationskosten anfallen). Insofern ist der erste Blick auf das Eigenkapital des Unternehmens stets ein guter Richtwert für dessen Mindestwert unter der Voraussetzung, dass die Buchwerte von den (realen) Marktwerten nicht wesentlich abweichen und keine Vermögensgegenstände und Schulden dazu- oder herausgenommen werden müssen.

Vorteile von Substanzwertverfahren
- Relativ einfache Anwendbarkeit und Wertermittlung
- Leicht zu verstehen
- Objektivierter Unternehmenswert möglich
- Stichhaltige Begründung (vor allem bei gerichtlichen Verfahren)
- Liquidationswert stellt den untersten Wert (und Preis) des Unternehmens dar
- Liquidationswert ist ein guter Argumentationswert im Zuge von Verhandlungen für den Übergeber, falls andere Bewertungsverfahren mit einem geringeren Wert zur Sprache kommen

Nachteile von Substanzwertverfahren
- Es findet keine Ermittlung der künftigen Werthaltigkeit des Unternehmens statt
- Kein Fortführungsgedanke (Going Concern) im Rahmen des Liquidationswertes
- Statische Momentaufnahmen bezogen auf den Bewertungsstichtag
- Keine Berücksichtigung allfälliger Synergien

Anders als die Bewertungsmethode mittels Liquidationswert gehen alle anderen (und nachfolgenden) Methoden von einer positiven Fortführung des Unternehmens (in der Fachsprache „*Going Concern*" genannt) aus. Sollte in Unternehmen die Fortführung in Frage stehen bzw negativ sein, sollte ausschließlich eine Bewertung mittels des Substanzwertverfahrens (Liquidationswert oder Reproduktionswert unter besonderer Beachtung der Schulden) erfolgen.

In der Literatur wird dem Substanzwertverfahren nur geringe Beachtung geschenkt, dennoch sei darauf hingewiesen, dass es gerade bei **Klein- und Mittelunternehmen**, die nur über eine geringe Ertragskraft verfügen, sehr häufig Anwendung findet. Bei manchen **Kleinstunternehmen** reichen die Erträge gerade zur Deckung der Lebenserhaltungskosten der Eigentümer. Unter Beachtung eines allfälligen kalkulatorischen Unternehmerlohns wird der Ertrag weitgehend aufgebraucht und eine Bewertung mittels Zukunftserfolge kaum sinnvoll sein, da die resultierenden Erträge oder Zahlungen für einen Bewertungsansatz gegen null gehen bzw negativ sind. Die Substanzwerte können in diesen Fällen zwar nur geringfügig, aber dennoch höher sein.

Die **Werttreiber** bei Substanzwertverfahren sind stille Reserven in den Vermögensgegenständen (deutlich gestiegener Wert von Grund und Boden, Gebäude, immaterielle

Vermögenswerte wie Lizenzen oder Patente etc). Die **Wertvernichter** stellen stille Lasten (Abfindungen für Personal und laufende Prozesse, soweit für diese nicht vorgesorgt wurde, Kontaminierung von Grund und Boden, Wertminderung von Vorräten oder Forderungen, Schäden an Maschinen etc) und Liquidationskosten dar.

3. Ertragswert

Die Berechnung des Unternehmenswertes nach der Ertragswertmethode zielt auf die künftigen Erträge des Unternehmens ab. Die Bewertung erfolgt auf der Basis von **Zukunftsdaten** unter Beachtung der positiven Unternehmensfortführung (Going Concern). Unter künftigen Erträgen sind ausschüttungsfähige Periodenerfolge zu verstehen. Diese werden mit einem Zinssatz, der den Eigenkapitalkosten entspricht, auf den Barwert am Bewertungsstichtag abgezinst (diskontiert). Als Ergebnis erhält man den Unternehmenswert auf Basis Eigenkapital (Nettounternehmenswert)[115], das ist der Wert, der den Eigentümern zugeordnet wird.

Die dynamischen Berechnungsverfahren zinsen künftige Zahlungsströme auf den Barwert ab. Zur Bewertung wird daher einerseits ein Zahlungsstrom, andererseits ein Abzinsungsfaktor benötigt. Die Datenbasis bildet vor allem die **Planergebnisrechnung** aus dem Businessplan bzw aus der Planungsrechnung. Diese ist zuvor anhand der vergangenen Jahresabschlüsse sowie sonstiger vorliegender Daten und Informationen zu prüfen, zu plausibilisieren und entsprechend den Erkenntnissen zu bereinigen.

Als ausschüttungsfähiger Periodenerfolg kann grundsätzlich das **Jahresergebnis nach Ertragsteuern** herangezogen werden. Die Bewertung erfolgt unter der Fiktion, dass die Jahresergebnisse nach Steuern zur Gänze ausschüttungsfähig sind bzw entnommen werden können. Dies soll jedoch nicht so verstanden werden, dass die Gewinne realiter auszuschütten bzw zu entnehmen sind. Diese Fiktion stellt lediglich eine Bewertungsannahme dar.

Der **Zeitrahmen**, über den die Erträge abgezinst werden, ist grundsätzlich **unendlich**. Zur Berücksichtigung des Zeitrahmens werden die Zukunftsdaten in zwei Phasen gegliedert. Die **Phase 1** ist begrenzt und umfasst die kurz- bis mittelfristigen Perioden des Businessplanes; dies ist üblicherweise ein Zeitraum von drei bis fünf Jahren. Danach beginnt die **Phase 2**; sie ist im Fall einer unendlichen Laufzeit des Unternehmens unbegrenzt und beschreibt die langfristige Perspektive des Unternehmens. Dieser unendlich zufließende künftige Ertrag wird auch **ewige Rente** genannt. Umfasst beispielsweise der Businessplan einen Zeitraum von fünf Jahren, dann stellen die Jahre eins bis fünf die Phase 1 und die Jahre sechs bis unendlich die Phase 2 dar.

Sollte das Unternehmen eine **endliche Laufzeit** haben, ist diese jedenfalls im Rahmen der Bewertung zu berücksichtigen. Einerseits erfolgt die Abzinsung der Erträge nur bis Laufzeitende, andererseits sind Liquidationserlöse und -kosten nach Einstellung der Unternehmenstätigkeit in der Bewertung aufzunehmen.

---

[115] Siehe dazu Kapitel III.D.4.

III. Planung

Als **Kapitalisierungszinssatz** ist die Rendite jener Alternativanlage heranzuziehen, welche dem Zahlungsstrom des zu bewertenden Unternehmens hinsichtlich Laufzeit, Risiko und Verfügbarkeit äquivalent ist.[116] Dieser Zinssatz stellt die Eigenkapitalkosten dar. Die Eigenkapitalkosten umfassen einen risikofreien Normalzinssatz und einen Risikozuschlag für das Unternehmerrisiko. Üblicherweise können je nach Unternehmen noch zusätzliche Risikozuschläge wie beispielsweise Immobilitätszuschlag oder KMU-Zuschlag mitberücksichtigt werden. Der daraus resultierende Zinssatz stellt den Abzinsungsfaktor für die Phase 1 dar. Für die Abzinsung der ewigen Rente in der Phase 2 sollte zusätzlich ein Abschlag in Höhe der Wachstumsrate berücksichtigt werden (unter der Annahme von konstant wachsenden Erträgen).

> **Diskontierung von künftigen Erträgen**
>
> Frau D. hat ein kleines Unternehmen aufgebaut, das jedes Jahr nach Abzug eines kalkulatorischen Unternehmerlohns einen Ertrag von EUR 10.000 (nach Steuern) erwirtschaftet. Seit Jahren erzielt sie immer das gleiche Ergebnis. Frau D. kontaktiert einen Experten und möchte wissen, wie viel ihr Unternehmen wert ist, unter der Annahme, dass es weiterhin (unendlich) einen Ertrag von EUR 10.000 erwirtschaftet.
>
> Der Experte analysiert die vorliegenden Daten und kommt auf das gleiche Ergebnis, das ihm Frau D. mitgeteilt hat. Auf Basis des bestehenden Unternehmens errechnet er einen Kapitalisierungszinssatz (inklusive aller Zu-, Abschläge sowie unter Berücksichtigung der Inflations- und Wachstumsraten) von 10%. Das Unternehmen verfügt weder über liquide Mittel noch über Finanzschulden.
>
> Die ewige Rente beträgt damit EUR 10.000. Dieser Betrag ist unendlich mit einem Zinssatz von 10% abzuzinsen (10.000 dividiert durch 10%). Als Ergebnis resultiert ein rechnerischer Wert von EUR 100.000, dieser stellt den Unternehmenswert unter den oben getroffenen Annahmen dar.

Sollte insbesondere bei **Kleinunternehmen** kein Businessplan vorhanden sein, können die künftigen ausschüttungsfähigen Periodenerfolge auch geschätzt werden, unter der Voraussetzung, dass sich diese in der Vergangenheit (und näheren Gegenwart) konstant entwickelt haben und voraussichtlich auch in Zukunft entsprechend der Vergangenheit und Gegenwart in ähnlicher Höhe anfallen werden. Insofern würde in diesem Fall die Phase 1 entfallen und der geschätzte zukünftige Ertrag die ewige Rente darstellen. Die ewige Rente ist mit dem Kapitalisierungszinssatz und einem Abschlag für die Wachstumsrate zu diskontieren. Speziell in diesen Fällen sollte einerseits der Datenkorrektur und andererseits einem zusätzlichen Risikozuschlag höchste Aufmerksamkeit geschenkt werden.[117]

Eine Alternative zur Berechnung des Ertragswertes auf Basis der (Plan-)Jahresergebnisse nach Ertragsteuern ist die **Berechnung des Unternehmenswertes auf Basis NOPLAT**. Diese ist in Klein- und Mittelunternehmen vor allem im Fall hoher Finanzverschuldung oder hoher liquider Finanzmittel zu empfehlen. Das System der Berechnung

---

116 Siehe *Kammer der Wirtschaftstreuhänder*, Fachgutachten zur Unternehmensbewertung, KFS/BW1 (2006).
117 Diese Methode wird unter anderem von der Treuhand-Kammer Schweiz beschrieben. *"In Fällen, in denen keine Businesspläne vorliegen, und vor allem in kleineren Verhältnissen wird auch eine vergangenheitsorientierte Ertragswertmethode angewendet"* ... *„Im Gegensatz zur DCF-Methode verzichtet man beim Ertragswertverfahren jedoch auf eine detaillierte Planungsperiode und rechnet üblicherweise mit einem konstanten nachhaltigen Gewinn."* Siehe *Treuhand-Kammer Schweiz*, Unternehmensbewertung, Richtlinien und Grundsätze für die Bewertenden (2008) 14 ff.

ist gleich wie beim Ertragswertverfahren. Statt der Jahresergebnisse wird jedoch das NOPLAT als Basis für die künftigen Erträge herangezogen.

NOPLAT steht für „Net Operating Profit Less Adjusted Taxes", sinngemäß übersetzt „Ergebnis vor Zinsen abzüglich bereinigter Ertragsteuern". Die Zinsen, die für die Finanzverschuldung (Bankverbindlichkeiten, Anleihen, Darlehen etc) anfallen, kürzen das Jahresergebnis. Da die Zinsen auch die Steuerbasis (Gewinn vor Steuern) kürzen, fällt die Kürzung des Jahresergebnisses in einem etwas geringeren Ausmaß aus (bei einem Ertragsteuersatz von 25% nur um 75%). Unter der Annahme, dass der Unternehmer sein Unternehmen ausschließlich selbst (über Eigenkapital) finanziert, fallen diese Zinsen nicht an und kürzen damit weder das Jahresergebnis noch die Steuerbasis. Die Bewertung erfolgt somit unter der Fiktion, dass das Unternehmen zur Gänze eigenfinanziert ist. In diesem Fall fallen keine Finanzierungskosten in der Ergebnisrechnung an, was wiederum den ausschüttungsfähigen Gewinn erhöht (daher auf Basis NOPLAT).

Als Abzinsungsfaktor ist ein gewichteter Mischzinssatz aus Eigenkapital- und Fremdkapitalkosten heranzuziehen (siehe Kapitel III.D.4.). Das Ergebnis der Bewertung ist der Unternehmenswert, der der Gesamtheit der Kapitalgeber (Eigenkapital- und Fremdkapitalgeber) zugeordnet wird (Bruttounternehmenswert). Im Gegensatz dazu wurde bei der Ertragswertmethode auf Basis der (Plan-)Jahresergebnisse nach Ertragsteuern der Unternehmenswert, der den Eigentümern zugeordnet wird, errechnet. Um auf den vergleichbaren Wert der Eigenkapitalgeber zu gelangen, sind vom Bruttounternehmenswert die Nettofinanzschulden (Marktwerte der verzinslichen Finanzverbindlichkeiten abzüglich Finanzmittel bzw Finanzguthaben) mit deren beizulegendem Wert am Bewertungsstichtag abzuziehen. Der Unternehmenswert auf Basis der gesamten Kapitalgeber entspricht dem Bruttounternehmenswert, der Unternehmenswert auf Basis der Eigenkapitalgeber dem Nettounternehmenswert (siehe dazu im Detail Kapitel III.D.4.).

Vorteile der Ertragswertmethode

- Fortführung des Unternehmens (Going Concern)
- Orientierung am „inneren" Wert des Unternehmens
- Grundsätzlich einfache Anwendbarkeit (mit Ausnahme Zinsberechnung)
- Berücksichtigung von Synergien in der Planergebnisrechnung möglich
- Entscheidungswert für Verhandlungen
- Planbilanz und Finanzplan nicht unbedingt erforderlich
- Berücksichtigung der Finanzierungsstruktur durch den NOPLAT-basierten Ansatz
- Geringere Schwankungsbreite der Erträge im Gegensatz zu cashflow-basiertem Ansatz

Nachteile der Ertragswertmethode

- Beeinflussbarkeit der Jahresergebnisse durch bilanzpolitische Maßnahmen
- Mangelnde Nachhaltigkeit im Fall schwankender Ergebnisse
- Beim Ertragswert auf Basis Jahresergebnisse keine explizite Berücksichtigung der Finanzsituation (Finanzverschuldung) mit Ausnahme der Zinsen
- Höhere Wertschwankungen durch unterschiedliche Festlegung der ewigen Rente und der Eigenkapitalkosten möglich

Im Gegensatz zu den Substanzwertverfahren sind bei der Ertragswertmethode (unabhängig davon, ob auf Basis der Jahresergebnisse oder auf Basis NOPLAT) deutlich höhere Schwankungen möglich, sobald Variablen wie Ergebnisse oder Zinsfaktoren geändert werden. **Werttreiber** sind insbesondere die Erträge in Phase 2 (ewige Rente). Je höher diese angesetzt werden, desto höher steigt der Unternehmenswert. Weitere Werttreiber sind die einzelnen Variablen des Kapitalisierungszinssatzes.

4. DCF-Methode

Die DCF-Methode („Discounted-Cashflow-Methode") ermittelt den Unternehmenswert durch die Diskontierung der **künftigen freien Cashflows**.[118] Freie Cashflows sind jene Mittel, die den Kapitalgebern (Eigenkapital- und Fremdkapitalgebern), nach Abzug der Investitionen frei zur Verfügung stehen. Die künftigen freien Cashflows werden mit einem gewichteten Kapitalisierungszinssatz (WACC)[119] diskontiert. Ergebnis ist der Unternehmenswert, der den gesamten Kapitalgebern (Eigenkapital und Fremdkapital) entspricht. Das Bewertungssystem ist ähnlich der Ertragswertmethode; die Unterschiede liegen darin, dass[120]

a) nicht ausschüttungsfähige Erträge aus der Planungserfolgsrechnung, sondern Cashflows aus dem Finanzplan die Basis bilden,
b) der Kapitalisierungszinssatz auch die Fremdkapitalkosten berücksichtigt und
c) das Ergebnis den Bruttounternehmenswert (und nicht wie beim Ertragswert den Nettounternehmenswert)[121] darstellt.

Datenbasis für die Bewertung nach der DCF-Methode ist der Businessplan, der zumindest aus einer Planerfolgsrechnung (Plan-Gewinn- und -Verlustrechnung) und einer Planbilanz bestehen sollte. Sofern ein Finanzplan (Plan-Cashflow-Rechnung) nicht vorhanden ist, kann dieser mittels der indirekten Methode aus der Planerfolgsrechnung und der Planbilanz ermittelt werden, dennoch ist ein vorhandener Finanzplan von Vorteil. Wie bei der Ertragswertmethode besteht die Aufgabe des Bewerters zunächst darin, die vorhandenen Zahlen aus dem Businessplan vorab zu prüfen (vergangene Jahresabschlüsse, Marktdaten etc), zu plausibilisieren und Anpassungen (Bereinigungen, Korrekturen) vorzunehmen, die nach Kenntnis des Unternehmens und dessen Daten aus Sicht des Bewerters notwendig sind.

Eine **Cashflow-Rechnung** (oder Kapitalflussrechnung) beschreibt die Zahlungsflüsse eines Unternehmens aus

- der operativen Tätigkeit,
- der Investitionstätigkeit und
- der Finanzierungstätigkeit.

---

118 In der Fachsprache auch Free Cashflows genannt.
119 Weighted Average Cost of Capital.
120 Der Vergleich bezieht sich ausschließlich auf die Ertragswertmethode auf Basis der Jahresergebnisse (und nicht auf Basis NOPLAT).
121 Mit Ausnahme bei Anwendung der Ertragswertmethode auf Basis NOPLAT.

Die Summe der drei Cashflows ergibt den **Unternehmens-Cashflow**. Ist der Unternehmens-Cashflow positiv, erhöht dies den Bestand an **liquiden Mitteln** (Kassabestand, Bankguthaben sowie kurzfristige Wertpapiere, welche ohne wesentliche Kursrisiken innerhalb von drei Monaten liquidierbar sind)[122] im Unternehmen. Ist der Unternehmens-Cashflow negativ, verringert dies den Bestand an liquiden Mitteln im Unternehmen.

Die freien Cashflows (**Free Cashflow**, kurz FCF) stellen vereinfacht die Summe des Cashflows aus der operativen Tätigkeit abzüglich der Cashflows aus der Investitionstätigkeit dar. Ergebnis sind die (freien) Cashflows, die den Kapitalgebern (Eigen- und Fremdkapitalgebern) für beispielsweise Zinszahlungen, Kreditrückzahlungen oder Dividendenzahlungen zur Verfügung stehen. Zu beachten ist, dass die Free Cashflows **auf Basis NOPLAT** (siehe Kapitel III.D.3.) und nicht auf Basis der Jahresergebnisse nach Steuern berechnet werden. Die Finanzierungskomponente (Zinsaufwendungen und -erträge) ist in der Free-Cashflow-Rechnung herauszunehmen, da diese den Fremdkapitalgebern (und den liquiden Mitteln) zugerechnet wird. Zusätzlich ist im NOPLAT die auf die Finanzierungskomponente entfallende Steuerkomponente herauszurechnen.

Der **Zeitrahmen**, über den die Cashflows abgezinst werden, ist grundsätzlich unendlich. Sollte das Unternehmen eine endliche Laufzeit haben, ist dies im Rahmen der Bewertung zu berücksichtigen (inklusive Liquidationserlösen und -kosten). Die Zukunftsdaten werden wie bei der Ertragswertmethode in zwei Phasen gegliedert. Die Phase 1 umfasst die kurz- bis mittelfristigen Perioden des Businessplanes. Im Rahmen der DCF-Methode ist ein Planungshorizont von fünf Jahren wünschenswert, da die Cashflows in den ersten Planungsperioden hohen Schwankungen unterliegen können. Die Phase 2 beschreibt die langfristige Perspektive des Unternehmens (ewige Rente).

Der **Kapitalisierungszinssatz** ist ein nach der Kapitalstruktur gewichteter Mischzinssatz aus Eigenkapital- und Fremdkapitalkosten. Dieser Mischzinssatz wird auch *„Weighted Average Cost of Capital"*, kurz **WACC,** genannt. In diesen Mischzinssatz geht eine Vielzahl von Faktoren (Marktrisiko des Unternehmens, Marktrisikoprämie, durchschnittliche Fremdkapitalzinsen, Steuersatz, risikofreier Zinssatz) ein. Die Gewichtung erfolgt nach dem Anteil des Fremdkapitals und dem Anteil des Eigenkapitals zu Marktwerten (nicht Buchwerten). Bei den einzelnen Faktoren gibt es zahlreiche Möglichkeiten, zusätzliche Risikofaktoren für die Bewertung anzusetzen. Die Abzinsung der Free Cashflows aus der Phase 1 erfolgt mit dem WACC, für die Abzinsung der ewigen Rente sollte zusätzlich ein Abschlag vom WACC in Höhe der Wachstumsrate berücksichtigt werden (unter der Annahme von konstant wachsenden Free Cashflows).

Die Summe der diskontierten Beträge aus Phase 1 und der diskontierten Endwert (ewige Rente) aus der Phase 2 ergibt den **Bruttounternehmenswert**. Der Bruttounternehmenswert (ebenso verwendet werden die Begriffe Enterprise Value, Entity Value oder Unternehmenswert der Gesamtkapitalgeber) stellt den Wert des Unternehmens ohne Nettofinanzverschuldung dar, also dessen Wert auf einer Gesamtkapitalebene.

---

[122] In Anlehnung an IAS 7, cash and cash equivalents.

Um vom Bruttounternehmenswert zum **Nettounternehmenswert** (ebenso verwendet werden die Begriffe Shareholder Value, Equity Value oder Unternehmenswert der Eigenkapitalgeber) zu gelangen, muss der Marktwert der Nettofinanzverschuldung zum Bewertungsstichtag in Abzug gebracht werden. Der Nettounternehmenswert stellt den Wert des Unternehmens aus Sicht der Eigenkapitalgeber dar.

Als Marktwert der **Nettofinanzverschuldung** sind die (verzinslichen) Finanzschulden abzüglich der (zinstragenden) liquiden Mittel (siehe Definition oben) zu verstehen. Der Hinweis auf den Marktwert dient vor allem den Wertpapieren, die zum Bewertungsstichtag einen anderen Wert als den ausgewiesenen Buchwert, nämlich den Marktwert, aufweisen können. Als verzinsliche Finanzschulden ist auch das Sozialkapital (langfristige Personalrückstellungen) zu verstehen, in gleicher Weise sollten dann aber auch Wertpapiere, die zur Deckung des Sozialkapitals dienen, die Finanzmittel erhöhen.

In der Praxis bereitet die Unterscheidung Bruttounternehmenswert und Nettounternehmenswert bzw Unternehmenswert exklusive oder inklusive Schulden häufig Schwierigkeiten. Am anschaulichsten lässt sich der Unterschied zwischen Brutto- und Nettowert am Beispiel eines Hauses erklären, welches teilweise über einen Kredit finanziert wurde (siehe nachfolgendes Fallbeispiel).

> **Bruttounternehmenswert versus Nettounternehmenswert**
>
> Herr M. kauft ein Grundstück um EUR 100.000. Auf dem Grundstück baut er ein Haus, die Kosten dafür betragen EUR 300.000. Die Hälfte der Gesamtkosten finanziert er aus seinen Ersparnissen, für den Rest von EUR 200.000 nimmt er einen Kredit bei seiner Hausbank auf (Besicherung über eine Hypothek auf Grund und Gebäude). Der Gesamtwert des Hauses (inklusive Grund und Boden) beträgt damit EUR 400.000.
>
> Der Wert von EUR 400.000 entspricht in einem Unternehmen dem **Bruttounternehmenswert**.
>
> Nach Fertigstellung des Hauses erhält Herr M. ein lukratives Jobangebot aus dem Ausland, er nimmt es an und möchte möglichst schnell sein neu gebautes Haus (samt Grund und Boden) verkaufen. Herr M. sucht einen Käufer, der zusätzlich zum Haus auch den Hypothekarkredit übernimmt. Er verkauft damit sowohl Haus, Grund und Boden (Vermögen) als auch den Kredit bei seiner Hausbank (Schulden). Herr M. möchte das, was **er** investiert hat (vergleichbar einem Eigenkapitalgeber), wieder zurückhaben, das sind EUR 200.000. Rechnerisch werden vom Gesamtwert des Hauses von EUR 400.000 die Nettofinanzschulden in Höhe von EUR 200.000 (Fremdkapitalgeber) in Abzug gebracht.
>
> Der Wert von EUR 200.000 entspricht in einem Unternehmen dem **Nettounternehmenswert**.

Sollte bei der Berechnung der Marktwerte der Nettofinanzschulden ein negativer Wert resultieren (dh die verfügbaren Finanzmittel sind höher als die Finanzschulden), sind diese dem Bruttounternehmenswert hinzuzuzählen. In diesem Fall ist der Nettounternehmenswert höher als der Bruttounternehmenswert. Das ist vor allem dann der Fall, wenn hohe Bankguthaben oder kurzfristige Wertpapiere im Unternehmen vorhanden sind. Hier stellt sich ohnehin die Frage, ob verhältnismäßig hohe Finanzmittelbestände für einen operativen Betrieb betriebsnotwendig sind. Dh die Hinzurechnung zum Bruttounternehmenswert ist nicht nur mit der Bewertungsmethodik, sondern auch damit zu begründen, dass nicht betriebsnotwendige Vermögensgegenstände den Wert eines Unternehmens erhöhen. Denkbar wäre es ebenso, vor einem Verkauf die nicht betriebsnotwendigen liquiden Mittel zur Gänze an die Eigentümer des Unternehmens auszuschütten und danach das Unternehmen zu veräußern.

Die DCF-Methode ist grundsätzlich auch für **Kleinunternehmen** geeignet, wenngleich diese Methode deutlich arbeits- und zeitintensiver ist. Meistens scheitert ihr Einsatz bei Kleinunternehmen jedoch am Nichtvorhandensein einer Planungsrechnung bzw eines Businessplanes.

Vorteile der DCF-Methode

- Fortführung des Unternehmens (Going Concern)
- Orientierung am „inneren" Wert des Unternehmens
- Einbeziehung von Planerfolgsrechnung, Planbilanz und Finanzplan
- Berücksichtigung von Synergien im Businessplan möglich
- Verwendung von verschiedenen Risikofaktoren im Kapitalisierungszinssatz
- Entscheidungswert für Verhandlungen
- Wird oft als oberster Ansatz im Rahmen einer Unternehmensbewertung verstanden

Nachteile der DCF-Methode

- Detaillierter Businessplan (Planerfolgsrechnung, Planbilanz und Finanzplan) notwendig
- Komplexere Berechnung im Vergleich zu anderen Bewertungsmethoden
- Hohe Wertschwankungen durch unterschiedliche Festlegung der ewigen Rente möglich
- Hohe Wertschwankungen durch unterschiedliche Parameter im WACC möglich

Im Vergleich zur Ertragswertmethode können die Unternehmenswerte, die aus der Anwendung der DCF-Methode resultieren, deutlich höheren Schwankungen unterworfen sein. **Werttreiber** können insbesondere nachfolgende Komponenten sein:

- **Cashflow in Phase 1:** Diese sind durch Maßnahmen im Unternehmen relativ leicht zu beeinflussen, beispielsweise durch den Abverkauf von Vorräten, die Verlängerung von Zahlungszielen an Lieferanten, die schnellere Eintreibung von Forderungen, die Verlagerung oder Aussetzung von notwendigen oder geplanten Investitionen.
- **Ewige Rente in Phase 2:** In der Regel trägt die ewige Rente einen maßgeblichen Teil zum Unternehmenswert bei. Je höher die ewige Rente angesetzt wird, desto höher steigt der Unternehmenswert.
- **WACC:** Bereits eine geringfügige Änderung einer Variablen kann eine wesentliche Änderung des WACC-Faktors herbeiführen: Je höher der WACC, desto geringer der Unternehmenswert, je niedriger der WACC, desto höher der Unternehmenswert. Die Logik der entgegengesetzten Auswirkung des WACC auf den Unternehmenswert ist aus dem Risikofaktor (dem Zinssatz) zu erklären: Je riskanter eine Anlage, desto höher der Zinssatz.

Wertvernichter im Rahmen der DCF-Methode sind insbesondere ausstehende höhere Investitionen und ein geringes Working Capital zum Bewertungsstichtag. Das Working Capital stellt den Saldo aus kurzfristigem Umlaufvermögen (abzüglich liquider Mittel) und dem kurzfristigen Fremdkapital (abzüglich Finanzschulden) dar. Grundsätzlich steigt das Working Capital mit dem Geschäftsvolumen an.

5. Vergleichswert

Vergleichbare Unternehmen, die erst kürzlich gekauft oder verkauft wurden, oder gegenwärtig an einer öffentlichen Börse mit einem Wert gehandelt werden, müssen auch vergleichbare Unternehmenswerte aufweisen. Das ist das Grundprinzip der Vergleichswertmethode (auch Multiplikatormethode oder **Multiple-Methode** genannt), welche aufgrund ihrer einfachen Anwendbarkeit in der Praxis sehr beliebt ist. Von den einzelnen Berufsverbänden wird diese Methode jedoch mit Vorsicht betrachtet. Sie sollte ausschließlich zur Plausibilisierung von wissenschaftlich fundierten Unternehmensbewertungsmethoden herangezogen werden, aber nicht alleiniges Mittel einer Unternehmensbewertung sein.[123]

Die Multiple-Methode sollte also keinesfalls voreilig verwendet werden. Wie auch bei den bereits dargestellten Methoden sind zunächst die vorhandenen Unternehmensdaten auf deren Richtigkeit und Plausibilität zu prüfen sowie etwaige Anpassungen und Korrekturen vorzunehmen. Die **Grundlage** der Multiple-Methode bildet **eine Kennzahl** (was auch gleichzeitig die Schwäche dieser Methode ausdrückt). Die Kennzahl kann, muss aber nicht zwingend aus dem Finanzbereich kommen. Folgende Kennzahlen können beispielsweise verwendet werden:

- Umsatz
- EBIT, EBITDA[124]
- Jahresgewinn vor oder nach Steuern
- Free Cashflow
- Anzahl der Kunden (zB User von Internet-Plattformen)
- Produktionsmengen, Kapazität (vor allem in Produktionsunternehmen)
- Auftragsbestand (zB in der Baubranche)
- Anzahl von Anschlüssen (zB in der Telekommunikationsbranche)
- Anzahl der Zimmer oder Betten (zB in der Tourismusbranche)
- Größe der Verkaufsfläche (zB im Handel)

Das Bewertungsprinzip erklärt vereinfacht das nachfolgende Fallbeispiel:

Vergleichswert

Der Unternehmer A erfährt, dass ein ihm bekanntes Unternehmen B um einen Kaufpreis von 100 verkauft wurde. In der Annahme, dass das Unternehmen A in der gleichen Branche wie Unternehmen B tätig ist, die gleichen Produkte produziert, die gleiche Struktur (Kunden, Mit-

---

[123] Siehe *Kammer der Wirtschaftstreuhänder*, Fachgutachten zur Unternehmensbewertung, KFS/BW1 (2006) Punkt 7.2., *Fachausschuss für Unternehmensbewertung und Betriebswirtschaft (FAUB)*, Grundsätze zur Durchführung von Unternehmensbewertungen, IDW S 1 (2008) Punkt 7.5. sowie *Treuhand-Kammer Schweiz*, Unternehmensbewertung, Richtlinien und Grundsätze für die Bewertenden (2008) 14.
[124] Earnings before Interest and Taxes (entspricht in Österreich und Deutschland dem Betriebsergebnis). Earnings before Interest, Taxes, Depreciation and Amortization (entspricht dem Betriebsergebnis vor Abschreibungen), diese Kennzahl kann als ein Annäherungsversuch zum Cashflow aus dem Ergebnis gesehen werden.

arbeiter, Finanzierung etc) aufweist und die gleichen Ergebnisse erwirtschaftet, müsste das Unternehmen A ebenso einen Unternehmenswert von 100 aufweisen.

Ist ein Unternehmen C ident mit Unternehmen A, jedoch nur halb so groß, müsste Unternehmen C den halben Unternehmenswert von A, also 50, aufweisen.

Die Berechnungsmethodik ist relativ einfach, schwierig ist es jedoch, **Informationen** über entsprechende Vergleichs- bzw Referenzwerte zu erlangen. Grundsätzlich können dafür zwei Zugänge herangezogen werden.

Manche spezialisierte Dienstleistungsunternehmen bieten Datenbanken über **vergangene Transaktionen** an. Diese beinhalten überwiegend Transaktionen größerer Unternehmen, was für Klein- und Mittelunternehmen keine Hürde darstellt. Falls ein Risikoabschlag aufgrund der Immobilität eines kleinen Unternehmens gerechtfertigt ist, kann dieser ohne weiteres in die Bewertung mit einfließen, indem das Multiple beispielsweise gegenüber der Datenbasis verringert wird. Andere Informationsmöglichkeiten für vergangene Transaktionen bieten Berichte aus diversen Medien über kürzlich erfolgte Unternehmenstransaktionen. Diese sind jedoch stets auf Zuverlässigkeit und Wahrheitsgehalt zu prüfen. Gerade öffentlich bekannt gemachte Kaufpreise aus Zeitungsmeldungen sind dahin zu hinterfragen, ob diese Werte – auch wenn sie richtig sein sollten – den Kaufpreis exklusive (Bruttounternehmenswert) oder inklusive Schulden (Nettounternehmenswert) wiedergeben.

Eine andere Möglichkeit, an Vergleichsdaten zu gelangen, bieten **Marktwerte von börsennotierten Aktiengesellschaften**. Der Bewertung auf Basis von Börsen-Multiples kommt in der Praxis mehr Bedeutung zu, da prinzipiell eine Vielzahl von vergleichbaren Unternehmen an den diversen Börsen zur Verfügung steht. Dennoch ist diese Methode für den Fall, dass auf internationale Börsen zurückgegriffen wird, eher für internationale Großunternehmen als für nationale Klein- und Mittelunternehmen geeignet, da die Vergleichbarkeit von Werten auch auf Basis der Nationalität (Steuern, Gesetzgebung) und Regionalität (Kunden, Lieferanten etc) erfolgen sollte. Ungeachtet dessen können Börsen-Multiples grundsätzlich als Faustregel für eine Schätzung oder als Instrument zur Plausibilisierung eines wissenschaftlich fundierten Unternehmenswertes verwendet werden.

Bei beiden Informationszugängen (vergangenen Transaktionen und Börsenwerten) sollte darauf geachtet werden, dass eine ausreichende Anzahl von vergleichbaren Unternehmen vorhanden ist, da der Wert ansonsten deutlich verzerrt werden kann.

Bei der Anwendung der Multiple-Methode ist immer auf die Unterscheidung zwischen **Brutto- und Nettounternehmenswert** zu achten. Eine Bewertung eines Unternehmens anhand eines EBIT-Multiples ergibt den Bruttounternehmenswert. Eine Bewertung eines Unternehmens anhand des Jahresergebnisses (PaT)[125] ergibt den Nettounternehmenswert. Die Entscheidung hängt immer davon ab, ob das Finanzergebnis (Kapitalkosten des Fremdkapitals) in der Kennzahl enthalten ist oder nicht. Alle Erfolgskennzahlen, die das Finanzergebnis beinhalten, ergeben bei Multiplikation mit einem Multi-

---
125 Profit after Tax – Ergebnis nach Steuern.

ple immer den Nettounternehmenswert. Alle Erfolgskennzahlen, die das Finanzergebnis nicht beinhalten, ergeben bei Multiplikation mit einem Multiple immer den Bruttounternehmenswert.

Vorteile der Multiple-Methode

- Fortführung des Unternehmens (Going Concern)
- Schnelle und einfache Berechenbarkeit
- Leicht zu verstehen
- Markwertorientierung
- Vergleichbar mit vergangenen oder gegenwärtigen Transaktionen
- Preisorientiert
- Zur Plausibilisierung von wissenschaftlich und fundiert berechneten Unternehmenswerten geeignet
- Aufwendige und komplexe Berechnung eines Zinsfaktors unterbleibt

Nachteile der Multiple-Methode

- Wahl der richtigen oder passenden Kennzahl stellt eine Herausforderung dar
- Zu schnelle Einschätzungen ohne genaue Prüfung der Datenlage
- Keine individuelle Preisvorstellung des Käufers oder Verkäufers
- Insbesondere in Krisenzeiten deutlich vom Markt beeinflusst
- Finden einer ausreichenden Anzahl von Vergleichsunternehmen kann sich schwierig gestalten
- In Frage stehende Aktualität bei Vergleich mit vergangenen Unternehmenstransaktionen

Da die Multiple-Methode relativ einfach und verständlich ist, wird sie in der Praxis insbesondere für **schnelle Einschätzungen** verwendet. Zu beachten ist jedoch, dass ein Wert, der am Beginn einer Unternehmenstransaktion ohne eine vorhergehende Unternehmensanalyse und ohne eine fundierte Unternehmensbewertung genannt wird, stets als erster *Pflock* für die Verhandlungen eingeschlagen wird. Jede Abweichung von diesem Wert ist in weiterer Folge zu rechtfertigen. Daher sollten diese „*Schnellschüsse*" tunlichst vermieden und die Multiple-Methode eher zur Plausibilitätsprüfung *nach* einer fundierten Unternehmensbewertung als zu einer kommunikationsfähigen Ersteinschätzung verwendet werden.

6. Methodenwahl, Werttreiber und Wertvernichter

Die zu wählende Methode richtet sich nach dem Bewertungsanlass, dem Bewertungszweck, den vorhandenen Daten, der Ertragskraft und -entwicklung, der finanziellen Situation und der Charakteristik des Unternehmens. Ein Unternehmen, welches nicht weitergeführt wird, kann sinnvoll nur nach dem Substanzwertverfahren bewertet werden. Ein Unternehmen welches weitergeführt wird (Going Concern), sollte auf Basis eines dynamischen Verfahrens bewertet werden. Zu beachten ist, dass der Substanzwert (Liquidationswert) in jedem Fall den **Mindestwert** eines Unternehmens darstellt. Der Substanzwert sollte daher immer vorab einer Prüfung unterzogen werden. Bei der Wahl der dynamischen Bewertungsverfahren sollte der DCF-Methode der Vorzug gegeben werden, unter der Voraussetzung, dass ein dementsprechender Businessplan (Planerfolgsrechnung, Planbilanz und Finanzplan) vorhanden ist. Zuletzt kann eine Plausibilitätsprüfung des errechneten Unternehmenswertes anhand einer Multiple-Methode erfolgen.

Ebenso möglich ist die gleichzeitige Anwendung mehrerer Methoden. Die Ergebnisse sollten mit Ausnahme des Substanzwertes grundsätzlich innerhalb einer knappen Bandbreite liegen (siehe Abbildung 5).

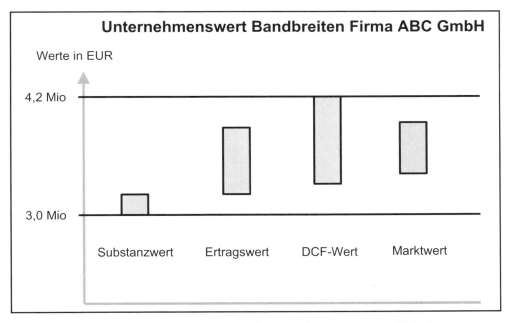

Abbildung 5: Beispiel einer Unternehmensbewertung bei Anwendung verschiedener Methoden

Zusammenfassung – Unternehmensbewertung Schritt für Schritt:

1. Klärung von Bewertungsanlass und Bewertungszweck
2. Analyse, Plausibilitätsprüfung und Bereinigung der Daten
3. Anwendung des Substanzwertverfahrens (Festlegen des Mindestwertes)
4. Anwendung eines dynamischen Verfahrens (Ertragswertmethode oder DCF-Methode)
5. Plausibilisierung über diverse Multiples und/oder eine andere Methode (soweit möglich)

Über die Bewertung sollte immer ein **Bewertungsbericht** mit zumindest nachfolgenden Inhalten erstellt werden:[126]

---

126 Siehe dazu auch *Fachausschuss für Unternehmensbewertung und Betriebswirtschaft (FAUB)*, Grundsätze zur Durchführung von Unternehmensbewertungen, IDW S 1 (2008) 39 ff; *Kammer der Wirtschaftstreuhänder*, Fachgutachten zur Unternehmensbewertung, KFS/BW1 (2006) 29 f; *Treuhand-Kammer Schweiz*, Unternehmensbewertung, Richtlinien und Grundsätze für die Bewertenden (2008) 18.

- Bewertungszweck und Bewertungsanlass
- Beschreibung des Bewertungsobjektes
- Datenbasis und Informationen
- Korrekturen und Bereinigungen der Datenbasis
- Annahmen im Zuge der Bewertung
- Begründung für die angewendete(n) Methode(n)
- Bewertungsergebnis

Nachfolgend werden die wesentlichen Werttreiber und Wertvernichter aller beschriebenen Verfahren und Methoden aufgelistet und zusammengefasst.

Werttreiber

- Hohe vorhandene Substanz
- Vorhandene stille Reserven
- Nachhaltige positive Erträge und Ergebnisse
- Steigende positive Erträge und Ergebnisse
- Hohe Cashflows
- Geringe künftige Investitionen
- Hohes vorhandenes Working Capital zum Bewertungsstichtag (wirkt sich beim Abbau positiv auf die künftigen Cashflows aus)
- Geringe Nettofinanzschulden (bei Berechnung des Nettounternehmenswertes)
- Hoher Fremdkapitalanteil bei Berechnung des WACC
- Sichere Branche, geringes Risiko des Unternehmens (und damit geringerer Risikofaktor im Zinssatz)
- Geringe Zinsen
- Gesicherte Kundenbasis
- Konstante geringe Kostenstruktur
- Hohe Planbarkeit (ein hohes Planbewusstsein und eine hohe Plangenauigkeit sind Anzeichen für Sicherheit, gerade diese ist bei Bewertungen auf Basis der Zukunft essentiell)
- Stark steigender Markt
- Hohe Nachfrage in der Branche
- Sehr gute örtliche Lage (Verkehr, Kunden)

Wertvernichter

- Geringe vorhandene Substanz
- Vorhandene stille Lasten
- Stark schwankende Erträge und Ergebnisse
- Künftige negative Ergebnisse
- Geringe Cashflows
- Hohe ausständige Investitionen
- Geringes vorhandenes Working Capital zum Bewertungsstichtag
- Hohe Nettofinanzschulden (bei Berechnung des Nettounternehmenswertes)
- Geringer Fremdkapitalanteil bei Berechnung des WACC
- Unsichere Branche, hohes Risiko des Unternehmens (und damit höherer Risikofaktor im Zinssatz)

- Hohe Zinsen
- Stark schwankende und nicht gesicherte Kundenbasis
- Schwankende hohe Kostenstruktur
- Geringe Planbarkeit (hohe Unsicherheit bedeutet hohes Risiko, dies führt zu einem höheren Risikofaktor im Zinssatz und somit zu einem geringeren Unternehmenswert)
- Rückläufiger Markt
- Geringe Nachfrage in der Branche
- Unternehmen in einer schwindenden Branche
- Schlechte örtliche Lage und Erreich7barkeit (insbesondere bei Handels- und Dienstleistungsunternehmen mit zahlreichem Kundenkontakt am Betriebsstandort) sowie schlechte Verkehrslage (insbesondere bei Produktionsunternehmen aufgrund der erschwerten Transportwege)
- Hohes Länderrisiko (wesentlicher Umsatzanteil in Risikoländer)
- Negative Auswirkungen durch Eigentümerwechsel (zB Mietzinserhöhung)[127]

Manche Werttreiber und Wertvernichter widersprechen sich, sind jedoch einzeln betrachtet richtig. Beispielsweise wirken sich geringe Nettofinanzschulden positiv auf den Nettounternehmenswert, jedoch negativ auf den WACC im Rahmen der DCF-Methode aus (da der Fremdkapitalanteil sinkt und die Fremdkapitalkosten geringer als die Eigenkapitalkosten sind). Gerade in der Unternehmensbewertung gibt es einige solche Faktoren, die auf der einen Seite wertfördernd, auf der anderen Seite aber wertvernichtend oder werthemmend sind. Um den Unternehmenswert im Rahmen der Unternehmensführung bewusst zu steigern, sind daher Fachwissen, viel Erfahrung und Fingerspitzengefühl notwendig.[128]

E. Erster Kontakt zwischen Übergeber und Übernehmer

Während die bisherigen Ausführungen zur Planung vorwiegend an Hard Facts orientiert waren, sind die nachfolgenden drei Kapitel hauptsächlich den **Soft Facts** gewidmet. Am Beginn steht der erste Kontakt zwischen dem Betriebsübergeber und dem Betriebsübernehmer.

In der Strategiephase wurde das Suchen und Finden von potentiellen Übergebern und Übernehmern thematisiert. Es ging darum, Ideen für potentielle Übernehmer bzw potentielle Zielunternehmen zu entwickeln und diese auf einer Long List festzuhalten. In weiterer Folge sollten die erfolgversprechendsten und interessantesten Zielkandidaten (Übergeber oder Übernehmer) aufgrund von erhaltenen und/oder gesammelten Informationen über deren mögliches Interesse und deren Potential an einem Kauf oder Verkauf in eine engere Auswahl (Short List) gelangen. In der Planungsphase erfolgt nun der

---

[127] Change-of-Control-Klauseln weisen auf ein Kündigungsrecht oder Anpassungsrecht hinsichtlich Verträgen (zB Kreditverträgen oder Mietverträgen) hin, wenn sich der Eigentümer ändert (was im Zuge einer Unternehmenstransaktion zwangsläufig der Fall ist).
[128] Die bewusste Steigerung des Unternehmenswertes spiegelt sich im Shareholder-Value-Gedanken wider. Jegliche Maßnahmen, die im Unternehmen gesetzt werden, sollen im Rahmen dieses Ansatzes der Steigerung des Shareholder Value dienen.

erste Kontakt zwischen jenen, die in die engere Wahl gelangt sind und dem Übergeber bzw Übernehmer.

Der erste Kontakt zwischen Übergeber und Übernehmer sollte nicht unterschätzt werden, da hierbei bereits die ersten Soft Facts für die weiteren Verhandlungen festgelegt werden. Der **erste Eindruck** ist oft ein bleibender *("first impression is the last impression")*, meist sind Worte gar nicht so wichtig, sondern vielmehr Eindrücke, Stimmungen und Bauchgefühle. Nach dem ersten Zusammentreffen von Verhandlungspartnern wird oft die Frage „Wie war Ihr erster Eindruck?" gestellt. Der erste Eindruck kann, wenn man ihn richtig interpretiert, sehr hilfreich für die weitere Vorgehensweise sein. Nachfolgend sind einige Beispiele angeführt.

Der erste Eindruck eines Übergebers

- „Ich hatte den Eindruck, die wollen uns unbedingt, um jeden Preis, übernehmen."
- „Mein Eindruck war, die wollen uns nur aushorchen, damit sie selbst ein ähnliches Produkt aufziehen können."
- „Ich hatte den Eindruck, er weiß nicht, was er will. Einerseits will er sich selbständig machen und einen Betrieb übernehmen, andererseits redet er permanent von seiner tollen Tätigkeit in einem großen Konzern."
- „Ich glaube, die wollen einstweilen nur Informationen über verschiedene Betriebe sammeln, die wollen sich das beste Unternehmen heraussuchen."
- „Der Übernehmer hatte nicht wirklich Interesse an dem, was ich ihm von unserem Betrieb erzählt habe. Ich glaube, das wird nichts mit ihm."
- „Die Stimmung war sehr gut. Wir haben uns auf Anhieb verstanden. Er passt auch sehr gut zum Betrieb und zu den Mitarbeitern."
- „Mein Gefühl sagt mir, das ist der Richtige, der diesen Betrieb erfolgreich weiterführen kann."
- „Sie versprüht sehr viel Elan, ich glaube, ihr wird es in unserem Betrieb eher langweilig werden."
- „Ich glaube, der Übernehmer hat kaum Geld, das reichen würde, uns zu übernehmen. Wenn wir mit ihm weiterverhandeln, sollten wir umgehend einen Finanzierungsnachweis anfordern."

Der erste Eindruck eines Übernehmers

- „Ich hatte den Eindruck, sie will noch nicht verkaufen."
- „Dem Übergeber steht das Wasser bis zum Hals, er brachte beim Gespräch kein richtiges Wort heraus, der verkauft um jeden Preis."
- „Ich hatte den Eindruck, sie weiß nicht recht, ob sie wirklich verkaufen will, eventuell sollten wir mit einem guten Angebot nachhelfen."
- „Die Stimmung war sehr angespannt, ich glaube, dem Übergeber geht es persönlich nicht gut, deswegen steht er unter Verkaufsdruck."
- „Der Übergeber macht einen sehr professionellen Eindruck. Er sucht sich die besten Bieter mit dem höchsten Angebot aus. Da werden wir uns anstrengen müssen, wenn wir in die engere Wahl kommen wollen."
- „Der Übergeber ist ein schlauer Fuchs, da müssen wir wirklich aufpassen, was der uns da verkaufen will."
- „Mein Gefühl sagt mir, das ist der richtige Betrieb für mich, der Übergeber will einen Übernehmer weiterhin unterstützen. Wir haben uns auf Anhieb verstanden."

Sobald ein **Übergeber** den Eindruck hat, dass ein Übernehmer seinen Betrieb um jeden Preis übernehmen will, wird sich seine Verhandlungsstrategie grundlegend ändern. Er wird versuchen, durch gezielte Kommunikationsmaßnahmen die obersten Grenzen des

Übernehmers auszuloten, um für sich die besten Konditionen aus dem Verkauf des Betriebes herauszuholen. Der Übergeber wird seine Forderungen stets am oberen Level ansetzen und die Reaktion des Übernehmers abwarten. Sofern der Übernehmer nicht klar und deutlich seine Grenzen aufzeigt, werden die Verkaufskonditionen so lange nach oben verschoben, bis sie sich auf einem gemeinsamen Niveau eingependelt haben.

In der Praxis passiert es relativ häufig, dass ein Übernehmer dem Übergeber offen kommuniziert, dass er den Betrieb unbedingt kaufen will, nur das hat eben auch seinen Preis. In den meisten Fällen geschieht dies nicht bewusst, sondern unbewusst, vor allem aufgrund von fehlendem Know-how über das Thema Übergabe, Übernahme und Verhandlungen sowie wegen fehlender Vorbereitung auf das erste Gespräch mit dem Übergeber.

Ein **Gefahrenpotential für jeden Übergeber** stellen (angebliche) potentielle Übernehmer dar, die lediglich Informationen für ihre eigene Geschäftsidee oder ihr bereits bestehendes Unternehmen sammeln wollen. Sollte sich ein derartiger Verdacht erhärten, sollte der Übergeber, bevor er Daten und Informationen an den „Übernehmer" weitergibt, umgehend schriftliche und verbindliche Vereinbarungen (Vertraulichkeitserklärung, Absichtserklärung) sowie einen Finanzierungsnachweis von diesem einfordern. In vielen Fällen schrecken potentielle Interessenten vor allem von Kleinst- und Kleinunternehmen zurück, sobald **schriftliche Dokumente** ausgetauscht oder nachgefragt werden. Gerade am Beginn der Kommunikation zwischen Übergeber und Übernehmer sollte relativ rasch geklärt werden, ob ein ernsthaftes gegenseitiges Interesse an Gesprächen und in weiterer Folge an Verhandlungen besteht.

Im Gegensatz zum oben beschriebenen Fall wird sich die Verhandlungsstrategie eines **Übernehmers** grundlegend ändern, wenn er den Eindruck gewinnt, dass sich der Betriebsübergeber in einer angespannten Situation bzw in einer finanziellen, privaten oder persönlichen Notlage befindet. Einerseits wird der Übernehmer in diesem Fall versuchen, an eine Vielzahl von Daten und Informationen über das Unternehmen und dessen Lage zu gelangen. – Aufgrund seiner angespannten Situation wird der Übergeber hohe Kooperationsbereitschaft, Daten und Informationen bereitzustellen, zeigen. – Andererseits wird der Übernehmer nach Erhalt der Informationen durch gezielte Kommunikationsmaßnahmen die untersten Grenzen des Betriebsübergebers ausloten, um für sich die besten Konditionen aus dem Kauf des Betriebes herauszuholen. In der Regel wird er einen starken Druck in Richtung eines möglichst geringen Kaufpreises ausüben. Eine in diesem Fall ebenso wirksame **Kommunikationsmaßnahme** ist, „nicht zu kommunizieren" und den Übergeber warten zu lassen. Aufgrund seiner Notlage wird dieser von selbst auf den Übernehmer mit konkreten Angeboten zukommen, die der Übernehmer eventuell noch weiter nach unten verhandeln kann.

Zur **Frage, wer** (welche Personen) von den beiden Parteien den ersten Kontakt aufnehmen sollte, gilt es einige Punkte zu beachten. Nicht immer ist es sinnvoll, dass Übergeber und Übernehmer persönlich die ersten Gespräche führen. Sollten sich Übergeber und Übernehmer bereits gut kennen, ist einem direkten Gespräch jedenfalls der Vorzug zu geben. Beide sollten möglichst sachlich über die Übergabe und Übernahme sprechen und das gegenseitige Interesse erfragen. Sofern der Gesprächspartner weitgehend unbekannt ist oder aus der Vergangenheit eine eher gestörte Gesprächsbasis (zB Mitbewerber) besteht, sollte der erste Kontakt möglichst über einen unternehmensexternen Experten (Berater) erfolgen. Der Vorteil liegt vor allem darin, dass ein externer Experte die Gespräche sachlich und neutral führt sowie vieles vorab gezielt mit seinen vorhandenen Fachkenntnissen klären kann. Die ersten Gespräche zwischen Übergeber und Übernehmer können dann in einer erweiterten Runde (zB Interessenbekundung) oder erst im Zuge der Verhandlungen im Beisein der externen Experten erfolgen.

Wann immer sich Übergeber und Übernehmer gegenüberstehen, sollte auf die **Emotionen und die Rivalität** geachtet werden, welche die Sachlichkeit und damit das eigentliche Thema, die Betriebsübergabe/Betriebsübernahme, in den Hintergrund stellen. Der Übergeber bringt Emotionen mit, da er den Betrieb (über Jahre hinweg) aufgebaut und geführt hat und diesen nun in andere Hände geben soll. Der Übernehmer bringt Rivalität mit, er möchte den Betrieb besser oder anders als der bisherige Eigentümer führen und er möchte für sich die besten Konditionen herausholen (zB möglichst geringen Kaufpreis). In vielen Fällen ist es daher ratsam, wenn die Gespräche und Verhandlungen weitgehend von unternehmensexternen Experten geführt werden, da diese schnell, sachlich und gezielt agieren.

Zur **Frage, wo** die ersten Gespräche stattfinden sollten, ist vor allem auf das Umfeld zu achten. Unabhängig davon, ob die Gespräche zwischen Übergeber, Übernehmer oder Experten geführt werden, sollte der erste Kontakt (aber auch alle weiteren Gespräche) **nicht im Betrieb des Übergebers** stattfinden. Gerade Mitarbeiter haben ein feines Gespür, was die Bedeutung von Ereignissen in ihrem Betrieb anbelangt. Unabhängig davon, ob die Mitarbeiter informiert sind oder nicht, können Zusammenkünfte der Parteien im Betrieb des Übergebers daher zu Beunruhigung, Unsicherheiten und Ängsten bei den Mitarbeitern führen. Die besten Alternativen sind neutrale Orte wie zB Büros von Beratern oder gemietete externe Räumlichkeiten.

F. Führung, Koordination und Organisation

Je größer die Unternehmen, die an einer Unternehmenstransaktion beteiligt sind, desto mehr Personen werden üblicherweise an der Transaktion mitarbeiten. Jede Seite (Übergeber und Übernehmer) verfügt in der Regel über ein **Transaktionsteam**. Dieses besteht aus Übergeber oder Übernehmer als Auftraggeber, den allfällig einbezogenen Mitarbeitern sowie den verschiedenen Experten (Recht, Steuern, Technik etc). Im Transaktionsteam muss es eine klare Aufgabenteilung geben. Ebenso bedarf es einer entsprechenden Führung, Koordination und Organisation des gesamten Teams.

Je früher die **Aufgabenverteilung** im Transaktionsteam erfolgt (insbesondere bei Einbezug von Mitarbeitern), desto effizienter gestaltet sich der gesamte Transaktionsprozess. Die Klärung der Aufgaben und Zuständigkeiten soll vor allem dazu dienen, Doppelgleisigkeiten so weit wie möglich zu verhindern. Es kann zwar punktuell zu Überschneidungen bei einzelnen Fachfragen kommen (zB Steuern und Recht), dennoch sollten aus Gründen der Effizienz und Kosten einzelne Themen grundsätzlich nicht mehrfach vom gleichen Blickwinkel hinterfragt werden.[129]

---

129 Ausnahmen bilden Themen, die aus der Perspektive unterschiedlicher Fachleute betrachtet werden sollten.

Die **Führung** des Transaktionsteams obliegt grundsätzlich dem Auftraggeber (Übergeber oder Übernehmer) oder einer von diesem beauftragten Person. Da die Betriebsübergabe bzw Betriebsübernahme in vielen Fällen ein einmaliges Ereignis darstellt und das Know-how dazu bei vielen Unternehmern fehlt, ist es sinnvoll, dem Auftraggeber einen Experten zur Seite zu stellen, der gemeinsam mit diesem oder alleine in seinem Namen die Führung des Transaktionsteams weitgehend übernimmt.

Die Führung steht in engem Zusammenhang mit der **Kommunikation** innerhalb des Transaktionsteams. Diese soll klar und ohne Missverständnisse erfolgen. Der Verkauf oder Kauf eines Unternehmens basiert auf Teamarbeit. Das Team sollte geführt werden und im Team sollte *miteinander* kommuniziert werden. In der Praxis treten immer wieder Fälle auf, in denen vor allem die Experten (*oft aus Berührungsängsten*) miteinander nicht kommunizieren, da jeder seinem *persönlichen* Auftrag nachgeht. Dies verursacht jedoch deutlich höhere Transaktionskosten, eine geschwächte Verhandlungsposition aufgrund mangelnder Informationstransparenz sowie ein höheres Risiko, da Mängel nicht immer lückenlos und übergreifend erkannt oder geprüft werden.

Ein weiteres wesentliches Thema ist die **Koordination** des Transaktionsteams. Diese wird in der Strategiephase überwiegend noch nicht vonnöten sein; je näher jedoch der Zeitpunkt der Durchführung der Unternehmenstransaktion rückt, desto wichtiger wird es sein, die beteiligten Personen sowohl zeitlich als auch lokal zu koordinieren. Die Koordination soll garantieren, dass Aufgaben wahrgenommen werden und eine Abstimmung untereinander erfolgt. Die Koordinationsaufgaben sollten vom Teamführer wahrgenommen werden.

Zuletzt ist eine klare **Organisation** äußerst hilfreich. Diese beginnt bei der Erstellung von Listen aller Beteiligten (Namen, Telefonnummern, E-Mail-Adressen, Zuständigkeit etc) und reicht von der Organisation den Anforderungen entsprechender Räumlichkeiten und Infrastruktur bis zur Vervielfältigung von Unterlagen und der zeitlichen Abstimmung der Termine. Diese Tätigkeit kann auch von anderen Personen (zB Assistenten) wahrgenommen werden, sollte jedoch in enger Abstimmung mit dem Teamführer erfolgen.

Eine klare Aufgabenverteilung, Führung, Koordination und Organisation sollen vor allem **Chaos** verhindern. Chaos ist eine der unerfreulichsten Erscheinungen im Rahmen einer Betriebsübergabe/Betriebsübernahme. Es beeinflusst nicht nur die Qualität der Arbeit sondern auch die Motivation aller Beteiligten.

G. Interne Kommunikation einer beabsichtigten Transaktion

Die interne Kommunikation umfasst die direkte und die indirekte **Weitergabe von Informationen** über eine beabsichtigte Betriebsübergabe/Betriebsübernahme **an die Mitarbeiter**, unabhängig davon, ob im Betrieb des Übergebers oder dem des Übernehmers.

- Die **direkte Weitergabe** kennzeichnet die zielgerichtete und beabsichtigte Information an Mitarbeiter mittels Betriebsversammlung, Informationsveranstaltung, E-Mail, direkte Gespräche etc.

- Die **indirekte Weitergabe** kennzeichnet die Entstehung von Gerüchten, die durch (un)beabsichtigte Wortmeldungen des Eigentümers, der Geschäftsführung, von Mitarbeitern, die im Rahmen der Übergabe oder Übernahme mitarbeiten oder (un)beabsichtigt von einer Betriebsübergabe oder Betriebsübernahme Kenntnis erlangt haben, entstehen.

In der Regel sollten **keine Information** über eine bevorstehende Betriebsübergabe oder Betriebsübernahme, weder direkt noch indirekt, an die Mitarbeiter gelangen. Ebenso sollte die Entstehung von Gerüchten weitestmöglich unterbunden werden. Die Kenntnis von einer *geplanten* Betriebsübergabe oder Betriebsübernahme löst bei Mitarbeitern lediglich Unsicherheit und Ängste aus (siehe Kapitel V.B. Merger-Syndrom), die sich vorwiegend negativ auf das Tagesgeschäft und die Unternehmenstransaktion auswirken.

Die **Übergabe eines Betriebes** ist ausschließlich **Sache des Eigentümers**. Sofern der Geschäftsführer nicht ident mit dem Eigentümer ist (management- oder fremdgeführter Betrieb), wird er im Rahmen der Durchführung in den meisten Fällen für Auskünfte an einen Betriebsübernehmer zur Verfügung stehen. Ein Geschäftsführer eines managementgeführten Betriebes sollte daher auch in Verkaufsüberlegungen mit einbezogen werden. Ob weitere Mitarbeiter einbezogen werden, ist von Fall zu Fall zu entscheiden und hängt weitgehend vom Nutzen für die Transaktion ab.

Die **Übernahme eines Betriebes** ist in der Regel ausschließlich **Sache des Übernehmers**. Hierbei sind jedoch mehrere Varianten zu unterscheiden. Ist der Übernehmer eine natürliche Person, stellt sich die Frage nach der Informationsweitergabe an Mitarbeiter nicht, dennoch sollte der Übernehmer die Vertraulichkeitsvorschriften (siehe Kapitel III.H.) beachten. Ist der Übernehmer ein Unternehmen, ist zu unterscheiden, ob dieses eigentümer- oder fremdgeführt wird. Die Übernahme eines Betriebes von einem eigentümergeführten Unternehmen ist Sache der Eigentümer und zugleich der Geschäftsführer. Die Übernahme eines Betriebes von einem fremdgeführten Unternehmen ist Sache der Geschäftsführung mit vorhergehender Genehmigung durch die Eigentümer. Weitere führende Mitarbeiter können, müssen aber nicht informiert werden. Eine Information an alle Mitarbeiter sollte im Rahmen einer Betriebsübernahme ebenso grundsätzlich vermieden werden. Die Information über die mögliche Übernahme eines Betriebes wird zwar nicht die Ängste wie im Betrieb des Übergebers hervorrufen, dennoch können auch hier Unsicherheiten entstehen, die per se nicht notwendig sind. Weiters ist zu beachten, dass sich der Übernehmer durch die Informationsweitergabe selbst unter Druck setzt und beabsichtigte Transaktionen, sofern sie noch nicht abgeschlossen sind, nicht in die Öffentlichkeit gelangen sollten, um die Stakeholder des zu übernehmenden Betriebes nicht zu beunruhigen.

Falls einzelne (leitende) Mitarbeiter im Rahmen der Transaktion mitarbeiten und/oder unterstützen, sollten sie zur Abgabe einer **Geheimhaltungserklärung** (mündlich oder schriftlich) verpflichtet werden, um zu verhindern, dass Informationen über die beabsichtigte Übergabe/Übernahme an Mitarbeiter außerhalb des Transaktionsteams oder gar nach außen gelangen.

Die **direkte Information** über eine erfolgte Übergabe oder Übernahme an die Mitarbeiter erfolgt in geeigneter Form kurz vor oder nach dem Abschluss der Transaktion (siehe dazu Kapitel IV.G. Interne Kommunikation einer abgeschlossenen Transaktion).

H. Vertraulichkeitserklärung

Eine **einseitige Vertraulichkeitserklärung** ist eine verbindliche Erklärung des potentiellen Übernehmers, jegliche Daten und Informationen, die er im Zuge der beabsichtigten Unternehmenstransaktion vom Übergeber erhält (unabhängig davon, ob schriftlich oder mündlich), vertraulich zu behandeln. Insbesondere darf er diese weder an Dritte weitergeben (dazu zählen auch Mitarbeiter, die nicht in die Unternehmenstransaktion involviert sind) noch zu seinem eigenen Vorteil bei Abbruch der Transaktion einsetzen. Bei Abbruch des Transaktionsvorhabens sind die erhaltenen Daten und Informationen dem Übergeber in dem Zustand, in dem er sie übergeben hat, zurückzugeben oder zu vernichten (Schreddern von Kopien in Papierform, Löschen von Dateien, E-Mails etc). Zu löschen sind grundsätzlich auch Analysen und Schriftstücke, die der Übernehmer selbst oder an der Übernahme beteiligte Mitarbeiter oder Berater angefertigt haben.

Eine **beidseitige Vertraulichkeitsvereinbarung** (Vertraulichkeits- und Geheimhaltungsvereinbarung, auch Non Disclosure Agreement oder kurz NDA genannt) ist eine verbindliche Vereinbarung zwischen dem Übergeber und dem Übernehmer. Diese Vereinbarung umfasst die Pflichten des Informationsempfängers (vertrauliche Behandlung von Daten und Informationen, siehe oben) und die Pflichten des Informationslieferanten (Zurverfügungstellen von Daten und Informationen). Zusätzlich beinhaltet die Vereinbarung eine Geheimhaltungspflicht. Damit vereinbaren die Parteien, dass jegliche Gespräche über etwaige Transaktionsvorhaben ausschließlich vertraulich zwischen den Parteien (und deren involvierten Mitarbeitern und Beratern) behandelt werden und insbesondere keine Informationen nach außen fließen.

Die Vertraulichkeitserklärung dient insbesondere dem **Schutz des Informationsgebers** (dem Übergeber) und dessen Unternehmen. Zur Beurteilung eines konkreten Übernahmevorhabens benötigt der Übernehmer detaillierte Daten und Informationen über den Übergabebetrieb. Es ist jedoch verständlich, dass der Übergeber seinen Betrieb vor einer missbräuchlichen Weitergabe und Verwendung von Daten und Informationen schützen möchte. Besonders sensible Daten und Informationen wie zB Kundendaten (vor allem Kundennamen), Kalkulationen oder Produktformeln (zB Rezepturen) sollten zusätzlich höchstmöglichen Schutz im Rahmen der Vertraulichkeitsvereinbarung erfahren. Dies kann dadurch erreicht werden, dass besonders sensible Daten und Informationen (sogenannte „*Red Files*") erst kurz vor Abschluss der Transaktion dem Übernehmer offengelegt werden, also in einem Stadium, in dem ein Abbruch der Transaktion eher unwahrscheinlich scheint.

Eine Herausforderung stellt stets die Einhaltung der Erklärung oder Vereinbarung nach **Abbruch einer beabsichtigten Transaktion** dar. Die Rückgabe der erhaltenen Daten wird in der Regel problemlos erfolgen, ebenso kann der ehemals potentielle Übernehmer ein Schreiben verfassen, in dem er die Vernichtung aller internen Aufzeichnungen und Kopien bestätigt. Jedoch stellt sich hier sehr wohl die Frage nach der Glaubwürdigkeit dieser Erklärung. Eine lückenlose Überprüfung über die Vernichtung aller Daten und Informationen beim ehemaligen Informationsempfänger wird sich in der Praxis eher als Herausforderung mit hohen Kosten herausstellen. Ungeachtet dessen sollte klar sein, dass die wichtigen Informationen bereits längst in den Köpfen der Informationsempfänger gespeichert sind. Ein Übergeber sollte daher immer darauf achten, wann und wie er welche Daten und Informationen außer Haus gibt. Wie bereits das Wort Vertraulichkeitserklärung klarstellt, hat die Informationsweitergabe auch immer mit *Vertrauen* zu tun.

Die Erstellung und Unterzeichnung einer Vertraulichkeitserklärung oder -vereinbarung kann grundsätzlich auch erst gemeinsam mit der Interessenbekundung (siehe Kapitel III.L.) erfolgen. Da in der Regel ein potentieller Übernehmer vertrauliche Daten und Informationen jedoch vor einer Interessenbekundung benötigt, ist eine vorhergehende und gesonderte Vereinbarung über die Vertraulichkeit und die Geheimhaltung empfehlenswert.

I. Transaktionsstruktur

In der Regel kommen für die Übernahme eines Betriebes zwei Transaktionsarten zur Anwendung. In der Fachsprache werden diese als „*Asset Deal*" (Verkauf und Kauf von Vermögensgegenständen und Schulden) und „*Share Deal*" (Verkauf und Kauf von Gesellschaftsanteilen) bezeichnet. Ungeachtet der Transaktionsstruktur ist immer auf die nationalen rechtlichen und steuerrechtlichen Vorschriften zu achten. Auch wenn nur Teile der Vermögensgegenstände gekauft werden, kann dies als Kauf des Betriebes ausgelegt werden, womit automatisch mit dem Betrieb verbundene Rechte und Pflichten auf den Übernehmer übergehen können.

Im Rahmen des **Asset Deal** werden zum Unternehmen gehörige Vermögensgegenstände und Schulden an einen Erwerber veräußert. Dabei kann es sich um alle oder auch nur um einzelne selektive Vermögensgegenstände und Schulden handeln. Zu beachten ist, dass auch Schulden verkauft und erworben werden können und in der Regel im Rahmen eines Asset Deal im Kaufgegenstand enthalten sind. Die Schulden sollten in diesem Fall jedoch auch entsprechend den Kaufpreis der Vermögensgegenstände kürzen. Die Gesellschaft sowie Vermögensgegenstände und Schulden, die nicht vom Übernehmer übernommen werden, verbleiben beim Übergeber. Verkäufer der Vermögensgegenstände und Schulden ist das Unternehmen, Käufer ist eine Person oder ein anderes Unternehmen. Die Entscheidung für einen Asset Deal kann vor allem steuerliche und rechtliche Hintergründe haben und sollte vorab jedenfalls mit Steuer- und Rechtsexperten besprochen werden.

Im Rahmen des **Share Deal** werden die Gesellschaftsanteile am Unternehmen an einen Erwerber veräußert. Unter der Annahme, dass beispielsweise 100% der Gesellschaftsanteile verkauft werden, übernimmt der Erwerber die gesamte Gesellschaft (samt ihren Rechten und Pflichten). Verkäufer ist nicht das Unternehmen wie beim Asset Deal, sondern die Anteilsinhaber (Eigentümer) der Gesellschaft. Dies ist insbesondere dann von

Bedeutung, wenn der Verkaufsvorgang mit einem hohen (steuerlichen) Veräußerungsgewinn verbunden ist. Daher ist auch hier dringend empfohlen, vor einer Veräußerung die Details über die Transaktionsstruktur mit Steuer- und Rechtsexperten zu besprechen.

Da die gesamte Gesellschaft erworben wird, kommt es beim Share Deal zu keinem Wechsel des Rechtsträgers (wie beim Asset Deal). Der Betrieb wird weiterhin von der Gesellschaft geführt, lediglich der Eigentümer der Gesellschaft ändert sich. Der Share Deal ist eine relativ leicht und unkompliziert durchzuführende Form der Übernahme. Der zusätzliche Vorteil beim Übergeber liegt darin, dass dieser die gesamte Gesellschaft übergeben hat. Zu beachten sind jedoch vereinbarte oder gesetzliche Haftungen und Gewährleistungen des Verkäufers. Weiters ist auf sogenannte „*Change-of-Control-Klauseln*" zu achten: Oft sehen Gläubiger (zB Banken oder Vermieter) ein Zustimmungs- bzw Kündigungsrecht vor für den Fall, dass sich die Eigentümerstruktur ändert. Diese Punkte sollten vorab zwischen Übergeber und Übernehmer und unter Bedachtnahme auf die Vertraulichkeitserklärung geklärt werden.

Eine weitere Möglichkeit einer (teilwesen) Übernahme einer Kapitalgesellschaft bietet die **Kapitalerhöhung** mittels Bar- und/oder Sacheinlage. Je nach deren Höhe kann die Kapitalerhöhung auch zu einer Übernahme der Mehrheit (über 50%) der Gesellschaftsanteile führen, sofern die anderen Gesellschafter dieser Erhöhung zugestimmt haben. Zu beachten ist jedoch, dass einerseits für den Erwerb der Mehrheit der Anteile an einer Kapitalgesellschaft über eine Kapitalerhöhung immer ein Vielfaches an Mitteln notwendig ist und andererseits Altgesellschafter in ihren Stimmrechten zwar in eine Minderheit, aber nur schwer aus der Gesellschaft gedrängt werden können (entspricht einer Verwässerung von Anteilen im Zuge einer Kapitalerhöhung, wobei die Altgesellschafter auf ihre Bezugsrechte verzichten).[130]

J. Interessenbekundung

Am Ende der Planungsphase und kurz vor Beginn der Durchführungsphase erfolgt die Interessenbekundung des potentiellen Übernehmers an den Übergeber, das Unternehmen oder Teile des Unternehmens zu bestimmten Konditionen übernehmen (erwerben) zu wollen. Die einseitige Interessenbekundung (auch **Letter of Intent** – **LoI** genannt) erfolgt immer vom Käufer aus. Ein LoI stellt grundsätzlich keine Vereinbarung, sondern lediglich eine Absichtserklärung des potentiellen Käufers dar. Ein LoI ist in der Regel unverbindlich, er kann jedoch auch verbindliche Elemente beinhalten (zB Geheimhaltung oder Exklusivität[131]).

Der Übergeber hat dem potentiellen Übernehmer im Rahmen der Planungsphase ausgewählte (und eingeschränkte) Daten und Informationen übermittelt. Bevor er weitere

---

130 Eine Möglichkeit, Minderheitsgesellschafter aus einer Gesellschaft „herauszudrängen", bietet der sogenannte Squeeze Out, siehe dazu beispielsweise *Picot*, Handbuch Mergers & Acquisitions (2008) 309 ff.
131 Exklusivität bedeutet, dass der Übergeber Gespräche über einen etwaigen Verkauf des Unternehmens ausschließlich mit dem Vertragspartner führt. Es ist ihm untersagt, für einen in der Vereinbarung bestimmten Zeitraum Gespräche mit alternativen Käufern zu führen.

Unterlagen zur Verfügung stellt bzw dem potentiellen Übernehmer eine detaillierte Einsicht in die Unternehmensunterlagen gewährt, möchte er möglichst klar, eindeutig und schriftlich Kenntnis erlangen, ob und zu welchen Konditionen der potentielle Übernehmer bereit ist, das Unternehmen oder Teile des Unternehmens zu erwerben.

Der LoI hat vor allem verhandlungspolitische und -psychologische Wirkung: Der potentielle Übernehmer signalisiert seine Bereitschaft, einen verbindlichen Vertrag (Kauf- und Verkaufsvertrag) über den Ankauf des Unternehmens oder Unternehmensteile abschließen zu wollen.[132]

Ungeachtet der Einseitigkeit und Unverbindlichkeit der Erklärung gehen dieser in der Regel auch Verhandlungen mit dem Übergeber voran. Diese dienen vorwiegend dazu, die bislang erhaltenen Informationen festzuhalten, die wichtigen Transaktionsbedingungen zu klären und weitere Schritte festzulegen. Gerade auf das **gemeinsame Informationsverständnis** ist im LoI besonders Wert zu legen, um etwaige nachfolgende Missverständnisse zu vermeiden. Dazu soll die Schriftlichkeit des LoI eine weitere Unterstützung bieten. Ein einseitiger LoI kann als Zeichen der Anerkennung vom Übergeber auch gegengezeichnet werden.

Eine Absichtserklärung, die von beiden Parteien (Übergeber und potentieller Übernehmer) ausgearbeitet und unterzeichnet wird, wird in der Fachsprache als **Memorandum of Understanding (kurz MoU)** bezeichnet (oder als zweiseitiger LoI). Die Vereinbarung ist – wie der einseitige LoI – grundsätzlich nicht verbindlich, es können jedoch verbindliche Elemente enthalten sein. Die Inhalte sind grundsätzlich denen des LoI ähnlich.

Die Ursache für die **Unverbindlichkeit der Vereinbarungen** liegt darin, dass der potentielle Übernehmer viele Daten und Informationen des Unternehmens noch nicht kennt. Weiters will er die erhaltenen Daten auf Richtigkeit und Plausibilität überprüfen. Es kann daher passieren, dass er im Rahmen der Due Diligence von Informationen Kenntnis erlangt, die ihn von seinem Interesse am Unternehmen abbringen. Er muss daher die Möglichkeit haben, sich unbeschadet (mit Ausnahme der ihm dadurch entstandenen Kosten) aus der Absichtserklärung oder -vereinbarung zu entziehen. Ein Rücktritt vom LoI bzw MoU kann daher auch ohne Angabe von Gründen erfolgen (falls nicht andere Regeln vereinbart wurden).

Die **Erstellung einer Absichtserklärung** kann grundsätzlich formfrei erfolgen, inhaltlich sollte insbesondere auf folgende Punkte Bezug genommen werden:

- Vertragspartner (wer ist Verkäufer, wer ist Käufer?)
- Vertragsobjekt (Gesellschaft, Unternehmensteile, wichtige Unternehmensbestandteile wie Grundstücke, Gebäude oder Produktformeln, Unternehmensgegenstand, Umsatz, Mitarbeiter etc)
- Zusammenfassung der bisherigen Gespräche und bislang übergebenen Unterlagen
- Möglichst genaue Beschreibung der Transaktionsstruktur (Asset Deal, Share Deal, Kapitalerhöhung)
- Geplanter Stichtag der Übergabe/Übernahme

---

[132] Siehe *Picot*, Handbuch Mergers & Acquisitions (2008) 159.

- Kaufpreisindikation (oder -bandbreite), Kaufpreiselemente (Hinweis auf Finanzschulden, siehe vor allem Kapitel III.D.4. Unterscheidung zwischen Brutto- und Nettounternehmenswert)
- Hinweis auf Vertraulichkeits- und Geheimhaltungserklärung (falls gesondert erstellt, ansonsten Aufnahme in den LoI bzw MoU)
- Zeitplan (nächste Schritte, zeitliche Ziele für Due Diligence, Vertragsentwürfe, Unterzeichnung etc)
- Kontaktpersonen im Rahmen der Transaktion auf beiden Seiten
- Exklusivität
- Regelung über Kosten (zB jede Seite trägt die Kosten, die ihr durch die Beurteilung der Transaktion entstehen, selbst)
- Dauer, Gültigkeit der Vereinbarung
- Gerichtsbarkeit (betreffend verbindliche Elemente aus der Vereinbarung)

Mit der Unterzeichnung der Interessenbekundung haben der Übergeber und der Übernehmer die erste wichtige Hürde geschafft. Sie haben ein gemeinsames Verständnis über das Transaktionsobjekt und das weitere Vorgehen. Die Absichtsvereinbarung kann auch als **gemeinsamer Leitfaden** für die Durchführungsphase angesehen werden. Während der Übergeber und der Übernehmer die Strategie- und die Planungsphase weitgehend jeder für sich vorbereitet haben, kommt es in der Durchführungsphase zu einem intensiven Kontakt zwischen beiden Parteien. Sie sind insbesondere im Rahmen der Due Diligence und der Vertragsverhandlungen aufeinander angewiesen, damit diese erfolgreich abgeschlossen werden können. Hier sind ein Zusammenwirken und ein Aufeinander-Zugehen notwendig. Je detaillierter dieser gemeinsame Leitfaden am Ende der Planung erstellt wird, desto einfacher gestaltet sich auch die Zusammenarbeit im Rahmen der Durchführung.

IV. Durchführung

Die Phase der Durchführung ist die arbeitsintensivste Phase im Transaktionsprozess und vom Zusammenwirken der beiden Parteien (Übergeber und Übernehmer sowie deren Transaktionsteams) gekennzeichnet. Die wichtigsten Eckpunkte der Durchführungsphase bilden die Prüfung, Analyse und Beurteilung der erhaltenen Unterlagen und Informationen, die Verhandlungsgespräche sowie die Unterzeichnung der Kauf- und Verkaufsverträge. Die Durchführungsphase ist vorwiegend an Hard Facts orientiert. Den Soft Facts kommen aber dennoch eine große Bedeutung, insbesondere beim Kontakt zwischen den beiden Parteien und den Mitarbeitern der beteiligten Unternehmen, zu. Die Durchführungsphase beginnt mit der Durchführung der Due Diligence und endet mit der externen Kommunikation der erfolgten Unternehmenstransaktion.

A. Due Diligence

Due Diligence bedeutet übersetzt *„sorgfältige"* oder *„eingehende Prüfung"*. Der Begriff Due Diligence umschreibt die **sorgfältige Prüfung, Analyse und Beurteilung eines Unternehmens** (unabhängig davon, ob Unternehmensteil, Betrieb, Einzelunternehmen, Personengesellschaft, Kapitalgesellschaft oder Unternehmensgruppe) als Entscheidungsgrundlage für eine beabsichtigte Unternehmensübernahme. Da die Due Diligence im Interesse des Käufers liegt, ist sie **primär Aufgabe des Übernehmers**.

In Ausnahmefällen kann der Übergeber eine Due Diligence in seinem Auftrag (unabhängig) durchführen lassen (sogenannte *„Vendor Due Diligence"*).[133] Die Vendor Due Diligence wird eher in größeren Unternehmen eingesetzt und dient unter anderem dazu, den Geschäftsbetrieb möglichst wenig durch eine Vielzahl von potentiellen Übernehmern, die eine Due Diligence beabsichtigen, zu stören. Zu beachten ist, dass die Vendor Due Diligence möglichst unabhängig durchgeführt werden sollte und die Kosten für die Prüfung, Analyse und Berichterstellung vom Übergeber zu tragen sind. Eine Vendor Due Diligence sollte einen Übernehmer jedoch nicht davon befreien, zusätzlich *eigene* Prüfungs- und Analysehandlungen durchzuführen bzw in seinem Auftrag durchführen zu lassen.[134]

Die konkrete Durchführung einer Due Diligence ist wie viele andere Themen im Rahmen des Transaktionsprozesses gesetzlich nicht geregelt, kann jedoch aus den nationalen Gesetzen als Pflicht abgeleitet werden.[135] Unabhängig von der Interpretation der Gesetze sollte jedoch schon aus dem Verantwortungsbewusstsein und der Sorgfalt eines

---

[133] Vendor: „Verkäufer", „Veräußerer".
[134] Da der Auftraggeber für eine Vendor Due Diligence der Verkäufer ist, steht die Frage der Unabhängigkeit im Raum („Wer zahlt, schafft an.").
[135] Siehe dazu beispielsweise *Picot*, Handbuch Mergers & Acquisitions (2008) 163 ff.

Unternehmers auf eine **Verpflichtung zu einer sorgfältigen Prüfung** (Due Diligence) durch den Übernehmer geschlossen werden.

Eine Due Diligence dient der besseren Kenntnis des Unternehmens (**Information**) und der Aufdeckung von Mängeln und Risiken (**Sicherheit**) im zu erwerbenden Unternehmen. Der potentielle Übernehmer hat generell einen Informationsnachteil gegenüber dem Übergeber, der den Betrieb meistens bereits seit längerer Zeit führt. Durch die Prüfung und Analyse der Unterlagen und Informationen versucht der Übernehmer diesen Informationsnachteil weitgehend zu verringern. Weiters möchte (muss) er sich über potentielle leichte und schwere Mängel informieren („Probefahrt"). Der Übergeber haftet grundsätzlich nicht für Mängel, die dem Übernehmer bekannt waren oder bekannt sein hätten müssen (offenkundige Mängel). Daher ist es wichtig, dass der Übernehmer das Unternehmen genau in Augenschein nimmt. Leichte Mängel werden den Übernehmer vermutlich zu Kaufpreisminderungen veranlassen, schwere Mängel („Deal Breaker"[136], „Leichen im Keller") zum Abbruch der Transaktion.

Im Detail verfolgt die Due Diligence nachfolgende **Ziele** (Übernehmer):

- Kenntnis der wirtschaftlichen Situation des Unternehmens (Vergangenheit, Gegenwart, Zukunft)
- Verständnis für das Geschäft entwickeln (Vermögens-, Finanz- und Ertragslage, Produkte, Waren, Dienstleistungen, Kunden, Lieferanten, Mitarbeiter etc)
- Identifikation von und Verständnis für die kritischen Erfolgsfaktoren
- Identifikation von Risiken im zu erwerbenden Unternehmen
- Beurteilung des Marktes
- Prüfung der Transaktionsstruktur (rechtlich und steuerlich)
- Erkennen der Risikobereiche der Unternehmenstransaktion
- Prüfung der Finanzierung der Transaktion
- Kenntnis und Verständnis des Unternehmens hinsichtlich der
  - Unternehmensstärken
  - Unternehmensschwächen
  - Unternehmenspotentiale
  - Unternehmensrisiken

Die **Erkenntnisse** aus der Due Diligence dienen dem potentiellen Übernehmer

- als Argumente **für oder gegen** die beabsichtigte Transaktion (Entscheidung) und
- als **Grundlage** für die Bewertung, die Verträge und die Transformation (bzw Integration).

Der **Prüfungsumfang** einer Due Diligence beinhaltet alles, was mit dem Unternehmen direkt (zB Entscheidungen des Unternehmens) oder indirekt (zB Änderungen von nationalen Gesetzen oder regionale Regelungen) zu tun hat. Dies betrifft

---

136 Sachverhalte, die zum Abbruch einer Transaktion führen.

IV. Durchführung

- die **Vergangenheit** (Informations- und Datensammlung, Erkennen von Entwicklungen und Risiken, die ihren Ursprung in der Vergangenheit haben und in die Gegenwart oder in die Zukunft wirken),
- die **Gegenwart** (aktuelle Lage des Unternehmens und des Marktes) und
- die **Zukunft** (Pläne, Prognosen und mögliche künftige Risiken und/oder Potentiale).

Zu unterscheiden ist die Due Diligence von der **Jahresabschlussprüfung**, sofern diese bei Klein- und Mittelunternehmen aufgrund gesetzlicher Bestimmungen oder auf freiwilliger Basis erfolgt. Eine Jahresabschlussprüfung ist vorwiegend auf die Vergangenheit (unter Beachtung der positiven Fortführungsprognose) und das Rechnungswesen fokussiert, sie ist weitgehend standardisiert (Stichproben) und wird mit einem Bestätigungsvermerk abgeschlossen. Die Due Diligence ist weit umfassender sowohl im Prüfungszeitraum (in der Regel die drei bis fünf letzten sowie die drei bis fünf künftigen Jahre) als auch in der Breite der Prüfung (Finanzen, Recht, Technik, Umwelt, Steuern, Personal, Organisation etc), sie ist nicht standardisiert und es gibt keinen Bestätigungsvermerk. Die Ergebnisse der Due Diligence sind die Basis für die Verhandlungen mit dem Übergeber und die daraus folgende Kaufentscheidung. Da die Due Diligence im Interesse des Übernehmers liegt, erfolgt die Beauftragung und Bezahlung des Honorars für eine Due Diligence von diesem. Hingegen erteilt das Unternehmen des Übergebers den Auftrag für die Durchführung einer Jahresabschlussprüfung und begleicht auch das Honorar dafür.

Die **Durchführung** einer Due Diligence erfolgt überwiegend von **externen Beratern**. Diese stehen für eine Due Diligence zeitlich uneingeschränkt zur Verfügung, sind objektiv und unabhängig. Eine Analyse durch den Übernehmer selbst kann bei Kleinunternehmen erfolgen, wenn dementsprechende Fachkenntnisse und zeitliche Ressourcen vorhanden sind. Die Bereiche Finanzen, Recht und Steuern sollten jedoch möglichst von Experten geprüft und analysiert werden. Zwar können die Berater einige Kosten verursachen, doch stehen diese in der Regel in keinem Verhältnis zu den Risiken. Weiters ist zu beachten, dass Berater den Übernehmer in die Lage versetzen sollten, mit schlüssigen Argumenten seine Vertragskonditionen deutlich zu verbessern (zB geringerer Kaufpreis), weshalb die Kosten der Berater in der Regel von den Vorteilen und vom Nutzen gedeckt sein sollten.

Ist ein Übernehmer bereits als Unternehmer in der selben Branche wie der Übernahmebetrieb tätig, können einzelne ausgewählte **Mitarbeiter**, die über besondere Fachkenntnisse verfügen, in die entsprechenden Bereiche der Due Diligence (zB Technik, Umwelt, IT und Markt) zusätzlich zu den externen Experten in die Due Diligence mit einbezogen werden. Der Vorteil liegt darin, dass einerseits vorhandenes Know-how (ohne zusätzliche Beratungskosten) genutzt wird, andererseits die eigenen Mitarbeiter viel Erfahrung sammeln können. Letzter Punkt kann jedoch auch den Interessen des Übergebers zuwiderlaufen, nämlich dann, wenn die Transaktion abgebrochen wird (Vertraulichkeitserklärung). Ein Übergeber kann daher die Einbeziehung von Mitarbeitern des potentiellen Übernehmers auch untersagen, um sein Know-how zu schützen. Dies sollte jedoch spätestens im Rahmen der Interessenbekundung mit dem Übernehmer besprochen und vereinbart werden.

Werden eigene Mitarbeiter in die Due-Diligence-Untersuchungen mit einbezogen, ist immer darauf zu achten, dass sie für den Zeitraum der Due Diligence zeitlich uneingeschränkt zur Verfügung stehen und damit im laufenden Geschäftsbetrieb entbehrlich sind (was in der Praxis nicht immer der Fall ist). Der Übernehmer selbst sollte in größeren Unternehmen (Mittelunternehmen) an den Due-Diligence-Untersuchungen in der Regel nicht teilnehmen. Als Entscheidungsträger ist es wichtig, den Überblick zu wahren und das Wesentliche im Auge zu behalten, anstatt sich in einzelnen zu prüfenden Details zu verlaufen.

Due-Diligence-Checklisten führen die konkreten Punkte und Themen an, die einer sorgfältigen Prüfung und Analyse zu unterziehen sind. Es gibt in der Literatur und auf Internet-Webseiten eine Vielzahl von Checklisten für Due-Diligence-Prüfungen. Diese können grundsätzlich als Anhaltspunkt für die Prüfungs- und Analysebereiche herangezogen werden. Zu beachten ist jedoch stets, dass diese Checklisten weder eine abschließende Aufzählung enthalten noch auf das spezielle Unternehmen Bezug nehmen. Jeder Betrieb hat seine Besonderheiten, die mittels allgemeiner Checklisten nicht immer ausreichend erfasst werden können. Die Checklisten sollten daher vorab gezielt an das zu prüfende Unternehmen angepasst werden.

Je nach Individualität des Unternehmens wird eine Due Diligence in verschiedene Prüfungs- und Analysebereiche untergliedert. In der Regel werden die jeweiligen Bereiche von einschlägigen Experten geprüft und analysiert. Vor der Durchführung der konkreten Prüfungsmaßnahmen erarbeiten die jeweiligen Experten die auf das Unternehmen abgestimmten Checklisten. Die nachgefragten Unterlagen und Informationen sind vom Übergeber in übersichtlicher und geordneter Weise vorzubereiten und zur Verfügung zu stellen. Er sollte die einzelnen Unterlagen idealerweise nummeriert nach der eingelangten Checkliste in einem Ordner bereitstellen. Für jeden Fachbereich (Finanzen, Recht, Steuern, Technik etc) sollte ein gesonderter Ordner angefertigt werden, damit der Überblick gewahrt bleibt.

Im Folgenden werden **Prüfungs- und Analysebereiche**, wie eine Due-Diligence-Checkliste sie enthalten könnte, am Beispiel eines Produktionsbetriebes (nicht abschließend) aufgezählt:

- **Finanzen** (Financial Due Diligence)
    - Jahresabschlüsse zumindest der letzten drei vollen Jahre (soweit vorhanden Prüfungsberichte)
    - Details zu den Jahresabschlüssen wie Saldenlisten und Offene-Posten-Listen
    - Details zu Anlagen, Vorräten, Umsätze, Aufwendungen etc
    - Analyse der angewandten Bilanzierungs- und Bewertungsmethoden[137]
    - Laufende Buchhaltung (Organisation, System, Ablauf etc)
    - Aktuelle Finanzdaten (Monatsdaten, Zwischenberichte) inklusive Vergleichsdaten aus den Vorperioden
    - Plandaten (Budget, Planungsrechnung, Businessplan, Soll-Ist-Vergleich)

---

137 Vor allem dann, wenn der Übernehmer bereits Unternehmer ist, sollte geklärt werden, wie sich diese von seinen Bilanzierungs- und Bewertungsmethoden unterscheiden.

IV. Durchführung

- Wesentliche Kunden und Lieferanten (ABC-Analysen)
- Personal (Anzahl, Organisation, Personalaufwendungen, zusätzliche Vergütungen[138] etc)
- Weitere verfügbare Unterlagen aus dem Controlling und der Kostenrechnung (zB Produktkalkulationen, Deckungsbeitragsrechnungen, Kapazitätsauslastung, produzierte und verkaufte Mengen, Investitionsrechnungen)
- Anlagenverzeichnis
- Angaben über stille Reserven und stille Lasten sowie nicht betriebsnotwendiges Vermögen
- Werthaltigkeit von Vorräten und Forderungen (Angaben zu Abschreibungen und/oder Wertberichtigungen)
- Rückstellungen (Personal, Steuern, Prozesse etc)
- Verbindlichkeiten (insbesondere Kreditverträge mit Banken) und Darlehen (privat, Gesellschafter, Dritte)
- Gewährte Sicherheiten (Hypotheken, Eigentumsvorbehalte, Pfandrechte etc)
- Leasing
- Versicherungen

- **Recht** (Legal Due Diligence)
  - Gesellschaftsrecht (Firmenbuch/Handelsregister, Übersicht über die Gesellschafter, Gesellschaftsvertrag, Protokolle etc)
  - Vermögensrecht (Grundbuch, Eigentum, Sicherheiten etc)
  - Vertragsrecht (Kunden, Lieferanten, Mietverträge, Pachtverträge etc)
  - Arbeitsrecht (Personal, Verträge etc)
  - Behörden (behördliche Genehmigungen, Gewerberecht, Umwelt, Auflagen etc)
  - Subventionen, Förderungen
  - Aufrechte und drohende Rechtsstreitigkeiten
  - Versicherungen, Leasing, Kreditverträge
  - Nationale rechtliche Besonderheiten (insbesondere bei Vorhaben im Ausland)

- **Steuer** (Tax Due Diligence)
  - Steuererklärungen der letzten Jahre
  - Informationen und Angaben zu Steuerrückstellungen
  - Informationen und Angaben zu erfolgten Steuerprüfungen
  - Steuerliche Optimierung der Transaktionsstruktur
  - Steuerlich nutzbare Verlustvorträge
  - Nationale steuerliche Besonderheiten (insbesondere bei Vorhaben im Ausland)

- **Technik** (Technical Due Diligence)
  - Produktionsprozess (Anordnung der Maschinen, Produktionsablauf etc)
  - Anlagenverzeichnis
  - Maschinen (Alter, Zustand, Funktion, Wartung, Instandhaltung etc)
  - Investitionen (vergangene, notwendige und geplante)
  - Produkte, Qualität, Forschung und Entwicklung etc
  - Grund und Gebäude (Zustand, Bodenverschmutzung, Zu- und Abfahrtswege, Nachbarschaftstreitigkeiten etc)
  - Behördliche Auflagen, Umwelt

---

138 In der Fachsprache als „fringe benefits" bezeichnet (zB Dienstwagen, Dienstwohnung).

Darüber hinaus kann auch noch eine Gliederung der Fachbereiche in beispielsweise **Umwelt** (Environment), **Personal** (Human Resources), **Marketing** (Commercial – vor allem bei Handelsbetrieben), **IT** und **Organisation** erfolgen. Unabhängig von der Bezeichnung des jeweiligen Fachbereiches sollte eine Due Diligence die wesentlichsten Bereiche eines Unternehmens abdecken, die Namensgebung ist zweitrangig, dient jedoch der leichteren Orientierbarkeit.

Es ist durchaus sinnvoll und wesentlich, dass ein und der derselbe Sachverhalt von mehreren Experten geprüft und analysiert wird. Dies ist insbesondere aufgrund der unterschiedlichen fachlichen Perspektiven notwendig. Beispielsweise analysiert der Techniker die Höhe eines Maschinenschadens, der Finanzexperte, wie sich die Schadenshöhe in den Finanzzahlen auswirkt, und der Rechtsexperte prüft rechtliche Möglichkeiten für eine Schadenswiedergutmachung. Insofern ist die **Zusammenarbeit** der Experten eine wesentliche Grundlage für den Erfolg einer jeden Due Diligence.

Bei der Durchführung der Due Diligence ist darauf zu achten, dass man das **Wesentliche** nicht aus den Augen verliert. Es wird eine Fülle von Daten und Informationen geprüft und analysiert, um möglichst alle Risiken aufdecken zu können. Die Frage ist jedoch stets, ob die auftretenden Beanstandungen wesentlich oder unwesentlich sind. Wesentliche **negative Erkenntnisse** (*„Findings"*) können zu einem Abbruch der Unternehmenstransaktion führen, unwesentliche negative Erkenntnisse wird der Übernehmer für Kaufpreisminderungen oder für andere Vorteile oder Absicherungen nutzen. Positive Erkenntnisse werden in der Regel nicht an den Übergeber kommuniziert. Ein Übernehmer würde sich damit nur den Kaufpreis selbst nach oben verhandeln.

Die lokale Durchführung der Due Diligence erfolgt üblicherweise in einem **Datenraum** (*„Data Room"*). Der Datenraum ist ein abgegrenzter, versperrbarer Raum in dem die angeforderten Unterlagen für einen bestimmten Zeitraum zur Verfügung stehen. Zugang zum Datenraum haben ausschließlich jene Experten, welche die Due Diligence für den Übernehmer durchführen. Die Anwesenheit der Experten sollte mittels Namensliste und Zeitangaben protokolliert werden. Die Experten haben im Datenraum die Möglichkeit, alle vorhandenen Unterlagen zu sichten und schriftlich aufzunehmen. In der Regel ist es nicht erlaubt, Unterlagen aus dem Datenraum zu entnehmen, zu kopieren oder anderswie (Foto, Scan) zu duplizieren. Diktiergeräte und Computer sind in der Regel zulässig. In Einzelfällen kann für ausgewählte oder alle Unterlagen eine Kopiererlaubnis mit dem Übergeber vereinbart werden. Sowohl die Entnahme als auch die Aufnahme neuer Unterlagen ist zu dokumentieren (Gewährleistung).

Die **Einrichtung des Datenraums** kann beim **Übergeber oder bei einem Berater** erfolgen. Der Vorteil eines Datenraums beim Übergeber ist, dass ausstehende Unterlagen bei Bedarf rasch nachgereicht werden können und der Übergeber in der Regel für Fragen in der Nähe ist. Der Nachteil liegt in der meist wesentlichen Störung des laufenden Geschäftsbetriebes und der daraus folgenden Unruhe und Verunsicherung der Mitarbeiter (siehe dazu auch Kapitel III.E. und III.G.). Generell sollte eine Due Diligence daher in einem externen Datenraum erfolgen.

Es gibt auch die Möglichkeit **virtueller Datenräume**. Hierbei werden die zur Verfügung stehenden Unterlagen des Übergebers eingescannt und auf einer Onlineplattform mit

Zugangscode zur Verfügung gestellt. Der virtuelle Datenraum ist bequem von jedem Büro aus 24 Stunden am Tag (innerhalb einer vorab festgelegten Frist) einsehbar. Die Möglichkeit, Dokumente auszudrucken, ist in der Regel nicht gegeben, kann jedoch mit dem Übergeber vereinbart werden. Es gibt einige Dienstleister, die auf virtuelle Datenräume spezialisiert sind. Virtuelle Datenräume sind gerade für Betriebe von Vorteil, für die es mehrere internationale Interessenten gibt. Die potentiellen Übernehmer sparen sich damit hohe Reisekosten und der Übergeber eine Störung seines laufenden Geschäftsbetriebes.

Ebenso ist es möglich, **keinen Datenraum** einzurichten und die **Unterlagen direkt** den Experten des Übernehmers **zur Verfügung zu stellen**. Dies stellt naturgemäß eine wesentliche Vereinfachung der Arbeit für die Experten des Übernehmers dar. In diesem Fall sollte jedoch genauestens dokumentiert werden, welche Unterlagen zu welchem Zeitpunkt an wen weitergegeben wurden. Damit werden Auffassungsunterschiede von erhaltenen Unterlagen (Gewährleistungen) weitgehend verhindert für den Fall, dass Unterlagen verloren gehen oder unterschiedliche Fassungen von Unterlagen übergeben werden. Je geringer der Datenumfang und die Sensibilität von Unternehmensdaten sind, desto eher kann auf einen Datenraum verzichtet und können die Unterlagen direkt Experten des potentiellen Übernehmers übergeben werden.

Sowohl auf Seiten des Übergebers als auch auf Seiten des Übernehmers kann eine Due Diligence zu einer sehr **arbeits- und zeitintensiven Phase** werden. Aufgrund der Fülle der Unterlagen und Informationen sowie der Vielzahl der beteiligten Personen ist auf beiden Seiten auf eine möglichst professionelle **Planung und Organisation** zu achten. In der Praxis kommt es immer wieder vor, dass eine Due Diligence kaum oder nur mangelhaft vorbereitet wird – mit dem Ergebnis, dass dies hohe zusätzliche Kosten verursacht, beide Seiten verärgert sind und in der Folge das Transaktionsvorhaben von einer oder beiden Seiten abgesagt wird oder die Verhandlungen wesentlich negativ beeinträchtigen werden. Empfehlenswert ist daher die Erstellung eines Organisationsplans, in dem alle organisatorischen Schritte *vor* dem Beginn der Due Diligence festgelegt werden. Der Organisationsplan wird in der Regel vom Übergeber erstellt und dem potentiellen Übernehmer und dessen Team übermittelt. Ebenso denkbar und sinnvoll ist eine gemeinsame Erstellung des Organisationsplans – unter der Voraussetzung, dass es nur einen potentiellen Übernehmer gibt.

Im **Organisationsplan** sollte insbesondere Folgendes festgehalten werden:

- Genaue Zeitangaben (Zeitraum und Öffnungszeiten des Datenraumes bzw Zeitraum, in dem die Unterlagen direkt zur Verfügung gestellt werden)
- Genaue Ortsangaben (Datenraum bzw Ort für die Übergabe und Rückgabe der Unterlagen)
- Liste der bereitgestellten Unterlagen (Checklisten mit Vermerken des Übergebers)
- Vorhandene Infrastruktur im Datenraum (Stromquellen, Kopiergeräte, falls Kopien erlaubt sind)
- Kontaktperson (insbesondere auf Seiten des Übergebers für organisatorische und inhaltliche Fragen)

- Möglichkeiten für Fragen an den Übergeber und/oder das Managementteam (bei nicht vom Eigentümer geführten Betrieben)

Das nachfolgende Fallbeispiel zeigt einen fiktiven Organisationsplan.

Organisationsplan einer Due Diligence

Tag 01:	Nennung der Teilnehmer (Namen und Firma) an der Due Diligence an den Übergeber
Tag 05:	Sammlung der Due-Diligence-Checklisten für die einzelnen Fachbereiche
Tag 10:	Zusammenstellung aller Unterlagen durch den Übergeber
Tag 12:	Kick-off-Meeting zwischen dem Übergeber und den Teilnehmern an der Due Diligence Kurze Erläuterungen über die Unterlagenaufbereitung sowie über wesentliche Unterlagen
Tag 14:	Öffnung des Datenraumes (Öffnungszeiten täglich von 09:00 bis 18:00 Uhr; im Datenraum sind nur angemeldete Personen zulässig; jeder Besucher hat sich mit Namen und Zeit in die/aus der Besucherliste ein- und auszutragen; Kopieranträge sind an die Kontaktperson zu richten
Tag 16:	Fragestunden an den Übergeber pro Fachbereich (Finanzen, Steuern, Recht, Technik, Markt) je eine Stunde
Tag 20:	Schließung des Datenraumes um 18:00 Uhr
Tag 28:	Übermittlung der wichtigsten Erkenntnisse aus der Due Diligence an den Übergeber
Tag 30:	Abschlussmeeting, Besprechung der Ergebnisse (Übergeber und Übernehmer gemeinsam mit den Teilnehmern der Due Diligence)

Die Organisation gibt einen Rahmen für die Teams auf Seiten des Übergebers, die **Informationsbeschaffer**, und des Übernehmers, die **Informationsnachfrager und –empfänger**, vor. Während das Team der Informationsbeschaffer in der Regel überschaubar ist, setzt sich das Team der Informationsempfänger aus einer Mehrzahl von Experten (Due-Diligence-Team) zusammen.

Gerade auf Seiten des Übernehmers sind daher nachfolgende Fakten zu beachten, die das **Due-Diligence-Team** betreffen:

- Das Team ist in der Regel neu (die Mitglieder kennen einander wenig bis kaum).
- Das Team hat eine relative kurze Zeit zur Verfügung, um umfassende Leistungen für den Auftraggeber (den Übernehmer) zu erbringen.
- Jeder Experte spricht eine andere (Fach-)Sprache (zB Rechtsexperte, Techniker, Steuerexperte).
- Jeder Experte hat seine eigenen fachspezifischen Aufgaben, zusätzlich ist jedoch auch Teamarbeit (Zusammenwirken bei einzelnen Fragen) gefragt und notwendig.

Daher sind eine klare Aufgabenverteilung zwischen den einzelnen Experten und eine **Koordination** innerhalb des gesamten Due-Diligence-Teams erforderlich, sodass sowohl fachspezifischen Details geklärt werden können als auch ein laufender Austausch von Informationen zwischen den Experten erfolgen kann.

Zusätzlich bedarf es einer Koordination zwischen dem Informationsbeschaffer und dem Informationsempfänger. In der Regel empfiehlt es sich hier, auf jeder Seite eine Kontaktperson zu installieren (siehe Abbildung 6). Das kann ein Berater, Mitarbeiter oder auch der Übergeber und der Übernehmer selbst sein. Beide stehen ihren Teams für jegliche organisatorische und inhaltliche Fragen zur Verfügung. Ebenso erfolgt der Informationsaustausch zwischen Übergeber und Übernehmer geregelt über die Kontaktpersonen, sodass keine Information über etwaige Umwege verloren geht. Diese sogenannte **Informationsdrehscheibe** ermöglicht eine effiziente Kommunikation zwischen den Parteien und sichert innerhalb der Teams den Informationsfluss und -austausch.

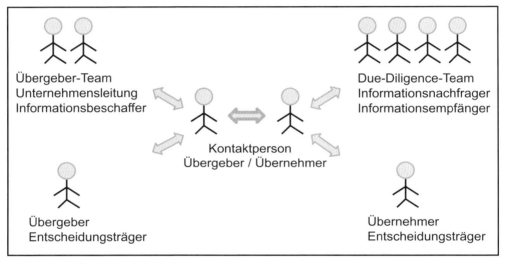

Abbildung 6: Informationsdrehscheibe

Ergänzend zur Organisation einer Due Diligence und der Koordination der beteiligten Personen soll eine entsprechende **Führung** des Due-Diligence-Teams klare Ziele vorgeben (Wesentlichkeitsgrenzen, besonders wichtige Fragen, Deal Breaker etc) sowie die Objektivität, die Klarheit, die Zusammenarbeit und den laufenden Informationsaustausch sichern. Die Führungsperson geht dabei nicht auf inhaltliche Details ein, die Analyse und die Beurteilung der Inhalte ist alleinige Aufgabe der Experten. Die Führung des Due-Diligence-Teams sollte der Einfachheit halber durch die Kontaktperson erfolgen. Diese ist ebenso für die Weitergabe der Informationen an den Entscheidungsträger (Übernehmer) verantwortlich. Somit kann eine Fülle von Informationen in kurzer Zeit verarbeitet, an einer zentralen Stelle gesammelt und in geeigneter Form dem Entscheidungsträger übermittelt werden.

Im Lauf der Due Diligence können zusätzliche Unterlagen nachgefragt werden, Fragen zu Unterlagen auftreten oder ein Gespräch mit dem Übergeber gewünscht sein, um einen persönlichen Eindruck über das Unternehmen zu erlangen. Dazu werden in der Regel **Fragestunden** zwischen den Experten und dem Übergeber (bzw dessen Managementteam, wenn der Betrieb eigentümerfremd geführt wird) vereinbart. Diese können mit ausgewählten oder allen Experten durchgeführt werden.

Auf der Seite des Übergebers sollte darauf geachtet werden, dass Gespräche zwischen den beiden Parteien ausschließlich (im Rahmen der Due Diligence) in einem vorgegebenen Rahmen stattfinden. Jeder *inoffizielle* Informationsaustausch sollte tunlichst vermieden werden. Die Seite des Übernehmers wird alle Informationen für ihren Vorteil nutzen, unabhängig davon, ob diese inoffiziell oder offiziell mitgeteilt wurden. Insofern ist gerade auf Seiten der Übergeber stets zu beachten, was kommuniziert wird.

Zusätzlich zu den Fragestunden sollte es je nach Art und Größe des Betriebes eine **Betriebsführung** für das Due-Diligence-Team geben. Es ist für Außenstehende stets hilfreich, sich den Betrieb auch bildlich vorstellen zu können, anstatt ihn lediglich über Zahlen und Texte kennenzulernen und zu analysieren. Eine Betriebsführung kann auch nach Betriebsschluss erfolgen, damit die Mitarbeiter nicht gestört werden und keine Unsicherheiten aufkommen, da fremde Personen den Betrieb besichtigen.

Die **Analysebereiche und die Intensität** einer Due Diligence hängen vom Unternehmen und der Transaktionsstruktur ab. Je umfassender und intensiver die Untersuchungen und Analysen durchgeführt werden, desto größer ist die Informationsbasis und desto geringer das Risiko. Jedoch ist die Intensität der Prüfung und Analyse mit der verfügbaren Zeit[139] und den Transaktionskosten (vor allem Beratungskosten und interne Kosten für eigene Mitarbeiter) in Relation zu setzen. Zur Abwägung des Umfangs und der Intensität einer Due Diligence können nachfolgende Fragestellungen, gereiht nach ihrer Wichtigkeit, hilfreich sein:

1) Welche negative Erkenntnisse (Findings) können sich als Abbruchkriterium (Deal Breaker) herausstellen und sind daher umfassend und mit besonderer Intensität und Sorgfalt zu prüfen?
2) Mit welchen Argumenten kann der Kaufpreis schlüssig nach unten verhandelt werden (insbesondere Dokumentation von Fakten zur Stützung der Argumentation)?
3) Welche Themen müssen insbesondere im Hinblick auf die Vertragsgestaltung beachtet werden (Haftungen, Gewährleistungen, Garantien, Sicherstellungen etc)?
4) Welche Erkenntnisse können sich störend auf die Transformation bzw die Integration nach der erfolgten Übernahme auswirken (insbesondere auch Soft Facts)?
5) Welche Erkenntnisse können als *Spielball* für die Verhandlungen verwendet werden (dh weniger bedeutende negative Erkenntnisse, die im Zuge der Verhandlungen gegen andere Vorteile eingetauscht werden können)?
6) Welche Themen sind Teil des *üblichen* Geschäftsrisikos eines Unternehmers?

Die Due Diligence sollte in einem angemessenen Umfang und einer angemessenen Intensität erfolgen, sie sollte nicht übertrieben, aber auch nicht nachlässig betrieben werden. Dafür sollte vor und während der Due Diligence eine laufende Abstimmung zwischen dem Übernehmer (Auftraggeber) und den Experten erfolgen.

---

139 Die verfügbare Zeit ist in der Regel seitens des Übergebers vorgegeben, die Transaktion soll zügig durchgeführt werden und rasch zu einem Abschluss führen.

IV. Durchführung

Nach Abschluss der Due Diligence erstellen die externen Experten ihre schriftlichen Berichte (**Due-Diligence-Berichte**). Diese beinhalten Angaben über den Auftrag, Haftungsausschlüsse für die Berater, Analysen, Hinweise und die detaillierten Erkenntnisse aus der Due Diligence. Für den Fall, dass eigene Mitarbeiter ebenfalls Untersuchungen angestellt haben, ist es empfehlenswert, die Analysen und Erkenntnisse ebenso in einem *internen* Bericht schriftlich festzuhalten. Jegliche Due-Diligence-Berichte ergehen ausschließlich an den Auftraggeber (den Übernehmer). Der Übergeber erhält in der Regel keine Kopie der Due-Diligence-Berichte.

Zu empfehlen ist jedoch die Abhaltung eines gemeinsamen Meetings zwischen Übergeber und Übernehmer bei Beendigung der Due Diligence. In diesem **Abschlussmeeting** präsentieren die Experten ihre Erkenntnisse aus der Due Diligence. Dabei soll dem Übergeber Gelegenheit gegeben werden, auf die Beanstandungen (Findings) zu reagieren. Damit eine sinnvolle Diskussion entstehen kann, sollte der Übergeber zuvor schriftlich über die wichtigsten Erkenntnisse aus der Due Diligence (zB Kurzbericht oder Zusammenfassung) informiert werden.

Einem Übergeber sollte klar sein, dass im Rahmen des Abschlussmeetings vorwiegend negative Erkenntnisse besprochen werden. Positive Erkenntnisse würden den Kaufpreis für den potentiellen Übernehmer nur erhöhen und werden daher von ihm bewusst nicht angeführt. Sofern es offene Punkte gibt, die im Abschlussmeeting nicht geklärt werden können, kann eine Nachfrist zur Übermittlung zusätzlicher oder klärender Unterlagen vereinbart werden. Es sollte im Sinne beider Parteien sein, weitere Fragen (sofern diese wesentlich sind) vor den weiteren Verhandlungsgesprächen zu klären.

Das Abschlussmeeting kennzeichnet das **Ende der Due Diligence** (abgesehen von Daten und Informationen, die nachgereicht werden) und den Beginn der konkreten Verhandlungsgespräche unter der Voraussetzung, dass beide Parteien weiterhin am Transaktionsvorhaben festhalten. Das Abschlussmeeting sollte dabei nicht als erstes Verhandlungsmeeting *missbraucht* werden. Einerseits findet das Verhandlungsmeeting in der Regel in einer anderen personellen Zusammensetzung statt, andererseits sollte sowohl dem Übergeber als auch dem Übernehmer nochmals Zeit gegeben werden, die einzelnen Erkenntnisse aus der Due Diligence in Ruhe zu überdenken.

Der Übergeber wird sich Gedanken machen, wie sich die (negativen) Ergebnisse aus der Due Diligence auf den Verkauf des Betriebes auswirken können (verminderter Verkaufspreis, Garantien, Gewährleistungen, Haftungen etc). Der Übernehmer wird auf Basis der Endergebnisse der Due Diligence seinen Businessplan überarbeiten und eine neue finale Unternehmensbewertung erstellen.

Nachfolgend sind die wichtigsten Agenden für eine Due Diligence aus Übergeber- und Übernehmersicht nochmals kurz zusammengefasst:

Wichtige Themen im Rahmen der Due Diligence für den Übergeber:

- Übersichtliche Aufbereitung der nachgefragten Unterlagen
- Wenn Kommentare zu vorhandenen oder fehlenden Unterlagen notwendig sind, sollten entsprechende Vermerke auf den Checklisten angeführt werden

- Jegliche zusätzlichen neuen Unterlagen sind auf den Checklisten zu vermerken
- Schaffung eines *externen* Datenraumes
- Erstellung eines Organisationsplans für die Due Diligence
- Betriebsführung außerhalb der Betriebsöffnungszeiten
- Fragestunden für das Due-Diligence-Team ermöglichen
- Jegliche Vorbereitungsmaßnahmen sollten ohne viel Aufsehen vor den Mitarbeitern erfolgen
- Abschlussmeeting mit dem Übernehmer und seinem Team ermöglichen bzw vereinbaren

Wichtige Themen im Rahmen der Due Diligence für den Übernehmer:
- Zusammensetzung des Due-Diligence-Teams aus internen und externen Experten
- Klare Zielvorgaben an das Due-Diligence-Team
- Erstellung von auf das Unternehmen abgestimmten Checklisten
- Gemeinsame Organisation der Due Diligence mit dem Übergeber (soweit möglich)
- Kick-off-Meeting
- Kontaktperson zwischen Übergeber und den Experten installieren
- Laufender Informationsaustausch zwischen den Experten während der Due Diligence
- Schriftliche Berichterstattung über die Ergebnisse der Prüfung und Analyse
- Abschlussmeeting mit dem Übergeber und seinem Team

B. Kontakte und Konflikte zwischen den beiden Parteien

Die Informationsdrehscheibe aus Kapitel IV.A. verdeutlicht anschaulich, dass sowohl auf Seiten des Übergebers als auch auf Seiten des Übernehmers mehrere Personen in das *Projekt der Unternehmenstransaktion* involviert sind, unabhängig davon, ob sie nur teilweise (zB Due Diligence, Vertragsgestaltung) oder im Zuge der gesamten Transaktion (zB Transaktionsbegleitung) unterstützen. Da die Parteien unterschiedliche Ziele verfolgen (die Partei des Übergebers möchte beispielsweise einen möglichst hohen, die Partei des Übernehmers einen möglichst niedrigen Kaufpreis erwirken), kann es auch zu Konflikten im Rahmen des Informationsaustausches und der Kommunikation kommen. Um diese Konflikte weitgehend zu verhindern, ist auf eine sachliche und korrekte Zusammenarbeit zu achten (Soft Facts). Dazu bedarf es vor allem einer **sachlichen und korrekten mündlichen und schriftlichen Kommunikation** miteinander. Die Kommunikation soll weder die Konkurrenzsituation hervorheben (und in einem Kampf ausarten) noch übertrieben amikal (freundschaftlich) sein.

In der Durchführungsphase geht es für die Seite des potentiellen Übernehmers zunächst ausschließlich darum, umfangreiches Daten- und Informationsmaterial zu sammeln, zu prüfen, zu analysieren und zu bewerten. Erst am Ende der Due Diligence (Abschlussmeeting) bzw in den daran anschließenden Verhandlungsmeetings sollten die *subjektiven* Meinungen ausgetauscht werden, wo es auch durchaus zu Differenzen kommen kann. Sollten Meinungsverschiedenheiten bereits vor Abschluss der Due Diligence auftreten, kann dies die sorgfältige Prüfung und Analyse, die nachfolgende Verhandlungsführung sowie die Transformation (bzw Integration) wesentlich beeinträchtigen.

IV. Durchführung

Im Rahmen der Due Diligence treten **Übergeber und Übernehmer** persönlich in der Regel wenig in direkten Kontakt, da die Untersuchungen des Übernehmers grundsätzlich von anderen internen und/oder externen Fachkräften durchgeführt werden (außer in den Fällen, in denen Übergeber und Übernehmer weitgehend selbst den Informationsaustausch und/oder die Informationsanalyse durchführen). Wo es dennoch zum Kontakt zwischen Übergeber und Übernehmer kommt, sollten stets in einer wertschätzenden Art und Weise das gemeinsame Ziel und die Gewinnsituation für beide Seiten (*„win-win-situation"*) betont werden.

Deutlich größer ist das Konfliktpotential, wenn **Mitarbeiter** auf beiden Seiten (vorausgesetzt der Übernehmer ist ein Unternehmer) in die Unternehmenstransaktion oder Teile davon (zB nur Due Diligence) eingebunden sind. Einerseits stehen sie in Konkurrenz zueinander, andererseits werden sie, unter der Voraussetzung, dass die Transaktion abgeschlossen wird, in Zukunft Kollegen sein. Hier können bereits sehr früh Machtkämpfe, Vorteilskämpfe und auch Ängste entstehen, welche die Transaktion beeinflussen können. Speziell der Übergeber sollte sich daher immer vor Augen führen, dass die Mitarbeiter dem eigenen Unternehmen gegenwärtig zwar vertraglich verbunden sind, jedoch auch immer an die Zukunft denken, um einen künftigen Nachteil abzuwehren oder sich einen Vorteil zu verschaffen.

Externe Experten sind in der Regel geschult, neutral, sachlich und objektiv zu agieren, weiters haben sie nicht immer eine langfristige Bindung zum Unternehmen (mit Ausnahme der Berater, die das Unternehmen laufend beraten). Dennoch kann es auch zu Auseinandersetzungen zwischen den externen Fachkräften der beiden Parteien kommen. Meistens stellen diese „fachliche Wettkämpfe" dar. Zu beachten ist, dass sie nicht – auf Kosten der beiden Auftraggeber – ausarten.

Es sollte allen, die an einer Betriebsübergabe oder Betriebsübernahme mitarbeiten, klar sein, dass mit der Durchführung Menschen befasst sind. Jeder Mensch geht persönlichen Zielen nach, der eine verfolgt diese sachlich, objektiv, neutral, der andere sehr emotional. Dennoch sollten stets die Sachlichkeit und gegenseitige Wertschätzung im Vordergrund stehen, um das Ziel der Unternehmenstransaktion nicht zu gefährden. Dies bedeutet freilich nicht, dass nicht hart verhandelt werden darf.

C. Führung von Verhandlungen

Im Zuge einer Unternehmenstransaktion gibt es in der Regel zwei Verhandlungsphasen für die beiden Parteien.

Die **erste Verhandlungsphase** setzt im Rahmen der beidseitigen Interessenbekundung (LoI)[140] am Ende der Planungsphase ein. Diese umfasst die grundlegende Einigung über die Punkte des LoI.[141]

---

140 Auch wenn die Interessenbekundung einseitig erfolgt, gehen dieser in der Regel Verhandlungen voran. Im Rahmen einer „auktions-"ähnlichen Unternehmenstransaktion kann es auch möglich sein, dass die einseitige Interessenbekundung ohne vorhergehende Verhandlungen erfolgt; dies ist jedoch ein Spezialfall, der meistens nur in größeren Unternehmen eintritt.

141 In weiterer Folge ebenso möglich MoU, siehe Kapitel III.L.

C. Führung von Verhandlungen

Die **zweite Verhandlungsphase** schließt an das Ende der Due Diligence in der Durchführungsphase an, unter der Voraussetzung, dass beide Parteien weiterhin ihr Interesse an der Unternehmenstransaktion bekunden. Die zweite Verhandlungsphase ist deutlich intensiver als die erste. Sie umfasst die Einigung über alle Vertragspunkte, die letztendlich zu einer Unterzeichnung der Kauf- und Verkaufsverträge und damit zu einem positiven Abschluss der Unternehmenstransaktion führen.

Für den Fall, dass eine oder beide Parteien das gemeinsame Vorhaben vor oder während der Verhandlungen abbrechen (grundsätzlich kann ein Abbruch sowohl vor als auch nach einem LoI von jeder Partei vorgenommen werden)[142], sind die verbindlichen Regelungen aus der Vertraulichkeitserklärung und/oder dem LoI zu beachten. Diese betreffen vor allem die Rückgabe und/oder Vernichtung der erhaltenen Unterlagen sowie die weitere Einhaltung der Vertraulichkeit und der Geheimhaltung.

Ziel der Verhandlungen ist es, über offene Punkte eine Einigung bzw ein gemeinsames Verständnis zu erzielen und diese in einer oder mehreren schriftlichen Vereinbarungen (LoI, Kauf- und Verkaufsvertrag sowie anderen mit der Unternehmenstransaktion verbundenen Vereinbarungen) festzuhalten. Die nachfolgenden Ausführungen gelten sowohl für die erste als auch für die zweite Verhandlungsphase.

Das **Verhandlungsteam** setzt sich üblicherweise aus mehreren Personen zusammen. Abhängig von der Größe des Unternehmens, der Komplexität und dem Einverständnis der beiden Parteien über das Transaktionsvorhaben besteht das Verhandlungsteam in der Regel aus nachfolgenden Personen bzw Personengruppen:

- Übergeber und Übernehmer (die Entscheidungsträger)
- Verhandlungsführer auf einer oder beiden Seiten
- Rechtsexperte(n) auf beiden Seiten
- Andere Experten auf beiden Seiten, soweit notwendig (Steuern, Technik, Mitarbeiter etc)

Der Übergeber und der Übernehmer bilden in der Regel als **Entscheidungsträger** die Speerspitze der beiden Verhandlungsteams. Übergeber und/oder Übernehmer müssen jedoch nicht zwangsläufig an allen Verhandlungen persönlich teilnehmen. Es kann fallweise auch hilfreich sein, wenn Detailverhandlungen den Experten überlassen werden, jeweils Rücksprachen über den Fortschritt der Verhandlungen erfolgen und Übergeber und/oder Übernehmer nur bei den wichtigen Vertragspunkten in die Verhandlungen einbezogen werden.

Ein Entscheidungsträger (Übergeber oder Übernehmer), der nur bei den wichtigen Themen *in Erscheinung tritt*, hat einen anderen (Macht-)Auftritt als ein Entscheidungsträger, der an allen Meetings teilnimmt und sich in einer Fülle von Details verstrickt.[143] Gerade bei den Verhandlungen kommt den Faktoren

---

142 Im Detail ist auf die Regelungen im LoI bzw MoU zu achten; grundsätzlich haben diese größtenteils keinen verbindlichen Charakter, mit Ausnahme der Regelungen über die Vertraulichkeit und Geheimhaltung. Siehe dazu auch Kapitel III.L.
143 Siehe dazu auch Kapitel IV.A.

- Macht,
- Auftritt,
- Stärke/Schwäche,
- Kleidung, Aussehen und
- Stimme

wesentliche Bedeutung zu. In vielen Fällen sind diese Soft Facts wichtiger als jegliche Hard Facts. Generell ist immer auf eine gesundes Verhältnis zwischen Soft und Hard Facts zu achten.

Es ist daher durchaus in der Praxis auch üblich, dass Entscheidungsträger nur Experten in die Verhandlungen entsenden, die auf Basis der Vorgaben des Entscheidungsträgers das Grundgerüst der Vereinbarungen schriftlich erfassen. Die *vorläufige* Einigung zwischen den Experten beider Seiten erfolgt dann stets unter dem **Vorbehalt**, dass der jeweilige Entscheidungsträger[144] diesen Punkten nachträglich zustimmt. Damit behält dieser den Spielraum und schafft sich Bedenkzeit.

Unabhängig davon, ob der Entscheidungsträger an den Verhandlungen teilnimmt oder nicht, sollten die **Verhandlungen** immer von einer *auf diesem Gebiet* erfahrenen Person **geführt** werden. Empfehlenswert ist ein Experte, der einerseits über Kenntnis und Erfahrung auf dem Gebiet der Unternehmenstransaktionen, andererseits über Verhandlungserfahrungen beim Kauf und Verkauf von Unternehmen verfügt. Die Führung von Verhandlungen ist ein hochsensibles Thema im Rahmen des Transaktionsprozesses, wo sehr viel Geld[145] geholt oder liegen gelassen werden kann (Nutzen). Ebenso besteht die Gefahr, dass viele wichtige Punkte vergessen werden (Risiken), die in den meisten Fällen erst nach der erfolgten Transaktion (und damit zu spät) erkannt werden. Daher sind hier insbesondere umfassende Erfahrung, einschlägige Fachkenntnis und ein guter Instinkt gefragt.

Für die schriftlichen Vereinbarungen sollte jedenfalls auf beiden Seiten ein **Rechtsexperte**, der über einschlägige Kenntnisse auf dem Gebiet der Unternehmenstransaktionen verfügt, vorhanden sein. Es wird dringend davon abgeraten, Verträge im Rahmen einer Unternehmenstransaktion ohne vorhergehende Konsultation eines Rechtsexperten zu verhandeln und zu unterzeichnen. Auch bei Kleinstunternehmen sollte zumindest der Vertrag von einem Rechtsexperten gesichtet werden, bevor er unterzeichnet werden soll.

Die Grundstrukturierung der schriftlichen Vereinbarungen nimmt in der Regel zunächst einer der Rechtsexperten der Parteien auf Basis der Vorgaben vor.[146] Offene Punkte werden gemeinsam mit den Entscheidungsträgern oder deren Vertretern festgelegt und in weiterer Folge verhandelt. Fallweise werden wohl auch **andere Experten** (zB

---

144 Bei Mittelunternehmen sollte vorab eindeutig festgelegt werden, wer der/die Entscheidungsträger der anderen Verhandlungspartei ist/sind, vor allem wenn ein Unternehmen von mehreren Führungsorganen geleitet wird. Zu klären sind ebenso sogenannte informelle Entscheidungsträger, das sind jene Personen, die sprichwörtlich „im Hintergrund die Fäden ziehen".
145 Jegliche Gegenleistungen und Risiken haben einen Wert, dieser kann in der Regel in Geld ausgedrückt werden.
146 Zum genauen Vorgang siehe Kapitel IV.E.

Steuern, Technik) in die Verhandlungen hinzugezogen. Von Vorteil ist es, wenn diese Experten direkt oder indirekt auch in die Due Diligence einbezogen waren und damit über die entsprechenden Vorkenntnisse verfügen. Zu den Experten zählen in diesem Sinn auch Mitarbeiter, die in das Projekt der Unternehmenstransaktion eingebunden sind.

Ein Verhandlungsteam verursacht wie auch ein Due-Diligence-Team entsprechende Kosten, diesen stehen jedoch die Risiken und der Nutzen gegenüber. Es ist daher von Fall zu Fall abzuwägen, welche Experten an den Verhandlungen teilnehmen sollen.

Als **Verhandlungsort** ist ein ruhiger und neutraler Ort zu empfehlen. Je nach Anzahl und Arbeitsweise der Verhandlungsteilnehmer sollte auf genügend Platz und die technische Raumausstattung geachtet werden, empfehlenswert sind beispielsweise Rechtskanzleien oder Büroräumlichkeiten von anderen Beratern. Grundsätzlich können Verhandlungen aber auch beim Übergeber oder beim Übernehmer stattfinden, hier besteht jedoch stets die Gefahr, dass die Mitarbeiter beeinträchtigt und verunsichert werden.[147]

In der Regel sind mehrere **Verhandlungsrunden** notwendig, um zu einem Abschluss der schriftlichen Vereinbarungen zu gelangen. Dies hängt von der Größe des Unternehmens, der Anzahl der Vereinbarungen, der Komplexität sowie dem Einverständnis und der Zielorientierung beider Parteien ab. Vor jeder Verhandlung sollte zwischen den Parteien geklärt werden, was Thema der konkreten Verhandlung ist, damit einerseits die entsprechenden Experten anwesend sind und andererseits keine zu hohen Erwartungen geschürt werden.

Jede Partei sollte sich auf die konkreten **Verhandlungen vorbereiten**, hilfreich ist es, die Ziele vorab im Verhandlungsteam zu besprechen, mögliche Ansatzpunkte intern festzuhalten und „Wenn-dann"-Szenarien zu entwickeln (zB: Wenn für den Übergeber ein Asset Deal nicht in Frage kommt, dann müssen beim Share Deal die Risiken der Gesellschaft neu bewertet und der Kaufpreis dementsprechend verringert werden.).

Im Rahmen der Verhandlungen ist immer auf eine **zielgerichtete und konstruktive Vorgehensweise** zu achten, diese hängt weitgehend von der Verhandlungsführung auf beiden Seiten ab (*„Verhandlungen sollten nicht im Sand verlaufen"*). Aus verhandlungstaktischen Gründen sollten am Beginn der jeweiligen Verhandlung einfache, *mit wenig Aufwand zu bearbeitende Punkte* geklärt werden; dies unterstützt das gemeinsame Verständnis und Ziel und signalisiert einen Fortschritt in den Verhandlungen. Erst im Anschluss, sozusagen nach dem *„Warmlaufen"*, sollten die *schwierigen Punkte* verhandelt werden. Wenn bei diesen keine Einigung erzielt wird, kann dennoch auf den positiven Verlauf der Verhandlungen verwiesen werden.

Wenn das Weiterkommen durch **festgefahrene Positionen** der Verhandlungspartner erschwert wird, ist es sinnvoll, die weitere Verhandlung zu vertagen. Dies gibt beiden Parteien die Möglichkeit, die Positionen zu überdenken und eventuell neue, andere Vorschläge einzubringen. Gerade festgefahrene Positionen lösen sich schwer auf, da kei-

---

147 Siehe dazu auch Kapitel IV.A. und Kapitel V.B. Zusätzlich stellt sich die Frage, ob in diesen Fällen die Vertraulichkeit und die Geheimhaltung gewahrt bleiben.

IV. Durchführung

ne Partei bereit ist nachzugeben, da sie damit auch Verhandlungsschwäche signalisieren würde. Diese Positionen können in der Regel aber mittels *neuer, anderer* Vorschläge oder durch den Eintausch von anderen noch offenen Punkten (zB: die Partei A gibt beim Preis nach, dafür erhöht die Partei B den Umfang der Garantien) gelöst werden.

Das Ziel der Verhandlungen soll zwar klar vorgegeben sein, der Weg dorthin verlangt jedoch beiden Seiten **Kreativität** ab, andere Wege zu gehen, wenn die bisherigen Wege blockiert scheinen. Effiziente Wege sind gegeben, wenn sie für beide Parteien von Vorteil sind, es ist daher empfehlenswert, „**Win-win**"**-Situationen** anzustreben und sich damit dem Verhandlungsziel schrittweise zu nähern.

Die Verhandlungsparteien sollten keine Ängste und/oder übergroßen Erwartungen zeigen. **Angst und Gier** blockieren Denkweisen und verhindern damit kreative Lösungen. Ein Übernehmer beispielsweise, der ein Unternehmen unbedingt und um jeden Preis kaufen will, wird zwar erfolgreich zum Ziel gelangen, die Frage ist nur, um welchen Preis. Gerade in diesen Fällen sind die Verhandlungen ein leichtes Unterfangen für den anderen Verhandlungspartner, denn dieser braucht nur die Ruhe zu bewahren, da der Übernehmer gegen sich selbst bietet. Gerade die Fähigkeit, nicht oder nur wenig zu kommunizieren, kann dabei eine sehr effiziente Verhandlungsstrategie sein.

Eines der wichtigsten Mittel in Verhandlungen sind **Alternativen**. Ein Übergeber, der aus gesundheitlichen Gründen verkaufen muss und nur einen einzigen Bieter hat, ist diesem in der Regel ausgeliefert. Ebenso ist ein Übernehmer dem Übergeber ausgeliefert, wenn er erkennen lässt, dass der Betrieb des Übergebers das „einzig Wahre" ist. Auch fiktive Alternativen sind Alternativen, nur sollten diese auch glaubhaft kommuniziert werden.[148] Gerade in Verhandlungen ist es wichtig, *Fakten und Alternativen* im richtigen Maß und Zeitpunkt gezielt einzusetzen.

Die Verhandlungsgespräche und deren Ergebnisse sollten zeitgleich oder zeitnah protokolliert werden. Eine effiziente Vorgangsweise ist es, die wesentlichen Punkte und Vereinbarungen während der Verhandlungen mitzuschreiben, am Schluss der Verhandlungen zu wiederholen, zusammenzufassen und in einem **Verhandlungsprotokoll** festzuhalten, das beide Parteien erhalten.[149] Dies unterstützt beide Seiten, indem etwaige Missverständnisse umgehend ausgeräumt und die wesentlichen Eckpunkte Schritt für Schritt festgehalten werden.

Für den Fall, dass Verhandlungen trotz demonstrativ gutem Willen, entsprechender Kreativität und einschlägiger Bemühungen offensichtlich nicht zum gewünschten Ziel führen oder von einer Partei bewusst einseitig geführt werden, sollte ein **Abbruch** der Verhandlungen angedacht werden. Es geht vor allem darum, Grenzen aufzuzeigen. Wenn Grenzen überschritten werden, sollte die benachteiligte Partei auch den Mut haben, die Verhandlungen abzubrechen. Dieser Entschluss und seine Durchführung hängen jedoch sehr stark von den **Alternativen** ab.

---

148 Siehe dazu auch Kapitel II.C.
149 Eine andere Möglichkeit ist, dass die Einigungen der Verhandlungspartner direkt in den Vertragstext aufgenommen werden.

Abschließend die **wichtigsten Punkte für Verhandlungen**, die sowohl die Seite des Übergebers als auch die des Übernehmers betreffen:

- **Verhandlungsvorbereitung**
  - Vorbereitung auf die Verhandlungen im Verhandlungsteam
  - Denken in Szenarien
  - Alternativen aufzeigen und/oder schaffen
  - Grenzen diskutieren (Transaktionskriterien)
  - Wahl der passenden Kleidung für die Verhandlungen[150]
- **Verhandlungsteam**
  - Erfahrene und fachkundige Experten (insbesondere Rechtsexperten) einsetzen
  - Verhandlungsführer bestimmen
  - Die Anwesenheit des Entscheidungsträgers behutsam einsetzen
- **Verhandlungsort**
  - Ruhiger Raum, mit ausreichend Platz und geeigneter Infrastruktur
  - Neutralen Ort wählen (soweit möglich nicht beim Übergeber und nicht beim Übernehmer)
- **Verhandlungsablauf**
  - Mit den wenig aufwendigen, weniger problematischen Punkten beginnen
  - Wertschätzend miteinander umgehen
  - Verhandlungspausen schaffen
- **Verhandlungsstrategie**
  - Zielgerichtetes und konstruktives Vorgehen
  - Kreativität
  - Keine Ängste oder übergroße Erwartungen zeigen
  - Keine Überaktivitäten zeigen
  - Ruhe bewahren und abwarten
  - Schaffung von Win-win-Situationen
  - Alternativen aufzeigen
  - Mut zum Abbruch bei Einseitigkeit
- **Verhandlungsprotokolle**
  - Schriftliche Protokollierung bereits während der Verhandlungen
  - Wiederholung von erzielten Einigungen, gemeinsames Verständnis schaffen
  - *Gemeinsame* Zusammenfassung aller vereinbarten Eckpunkte am Ende
  - Aussendung des Verhandlungsprotokolls und Bestätigung durch die andere Verhandlungspartei

---

[150] Die Kleidung ist ein ebenso wichtiger Faktor in Verhandlungen. In der Regel ist es empfehlenswert, sich an die Kleidung der jeweils stärkeren Partei anzupassen (zB wenn als Übernehmer ein Mittelunternehmen auftritt, in dem Businesskleidung üblich ist, sollte sich der Übergeber – auch wenn er ein Kleinunternehmen vertritt – diesem Dresscode anpassen).

D. Kauf- und Verkaufspreis

Der Kauf- und Verkaufspreis ist einer der wesentlichsten Bestandteile in einem Kauf- und Verkaufsvertrag. Er bildet die Gegenleistung des Übernehmers an den Übergeber für den übernommenen Betrieb.

Der Kauf- bzw Verkaufspreis ist der Betrag (Wert), der nach der **Einigung zwischen Übergeber und Übernehmer** effektiv für das Unternehmen in Summe bezahlt wird. Der Unternehmenswert dagegen bildet *die Basis* für die Kaufpreisverhandlungen und wird aus einem empirischen Rechenmodell aufgrund von subjektiven Wertvorstellungen des Übergebers bzw des Übernehmers ermittelt (siehe dazu Kapitel III.D. Unternehmensbewertung).

Der **Übergeber** hat eine subjektive Wertvorstellung von seinem Unternehmen (subjektiver Unternehmenswert). Das ist jener Wert, den der Übergeber auf Basis seiner Bewertung[151] als Verkaufspreis erhalten will. Darüber hinaus hat er eine **Preisuntergrenze**. Unter diesem Wert ist er nicht bereit, sein Unternehmen zu veräußern, bzw bieten sich auch Alternativen an, wie andere Kaufangebote, die Fortführung des Unternehmens oder beispielsweise auch die Liquidation des Unternehmens. Der Übergeber hat den Wunsch, seinen Betrieb möglichst weit über seiner Preisuntergrenze zu veräußern.[152]

Der **Übernehmer** hat das Unternehmen im Rahmen der Due Diligence sorgfältig geprüft, analysiert und bewertet. Er misst dem Unternehmen im gegenwärtigen Zustand (*Stand-Alone Value*)[153] und auf Basis seiner Bewertung[154] einen subjektiven Wert bei (subjektiver Unternehmenswert). Darüber hinaus sieht der potentielle Übernehmer ein Wertsteigerungspotential durch Verbesserungen und Synergien. Die Summe aus dem beigemessenen Wert im gegenwärtigen Zustand und dem Wertsteigerungspotential abzüglich der Transaktionskosten (Beratungskosten, Gebühren, Kosten für die Transformation bzw Integration etc) stellt die **Preisobergrenze** für den Übernehmer dar. Der Übernehmer hat den Wunsch, den Betrieb möglichst weit unter seiner Preisobergrenze zu erwerben.

Die Differenz zwischen den Preisgrenzen von Übergeber und Übernehmer stellt den **Einigungsbereich** dar. Innerhalb dieser Grenzen kann es zu einer Einigung über den Kauf- und Verkaufspreis kommen. Abbildung 7 veranschaulicht die jeweiligen subjektiven Unternehmenswerte, die Preisgrenzen sowie den Einigungsbereich.

---

151 Gemeint ist die Bewertung durch den Experten, der vom Übergeber beauftragt wurde.
152 Die Preisuntergrenze kann in manchen Fällen auch ident mit der subjektiven Wertvorstellung sein.
153 Sinngemäß übersetzt: der „eigenständige oder selbstständige Wert des Unternehmens". Wenn ein Unternehmen ein anderes Unternehmen kauft, steigt in der Regel der Wert des gekauften Unternehmens aufgrund der nutzbaren Synergien. Der Stand-Alone Value bezeichnet ausschließlich den Wert des eigenständigen Unternehmens ohne mögliche Synergien.
154 Gemeint ist die Bewertung durch den Experten, der vom Übernehmer beauftragt wurde.

D. Kauf- und Verkaufspreis

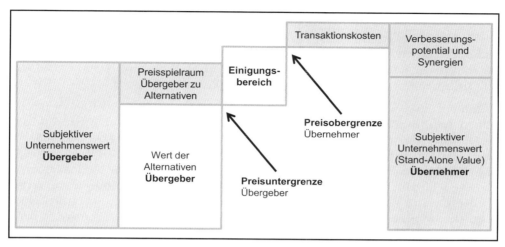

Abbildung 7: Preisgrenzen für Übergeber und Übernehmer

Das **Erstgebot** sollte sich aus psychologischen Gründen für den Übergeber deutlich *über* der Preisuntergrenze und für den Übernehmer deutlich *unter* der Preisobergrenze bewegen. Vorsicht ist bei deutlich überzogenen Preisvorstellungen geboten. Die andere Partei könnte die Ernsthaftigkeit der Verhandlungen in Frage stellen und den Verhandlungstisch verlassen. Ein Erstangebot sollte daher gut überlegt sein, da es richtungsweisend sein kann für den Fall, dass die andere Partei keine wesentlichen Überlegungen über Preis- und Wertgrenzen angestellt hat.[155]

Der **Übergeber** sollte insbesondere vor den konkreten Kaufpreisverhandlungen in der Strategie- oder Planungsphase die steuerlichen Auswirkungen der möglichen Verkaufspreise von einem Steuerexperten überprüfen lassen. Je nach Transaktionsstruktur und Verkaufspreisgestaltung kann es zu unterschiedlichen steuerlichen Belastungen für den Übergeber oder sein Unternehmen kommen. Vor allem sollte man sich vor Augen halten, dass – im Falle einer Versteuerung[156] – der Veräußerungsgewinn aus dem Verkauf der Gesellschaft im Rahmen eines Share Deal *beim Gesellschafter* und der Veräußerungsgewinn aus dem Verkauf von Vermögensgegenständen und Schulden im Rahmen eines Asset Deal *in der Gesellschaft* zu versteuern ist. Hier kann es zu deutlichen Vor- oder Nachteilen beim Übergeber kommen, insofern sind eventuelle Nachteile, die auf ausdrücklichen Wunsch des Übernehmers entstehen, in die Preisüberlegungen und Preisgrenzen des Übergebers einzukalkulieren.

Der **Übernehmer** sollte vorab die Finanzierung des Kaufpreises klären, sofern diese nicht ausschließlich aus eigenen vorhandenen Mitteln erfolgen kann. Der Übergeber kann diesbezüglich auch einen entsprechenden Finanzierungsnachweis anfordern, um die Ernsthaftigkeit der Verhandlungen sicherzustellen. Weiters sollte der Übernehmer

---
155 Mit der Nennung des ersten Wertes wird ein wichtiger Eckpunkt (Pfeiler) fixiert, da dieser, abhängig davon, von welcher Seite er kommuniziert wird, den untersten oder den obersten Wert darstellt.
156 Abhängig von der jeweiligen nationalen Steuergesetzgebung.

die bilanziellen und steuerlichen Auswirkungen des konkreten Unternehmenserwerbs vorab von einem Experten prüfen lassen.[157]

Auf beiden Seiten ist im Rahmen der Verhandlungen stets auf die Unterscheidung und die einheitliche Verwendung des Begriffes Brutto- und Nettounternehmenswert zu achten (siehe Kapitel III.D. Unternehmensbewertung).

Wurde ein Erstgebot kommuniziert, wird in der Regel die andere Partei ein Angebot anführen, welches in die entgegengesetzte Richtung dieses Erstgebots tendiert. Auf Basis dessen kann nun im Rahmen der Verhandlungen eine **Annäherung** auf beiden Seiten beginnen. Annäherungen sollten grundsätzlich in kleinen Schritten erfolgen und nicht ausschließlich auf den Kaufpreis fixiert sein. Daher sollten bereits vor Verhandlungsbeginn verschiedene **Tauschmöglichkeiten und/oder alternative Modelle** vorbereitet werden, die dem Verhandlungspartner als Optionen angeboten werden können. Gerade alternative Modelle, wie beispielsweise Ratenzahlungen, Earn-out-Regelungen[158], Beratungsverträge oder Optionsmodelle, können Kauf- und Verkaufspreisdifferenzen in der Regel überwinden, sofern sich die Preisvorstellungen nicht eklatant unterscheiden.

E. Kauf- und Verkaufsvertrag

Der erste schriftliche **Vertragsentwurf** kann sowohl von der Seite des Übergebers als auch von der des Übernehmers vorbereitet werden. In der Regel ist der erste Vertragsentwurf mit einem entsprechenden Zeitaufwand und Kosten für die Rechtsberatung und Vertragsgestaltung verbunden. Dennoch verfügt die Partei, die den ersten Vertragsentwurf erstellt, über den Vorteil, dass sie in den Verträgen bereits eine von ihr gewünschte Struktur vorgeben kann.

Sobald der erste Entwurf mit dem Entscheidungsträger (und den anderen Mitgliedern des Verhandlungsteams) abgestimmt ist, ergeht er an die andere Vertragspartei. Diese bespricht den ersten Entwurf im Verhandlungsteam und nimmt entsprechende Korrekturen vor (zweiter Entwurf). In den einzelnen Verhandlungsrunden (siehe Kapitel IV.C.) werden die vorliegenden Entwürfe besprochen, geändert und erweitert, bis sich beide Parteien auf einen gemeinsamen Vertragstext über alle notwendigen Vereinbarungen geeinigt haben.

Jegliche Korrekturen sollten aus Gründen der Effizienz immer im **Korrekturmodus** (Mark-up-Modus) erfolgen. Ein Korrekturmodus ist in den heute gebräuchlichen Schreibprogrammen vorhanden und kennzeichnet alle vorgenommenen Änderungen im Text. Dies erleichtert die Lesbarkeit für alle nachfolgenden Entwürfe, da nicht immer der gesamte Text, sondern nur die Änderungen gelesen werden müssen.

Im Rahmen einer Betriebsübergabe und Betriebsübernahme können mehrere verschiedene Verträge notwendig oder gewünscht sein. Dies hängt weitgehend von der Transak-

---

[157] Zu prüfen sind insbesondere Auswirkungen in den Bilanzen, wenn der Käufer ein Unternehmen ist, sowie die steuerliche Absetzbarkeit von Finanzierungszinsen.
[158] Earn-out-Regelungen sehen den Kaufpreis abhängig von zukünftigen Ereignissen. Siehe dazu Kapitel IV.E.

tionsstruktur, der Höhe des Anteilsverkaufs und/oder einer weiteren Zusammenarbeit mit dem Verkäufer (zB Beratervertrag, Syndikatsvertrag) ab. Details sollten immer mit einem Rechtsexperten besprochen werden. Nachfolgend wird daher lediglich auf die wesentlichen Inhalte eines Kauf- und Verkaufsvertrages eingegangen.

1) **Vertragsparteien**
   Die beiden Vertragsparteien sind genau zu bezeichnen, insbesondere ist bereits vorab zu beachten, ob Verkäufer oder Käufer eine Person oder eine Gesellschaft ist.

2) **Vertragsgegenstand**
   Vertragsgegenstand können einzelne Vermögensgegenstände und einzelne Schulden, die gesamten Vermögensgegenstände und Schulden (Asset Deal) oder eine Gesellschaft (Share Deal) sein. Werden nur einzelne ausgewählte Vermögensgegenstände (und Schulden) erworben, ist insbesondere zu beachten, welche Pflichten aus bestehenden Verträgen (wie zB Mitarbeiter) auf den Erwerber übergehen.

3) **Kauf- und Verkaufspreis, Gegenleistung**
   Grundsätzlich wird die Gegenleistung in einem Geldwert ausgedrückt. Denkbar sind aber auch Tauschwerte oder die Leistung einer Rente. Neben einem fixen Kaufpreis kann auch ein variabler Kaufpreisbestandteil vereinbart werden, dieser kann beispielsweise von den künftigen Erträgen des Unternehmens innerhalb eines bestimmten Zeitraums abhängen (sogenannte „Earn-out-Klauseln" – je höher die künftigen Erträge, desto höher der variable Kaufpreis, je niedriger die künftigen Erträge, desto niedriger der variable Kaufpreis).
   Zu beachten ist immer, ob der Kaufpreis in Bezug auf den Unternehmenswert inklusive oder exklusive Nettofinanzverschuldung definiert ist (siehe Kapitel III.D. Unternehmensbewertung) und zu welchem Stichtag die Nettofinanzverschulden vom Unternehmenswert in Abzug zu bringen sind. Die Zahlung erfolgt üblicherweise mit dem rechtswirksamen Übergang des Kaufgegenstandes (Vollzug), möglich sind aber ebenso Ratenzahlungen oder Kaufpreisrückbehalte seitens des Übernehmers für Gewährleistungen, Garantien und/oder Haftungen.

4) **Übergabestichtag**
   Der Übergabestichtag ist der Stichtag, mit welchem der Betrieb dem Übernehmer wirtschaftlich zugerechnet werden soll. Insbesondere sind hier steuerliche und bilanzielle Besonderheiten zu berücksichtigen.

5) **Haftungen**
   Der Käufer übernimmt neben den Rechten auch die Pflichten eines Unternehmens und tritt in die Vertragsverhältnisse mit Dritten ein (sofern hier nicht andere rechtlich zulässige Regelungen vereinbart werden). Ein Unternehmenserwerber haftet grundsätzlich für alle unternehmensbezogenen Schulden, die er kannte oder kennen musste.

6) **Gewährleistungen**
   Gewährleistung ist die Verpflichtung des Schuldners (Betriebsübergebers), für Mängel einzustehen, die eine Leistung zum Zeitpunkt ihrer Erbringung aufweist und dem Erwerber offenkundig nicht bekannt war (Due Diligence). Mangel ist die Abweichung der tatsächlich erbrachten Leistung von der geschuldeten.

7) **Garantien**
Der Übergeber garantiert, dass der Kaufgegenstand bestimmte Eigenschaften aufweist. Der Unterschied zur Gewährleistung besteht darin, dass es sich bei der Garantie um eine vertragliche und bei der Gewährleistung um eine gesetzliche Verpflichtung handelt. Eine Garantie muss also vereinbart werden, eine Gewährleistung besteht – mangels abweichender Vereinbarung – aufgrund des Gesetzes.

8) **Kaufpreissicherstellung**
Je nach der Höhe des Kaufpreises, ist die vorausgehende Überweisung auf ein Treuhandkonto (meist Notar oder Bank) sinnvoll, sodass eventuelle Zahlungsschwierigkeiten oder -verzögerungen des Übernehmers von vorhinein ausgeschlossen werden. Das Guthaben wird mit einem meist geringen Zinssatz verzinst, zu beachten sind jedoch die Einrichtungskosten und Gebühren bei Notar oder Bank, die je nach Betrag deutlich höher als die Zinsen ausfallen können.

9) **Wettbewerbsverbot**
Der Übergeber garantiert dem Übernehmer, im Geschäftszweig des Übergabebetriebes nicht unmittelbar ein neues gleichartiges Unternehmen zu eröffnen (oder sich an einem gleichartigen Unternehmen zu beteiligen). Wettbewerbsverbote sind insbesondere nach ihrer rechtlichen Wirksamkeit zu überprüfen.

10) **Aufschiebende Bedingungen**
Aufschiebende Bedingungen sind Bedingungen, die für den Vollzug des Kauf- und Verkaufsvertrages erfüllt sein müssen (siehe Kapitel IV.F.). Meistens gibt es solche, wenn Klein- oder Mittelunternehmen von größeren Unternehmen gekauft werden. Diese benötigen für die Unternehmenstransaktion die Zustimmung des Aufsichtsrates bzw Verwaltungsrates sowie je nach Marktausdehnung eine Genehmigung durch die Kartellbehörden. Ebenso möglich sind Zustimmungsrechte anderer Parteien, wenn diesbezügliche Vereinbarungen vorliegen.

Sowohl Übergeber als auch Übernehmer sollten für die Transaktion einen *eigenen* **Rechtsexperten** für die Rechtsberatung und die Vertragserstellung heranziehen. Die Kosten für die Rechtsberatung stehen in keinem Verhältnis zum möglichen Risiko. In der Praxis fallweise für beide Seiten gemeinsam auftretende Rechtsberater (insbesondere aus Kostenersparnisgründen bei Kleinunternehmen) machen wenig Sinn, da sie weder die eine Seite noch die andere gebührend vertreten können.

F. Abschluss der Transaktion

Nach Abschluss der Verhandlungen und Einigung über die Verträge erfolgt die Unterzeichnung des Kauf- und Verkaufsvertrages (auch „**Signing**" genannt)[159] sowie allfälliger weiterer Vereinbarungen zwischen dem Übergeber und dem Übernehmer. Die Unterzeichnung der Verträge muss nicht zugleich den rechtswirksamen Übergang des Unternehmens auf den Übernehmer bedeuten. Sofern aufschiebende Bedingungen[160] gegeben oder vereinbart sind, erfolgt der Vollzug erst mit deren Erfüllung (auch „**Closing**" genannt).[161]

---

159 Übersetzt: Unterzeichnung.
160 Siehe Kapitel IV.E.
161 Übersetzt: Abschluss.

Die Zeitspanne zwischen Signing und Closing kann daher durchaus auch einige Monate betragen. In dieser Zeit ist insbesondere auf die **Geschäftsführung des Übergabebetriebes** zu achten. Da der Vollzug der Verträge unter einer aufschiebenden Bedingung steht, ist der Übergeber weiterhin Eigentümer des Betriebes. Damit ist er auch für die Führung der Geschäfte verantwortlich. Üblicherweise erfolgt die Fortführung der Geschäfte „wie bisher, in Übereinstimmung mit der vergangenen Praxis" (*„in ordinary course of business"*) mit der Einschränkung, dass größere Vorhaben (wie beispielsweise größere Investitionen) vorübergehend nicht oder nur in Abstimmung mit dem Übernehmer getätigt werden.

Der Abschluss der Transaktion ist ein großer Schritt nach langer und intensiver Arbeit der beiden Teams von Übergeber und Übernehmer. Dementsprechend sollte dieser Anlass auch gemeinsam und/oder in den einzelnen Teams gewürdigt werden (insbesondere Dank an die Teammitglieder für die erfolgreiche Zusammenarbeit).

Der Vertragsabschluss bedeutet jedoch **nicht das Ende der Unternehmenstransaktion**. Gerade Übernehmer und Berater sollten davor gewarnt sein, sprichwörtlich die Hände in den Schoß zu legen und die weitere Entwicklung abzuwarten. Gerade knapp nach einer erfolgten Betriebsübergabe ist eine Vielzahl von Schritten zu setzen, um die Stakeholder (vor allem Mitarbeiter, Kunden, Lieferanten) zu halten, eine neue Beziehung mit ihnen aufzubauen und das Unternehmen erfolgreich in die Zukunft zu führen. Diesen Themen widmen sich die nachfolgenden Kapitel.

G. Interne Kommunikation einer abgeschlossenen Transaktion

In der Regel ist die Mehrheit der Mitarbeiter, sowohl auf der Seite des Übergebers als auch auf der des Übernehmers[162], in die Betriebsübergabe/Betriebsübernahme nicht eingebunden und damit auch nicht informiert.[163] Sofern einzelne Mitarbeiter an der Transaktion beteiligt waren (zB Due Diligence), waren und sind diese an die Geheimhaltung im Rahmen der Vertraulichkeitsvereinbarung gebunden. Die interne Kommunikation einer abgeschlossenen Transaktion beschreibt nunmehr die Information an alle **Mitarbeiter nach Unterzeichnung** (Signing) des Kauf- und Verkaufsvertrages im eigenen Unternehmen (sowohl Übergeber als auch Übernehmer).[164]

Grundsätzlich sind in der Praxis verschiedene **Kommunikationsmittel** wie E-Mail-Aussendung, schriftlicher Aushang, Betriebsversammlung oder persönliche Gespräche einsetzbar. Gerade in Klein- und Mittelunternehmen sollte der persönliche Kontakt jedoch bevorzugt werden, da Botschaften klar vermittelt werden können und eine Kommunikation in beide Richtungen[165] ermöglicht wird. Die Mitarbeiter sollten Informationen über eine erfolgte Betriebsübergabe oder Betriebsübernahme keinesfalls von außen

---

162 Unter der Annahme, dass Übernehmer ein Unternehmen und nicht eine physische Person (zB Jungunternehmer) ist.
163 Siehe dazu auch Kapitel III.G.
164 Auch wenn aufschiebende Bedingungen vorhanden sind, sollte die Information an die Mitarbeiter nicht erst mit dem Closing, sondern mit dem Signing ergehen.
165 Dem gegenüber steht die einseitige Kommunikation (zB schriftlicher Aushang oder Aussendung per E-Mail), die eine Antwort des Informationsempfängers in der Regel nicht zulässt.

(zB Presse, Kunden oder Lieferanten) erhalten, da sie einen wichtigen Teil des Unternehmens repräsentieren und daher an erster Stelle der Informationskette stehen sollten.

Die **Mitarbeiter des Übergebers** werden von der Information über den Verkauf des (eigenen) Unternehmens in der Regel am stärksten betroffen sein. Daher sollte hier mit besonderer Sensibilität vorgegangen werden. Empfehlenswert ist eine kurzfristig einberufene Betriebsversammlung, in der der Übergeber (und die Unternehmensleitung)[166] über den Hintergrund, die Fakten und die Zukunft informiert und den Mitarbeitern für die bisherige Zusammenarbeit dankt. Die Informationen (mündlich und/oder schriftlich) sollten zumindest nachfolgende Punkte beinhalten:

1) Hintergrund

Dieser Punkt umfasst insbesondere Informationen über die Hintergründe (Motive) der Betriebsübergabe (zB Altersgründe, Krankheit, finanzielle Schwierigkeiten, Marktänderungen). Mitarbeiter wollen Veränderungen verstehen. Sie werden zwar mit Tatsachen konfrontiert, jedoch erleichtert das Verstehen der Hintergründe, die Tatsachen zu verarbeiten. Ein Übergeber sollte *ehrliche Worte* an die Mitarbeiter richten. In der Regel sind die Mitarbeiter über die Lage des Unternehmens sehr gut informiert und/oder haben einen guten Spürsinn. Unzutreffende Erklärungen sind damit eher kontraproduktiv, da sie der Glaubwürdigkeit des Übergebers schaden, Misstrauen auslösen und die Unsicherheit zusätzlich verstärken.

2) Dank an Mitarbeiter

Um die Vergangenheit abzuschließen, sollte der Übergeber einen Dank an alle Mitarbeiter für die vergangenen Jahre der Zusammenarbeit aussprechen. Unabhängig davon, ob das Unternehmen gut oder weniger gut gewirtschaftet hat, verdient jeder Mitarbeiter Dank und Anerkennung für seine bislang erbrachte Leistung.

3) Information zur Gegenwart

Dieser Punkt umfasst insbesondere die aktuellen Fakten zur Unternehmenstransaktion. Der Übergeber sollte lediglich allgemeine Informationen über den Übernehmer, warum dieser an der Übernahme interessiert war und die Zustimmung des Übergebers erhalten hat, preisgeben. Information zum Verkaufspreis sollten nicht bekannt gegeben werden, dies ist ausschließlich Sache des Eigentümers und Übergebers.

4) Information zur Zukunft

Die Mitarbeiter sind vorwiegend an der Zukunft des Betriebes und ihrer eigenen Zukunft interessiert. Der Übergeber kann sich dahingehend nur auf die Aussagen des Übernehmers und die Verträge beziehen. Er sollte in der Regel keine Details aus den Verträgen preisgeben. Die wichtigsten Botschaften an die Mitarbeiter sind die Erhaltung der Arbeitsplätze und die Beibehaltung des Betriebsstandortes (das sollte dem Betriebsübergeber in der Regel bekannt sein).

---

166 Für den Fall, dass Übergeber und Unternehmensleitung nicht ident sind.

Von Vorteil ist es, wenn im Rahmen der Erstinformation auch der **Übernehmer,** also der neue Eigentümer, anwesend ist und die Informationen zur Zukunft liefert. Der neue Eigentümer wird vom ersten Augenblick an seinen Aussagen, Gesten und Botschaften gemessen, daher sollte er insbesondere auf seine Körpersprache, die Form seiner Botschaften und seine Glaubwürdigkeit achten (*„es zählt mehr, wie man etwas sagt, als was man sagt"*). Der Übernehmer sollte vor allem die Zukunft des Unternehmens und der Mitarbeiter ansprechen. Es zählen klare Fakten, positive zukunftsweisende Botschaften und das Zugehen auf die Mitarbeiter (auch das bloße Händeschütteln kann bereits einen Beitrag zur Verringerung der Unsicherheit leisten). Die Kommunikation mit den Mitarbeitern ist ein kleiner Schritt am Beginn einer erfolgten Betriebsübernahme, aber ein wesentlicher Beitrag für den künftigen Erfolg des Unternehmens.

Wenn der **Übernehmer** ein Unternehmen ist, sollten ebenso dessen Mitarbeiter, jedoch ausschließlich vom Übernehmer, über die erfolgte Betriebsübernahme informiert werden. In den meisten Fällen werden mit der Betriebsübernahme keine wesentlichen Veränderungen für die Mitarbeiter des Übernehmers verbunden sein, da diese von keinem Eigentümerwechsel betroffen sind. Dennoch sollten sie als Teil des übernehmenden Unternehmens informiert werden. Während die Mitarbeiter des Übergebers eher ängstlich und besorgt sind, sehen die Mitarbeiter des Übernehmers in der Regel eher Chancen durch die Erweiterung des bestehenden Geschäftsbetriebes.

H. Externe Kommunikation einer abgeschlossenen Transaktion

Die externe Kommunikation einer erfolgten Unternehmenstransaktion bezieht alle **Stakeholder außerhalb des Unternehmens** ein. Betroffen sind insbesondere Kunden, Lieferanten, Kooperationspartner, Banken, Behörden sowie die breite Öffentlichkeit (je nach Unternehmensgröße und Bezug zur Öffentlichkeit).

Grundsätzlich ist immer zu prüfen, ob Teile der Stakeholder nicht bereits aus vertraglichen Gründen vorab zu informieren oder in die Verhandlungen einzubinden sind. Da Banken in den Kreditverträgen in der Regel „Change-of-Control"-Klauseln (die Banken haben damit ein Zustimmungs-, Anpassungs- oder Kündigungsrecht) vorsehen, sollten diese, sofern die Kreditverträge nicht ohnehin gekündigt werden sollen, vorab informiert bzw eingebunden werden. Ebenso sind andere Vertragspartner, die über ähnliche Rechte verfügen, vorab zu informieren und/oder einzubinden.

Weiters sind **wichtige Kunden und Lieferanten** zu beachten, die einen wesentlichen Beitrag zum Erfolg des Unternehmens leisten. Es liegt in der Regel im vorwiegenden Interesse des Übernehmers, dass diese Kunden und Lieferanten erhalten bleiben, da sie einen wesentlichen Teil des Unternehmenswertes darstellen. Der Übernehmer sollte daher gemeinsam mit dem Übergeber eine Linie festlegen, wie diese bestmöglich vorab zu informieren sind. Umgehend nach der Information sollte ein persönliches Gespräch zwischen Kunden, Lieferanten und Übergeber sowie Übernehmer erfolgen (siehe dazu im Detail Kapitel V.I.).

Alle anderen Kunden, Lieferanten, Behörden etc sollten zumindest schriftlich über die Übernahme informiert werden. Es geht vorwiegend darum, Gerüchte am Markt zu vermeiden und ein gesichertes Weiterbestehen des Unternehmens zu vermitteln. Im Zuge eines Eigentümerwechsels kann es sehr schnell zu Unsicherheiten am Markt kommen, wenn die entsprechenden (richtigen) Informationen fehlen. Gerüchte tragen das Weitere dazu bei, dass Mitbewerber jegliche Gelegenheiten nutzen werden, vor allem Kunden des übernommenen Betriebes abzuwerben.

Die Information an die **Öffentlichkeit** sollte gemeinsam erfolgen und sowohl den Übergeber als auch den Übernehmer beinhalten. Damit wird der Übergang von Alt auf Neu reibungslos dargestellt und vor allem bestehende Kunden werden nicht verunsichert. Zusätzlich sollte der Mehrwert der Transaktion veranschaulicht werden. Damit kann der Eigentümerwechsel möglichst positiv dargestellt werden und darüber hinaus auch zu Werbezwecken dienen.

Bei der Auswahl der **Medien** ist vor allem auf die Erreichbarkeit potentieller Kunden zu achten. Je nach Unternehmensgröße und Kundenreichweite kann dafür auch eine Bezirks- oder Regionalzeitung oder ein Stadtblatt förderlich sein.

Wenn der Unternehmenskäufer eines Klein- oder Mittelunternehmens ein börsennotiertes Unternehmen ist, muss dieser, je nach Bedeutung der Unternehmensakquisition, die entsprechenden Ad-hoc-Publizitätsvorschriften beachten. Diese besagen, dass Maßnahmen, die geeignet sind, den Börsenkurs des börsennotierten Unternehmens erheblich zu beeinflussen, unverzüglich zu veröffentlichen sind. Die Regelung soll sicherstellen, dass allen Aktionären am Markt die gleichen Informationen zur Verfügung stehen und Insiderhandel verhindert wird.

Wenn die Unternehmenstransaktion abgeschlossen und alle Stakeholder (intern und extern) informiert wurden, beginnt die letzte Phase des Transaktionsprozesses, die Transformation.

V. Transformation

Die letzte Phase im Transaktionsprozess ist die Transformation. Das Wort „*Transformation*" ist hier im Sinne von „*etwas Neues machen*" zu verstehen. Transformation beschreibt den Übergang und den Wechsel zu etwas Neuem. Der Betrieb wurde bis zum Vollzug der Kauf- und Verkaufsverträge (Closing) vom Übergeber geführt. Nach dem Vollzug der Verträge beginnt ein neuer Abschnitt – sowohl für den Übergeber als auch für den Übernehmer.

Der **Übergeber** trägt keine Verantwortung mehr im Betrieb, er kann kurz- oder mittelfristig im Rahmen der Übergabe der Geschäfte an den Übernehmer zwar noch mithelfen, sofern dies gewünscht und vereinbart ist, langfristig wird er sich jedoch *neuen, anderen* (persönlichen und/oder wirtschaftlichen) *Zielen* widmen.

Der **Übernehmer** hat einen neuen Betrieb übernommen. Er übernimmt die Führung des Betriebes und damit die Verantwortung dafür. Er kann den Betrieb in traditioneller Weise und unverändert fortführen oder auch *neue, andere Wege* gehen.

So unterschiedlich die Ziele für Übergeber und Übernehmer sind, so sind doch die Wege für beide neu.

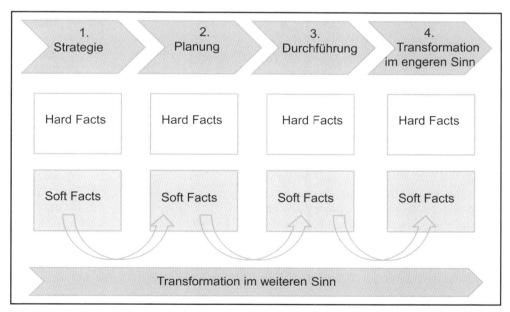

Abbildung 8: Transformation im weiteren und im engeren Sinn

V. Transformation

Wir unterscheiden zwei Arten der Transformation: Die **Transformation im weiteren Sinn** führt durch den gesamten Transaktionsprozess und beinhaltet die vorausschauende Gestaltung der Transformation im engeren Sinn. Die **Transformation im engeren Sinn** stellt die konkrete Neugestaltung des Unternehmens dar und beginnt in der Regel nach der Unterzeichnung der Kauf- und Verkaufsverträge (siehe Abbildung 8).

Transformation im weiteren Sinn

Die Transformation im weiteren Sinn ist nicht mit der *Planung* der Transformation im engeren Sinn zu verwechseln. Sie beinhaltet vorwiegend nachfolgende Punkte, die **vorausschauend** die Transformation im engeren Sinn **unterstützen** sollen:[167]

- Achtsamer Umgang mit den Mitarbeitern: In der Regel sollten keine Informationen über die beabsichtigte Transaktion an die Mitarbeiter weitergegeben werden, ebenso sollten keine außergewöhnlichen Tätigkeiten des Übergebers oder des Übernehmers Schlussfolgerungen auf einen Unternehmenskauf oder -verkauf zulassen. Informationen über bevorstehende, noch nicht erfolgte Veränderungen führen zu Unsicherheit, die wiederum Ängste fördert. Dies schadet dem Unternehmen und der Transformation nach der erfolgten Betriebsübergabe bzw Betriebsübernahme.
- Klare Ziele und eine klare Strategie schaffen (der Weg soll deutlich und bewusst vorgezeichnet und geplant sein) und diese durchgehend verfolgen (auch wenn einzelne kleinere Abweichungen möglich sein sollten).
- Die Transaktion soll möglichst durchgehend bis zur Transformation von einem Transaktionsteam aus Experten begleitet werden.
- Durchgehende klare Organisation, Koordination, Führung und Kommunikation im Transaktionsteam
- Vorausschauender Umgang mit dem Verhandlungspartner und seinen Mitarbeitern (zB im Rahmen einer Due Diligence)
- Klare Kommunikation und Transaktionsplanung mit dem Verhandlungspartner zur Vermeidung von Missverständnissen, die sich in der Transformation negativ auswirken können
- Sachlichkeit und Wertschätzung im Umgang mit allen Beteiligten im Rahmen der Transaktion
- Vorbildwirkung und Professionalität im gesamten Transaktionsprozess

Die Komplexität einer Unternehmenstransaktion erfordert durchgehend ein klares, **strukturiertes Vorgehen**. Andernfalls ergeben sich Unsicherheiten, Ängste und Unstimmigkeiten, die in weiterer Folge Unruhen und Verwirrung nach sich ziehen, was sich in der Regel im Unternehmen nach der erfolgten Übergabe oder Übernahme fortsetzt.

---

167 Die Transformation im weiteren Sinn betrifft sowohl den Übergeber als auch den Übernehmer.

Transformation im engeren Sinn

Die Umsetzung der Transformation im engeren Sinn beginnt unmittelbar nach der Unterzeichnung der Kauf- und Verkaufsverträge (Signing) am Ende der Durchführungsphase; hier sind die ersten Schritte in Bezug auf die interne und externe Kommunikation (siehe Kapitel IV.H. und IV.I.) zu setzen. Da die Kommunikationsmaßnahmen noch direkt mit dem Vertragsabschluss zusammenhängen, sind beide Kapitel thematisch in die Durchführungsphase eingegliedert. Beide Inhalte haben jedoch auch Transformationscharakter (im engeren Sinn).

Die nachfolgenden Ausführungen widmen sich im Detail der Transformation im engeren Sinn. Viele dieser Themen sind vorwiegend auf den Übernehmer und den übernommenen Betrieb ausgerichtet. Dem Übergeber kommt aber dennoch wesentliche Bedeutung im Rahmen der „Übergabe der Geschäfte" und beim Thema „Loslassen" zu.

Die **Planung** der Transformation im engeren Sinn erfolgt in der Strategie- und der Planungsphase. Je nach Informationslage wird die Planung in der Durchführungsphase laufend erweitert und konkretisiert.

Integration

Ist Käufer eines Betriebes ein Unternehmen, sprechen wir von ***Integration*** des übernommenen Betriebes in ein bestehendes Unternehmen. Verfügt der Übernehmer über mehrere Unternehmen und sollen diese mit dem übernommenen Betrieb verbunden werden, sprechen wir von *Integration in den Unternehmensverbund* des Übernehmers. Es ist dabei nicht zwingend erforderlich, dass das gekaufte Unternehmen mit dem kaufenden Unternehmen auch rechtlich verschmolzen wird.

Aufgrund der Anpassungsschritte ist immer auf die Unterscheidung zwischen Transformation und Integration zu achten. Im Rahmen der Transformation passt sich in der Regel der gekaufte Betrieb an den neuen Eigentümer (Person) an, im Rahmen der Integration der gekaufte Betrieb an das erwerbende Unternehmen. Es gibt dazu jedoch auch Ausnahmen bzw unterschiedliche Anpassungsintensitäten, die in Kapitel V.F. näher erläutert werden.

Soft Facts

Sowohl die Transformation als auch die Integration sind wesentlich von Soft Facts geprägt. Innerhalb des Unternehmens geht es vorwiegend um die Mitarbeiter, außerhalb des Unternehmens vor allem um die Kunden und die Lieferanten. Mit der Übergabe an eine fremde Person oder ein fremdes Unternehmen ist ein wesentlicher Einschnitt im Betrieb erfolgt, der die Stakeholder[168] verunsichern kann. Die nachfolgenden Kapitel zeigen vorwiegend Maßnahmen auf, die geeignet sind, eine Transformation vor allem durch den gezielten Einsatz von Soft Facts positiv zu unterstützen.

---

168 Stakeholder bezeichnet Personen, Gruppen oder Organisationen (inklusive Unternehmen), die von einem Unternehmen profitieren. Das sind beispielsweise Eigentümer, Manager, Mitarbeiter, Kunden, Lieferanten, Banken und der Staat.

V. Transformation

A. Schlüsselübergabe

Die Schlüsselübergabe ist ein zentrales Element bei jeder Betriebsübergabe. Die Übergabe des Betriebes soll bewusst und in Anwesenheit von ausgewählten Stakeholdern vollzogen werden. Es geht nicht um den rechtlichen Vollzug der Betriebsübergabe, dieser ist bereits erfolgt, sondern um den **gedanklichen Vollzug**, der durch die Schlüsselübergabe **nach innen und nach außen** erkennbar gemacht werden soll.

In der Praxis erfolgen immer wieder Betriebsübergaben ohne jegliche bewusste Emotionen nach außen. Der Übergeber unterzeichnet die Verträge, packt sprichwörtlich seine Sachen und geht. Am nächsten Tag kommt der neue Eigentümer und versucht das Geschäft zu führen, wie wenn nichts geschehen wäre (*„business as usual"*).[169]

Eine Betriebsübergabe ist voll von **Erlebnissen und Emotionen** aus der Vergangenheit und der Gegenwart: Alleine die Zeit, die ein Unternehmer mit seinen Mitarbeitern verbracht hat, erfolgreich und auch erfolglos, die Mühen der Aufbauarbeit, in manchen Fällen auch über Generationen hinweg, wirtschaftlich gute und schlechte Zeiten, gemeinsame Erlebnisse mit Mitarbeitern, Kunden, Lieferanten, Banken, aber vielleicht auch nachdenkliche Momente oder Krisen. Alle diese Erlebnisse haben das Unternehmen, so wie es gegenwärtig dasteht, geprägt, und zwar nicht nur den Unternehmer, sondern auch die Mitarbeiter, die Kunden und Lieferanten, die eng mit dem Unternehmen verbunden waren und weiterhin sind, oder auch die Banken, die in schwierigen und in guten Zeiten ein (hoffentlich) verlässlicher Partner waren. Die dadurch entstandenen und durch die Übergabe neu entstehenden Emotionen gehören bewusst heraus, nicht versteckt, als unwichtig oder nicht vorhanden abgetan. Eine Schlüsselübergabe bietet genau diese Möglichkeit, allen diesen Emotionen freien Lauf zu lassen. Die Schlüsselübergabe wird für manche ein trauriger Moment und für manche ein freudiger sein. Ein Betrieb ist eine lebendige Organisation, deren Emotionen durch ihre Stakeholder (Eigentümer, Management, Mitarbeiter, Kunden, Lieferanten, Banken etc) ausgedrückt werden.

Konkret kann die Schlüsselübergabe auf verschiedene Art und Weise stattfinden. Die ausgeprägteste Form ist ein großes **Übergabefest** am Sitz des übernommenen Betriebes, zu dem alle Stakeholder (ausschließlich des übernommenen Betriebes)[170] eingeladen werden. Das Fest soll beiden Seiten, sowohl Übergeber als auch Übernehmer, genügend Zeit und Raum bieten. Zunächst dem **Übergeber**, der nochmals die Geschichte des Unternehmens, *seine* Geschichte, Revue passieren lassen kann und im Anschluss seinen Mitarbeitern und allen anderen Stakeholdern Dank ausspricht. Danach dem **Übernehmer**, der dem Übergeber für das Vertrauen dankt, dass er sein Unternehmen an ihn (äußerlich) *„losgelassen"* hat. In weiterer Folge kann der Übernehmer auf die Zukunft des übernommenen Betriebes eingehen, mit allen wichtigen Botschaften an die verschiedenen Stakeholdergruppen (vor allem Mitarbeiter, Kunden und Lieferanten). Als letzter Akt folgt die **bildliche Über-**

---

169 Sinngemäß übersetzt: „das Geschäft wie bisher zu führen".
170 Da die Stakeholder des übernehmenden Unternehmens in der Regel keinen Bezug zum übernommenen Betrieb haben, sollten sie auch nicht einbezogen werden, dies würde dem Sinn der Veranstaltung eher entgegenstehen. Einzubeziehen sind jedoch sehr wohl Übernehmer (als Veranstalter gemeinsam mit dem Übergeber) und Mitarbeiter des Übernehmers, die beim Kauf mitgewirkt haben.

gabe: ein Schlüssel, ein Vertrag, ein Modellhaus oder irgendein anderes bedeutsames Zeichen wird vom Übergeber an den Übernehmer übergeben. Das soll als ein erkennbares Zeichen nach außen dienen, dass die Übergabe nun (auch gedanklich) vollzogen ist. Im Anschluss bietet das Fest reichlich Gelegenheit für einzelne Gespräche mit den Anwesenden, mit verabschiedendem und begrüßendem Charakter.

Das Übergabefest kann darüber hinaus auch für **Werbezwecke** genutzt werden, die Kunden und Lieferanten sehen eine friktionsfreie positive Übergabe, die einen neuen Motivationsschub für weitere Leistungen bringen kann. Ebenso lässt sich das Fest entsprechend positiv in der Öffentlichkeit (Presse, Regionalzeitung etc) vermarkten.

Es ist verständlich, dass ein Fest mit entsprechenden Kosten verbunden ist, die üblicherweise das übernommene Unternehmen, und damit der neue Eigentümer, zu tragen hat. Dennoch sollte dieser Akt als eine Investition gesehen werden, die sich in naher Zukunft rechnen wird. Je nach Größe des Unternehmens können auch nur ausgewählte Stakeholder oder nur die Mitarbeiter zu einer Schlüsselübergabe zwischen Übergeber und Übernehmer eingeladen werden. Auch bei Kleinstunternehmen mit nur wenigen Mitarbeitern kann es vollkommen ausreichend sein, wenn die Mitarbeiter vom Übergeber und Übernehmer zu einem Essen oder einem kleinen Empfang im Unternehmen eingeladen werden. Ein Unterlassen der Schlüsselübergabe sollte möglichst vermieden werden, da keine Veränderung nach außen sichtbar ist und die Übergabe zu einem „Einheitsbrei" zu werden droht.

Die Schlüsselübergabe bietet auch Raum für den Übernehmer, neue Wege oder mögliche Visionen anzukündigen. Sie soll vom Übernehmer jedoch nicht dazu missbraucht werden, umfassende Neustrukturierungen oder Neuausrichtungen und deren konkrete Programme anzukündigen. Sie soll ein **Fest des Abschieds** sein, über umfassende neue Programme kann in den darauffolgenden Tagen noch genügend gesprochen und diskutiert werden.

B. Merger-Syndrom[171]

In der Psychologie wird der Prozess, den *Mitarbeiter des übernommenen Unternehmens* nach dem Bekanntwerden einer Unternehmensakquisition bzw einer Fusion[172] (englisch „Merger") durchlaufen, *„Merger-Syndrom"* genannt.

Das Merger-Syndrom beschreibt die **Stimmung der Mitarbeiter** nach dem Bekanntwerden einer Übernahme. Die Stimmung von einzelnen Mitarbeitern wird gerade in einer Phase der Unsicherheit sehr schnell auf andere Kollegen übertragen oder von ihnen übernommen. Es zeigt sich damit ein verändertes Stimmungsbild der gesamten Belegschaft, welches den Erfolg des Unternehmens im Rahmen der Transformation bzw Integration wesentlich beeinflussen kann. Die Kenntnis dieser Phasen ist für den Übernehmer von großer Bedeutung, da er sich auf die Auswirkungen einstellen und geeignete

---
171 Siehe *Picot*, Handbuch Mergers & Acquisitions (2008) 512 f.
172 Fusion bedeutet die Zusammenlegung zweier Unternehmen: Aus zwei bisher getrennten Unternehmen wird eines.

V. Transformation

Gegenmaßnahmen ergreifen kann. Diese Gegenmaßnahmen liegen vorwiegend im Bereich der Soft Facts.

Eine Transformation bzw Integration ist erfolgreich, wenn sie von möglichst vielen Mitarbeitern mitgetragen wird. Ist das nicht der Fall, erfolgt bewusst oder unbewusst ein Gegendruck seitens der Belegschaft. Gegen diesen Druck anzukommen, kostet viel Kraft und Zeit, Energie, die in der Regel anderswo im Unternehmen besser eingesetzt werden könnte.

Der Mensch ist ein Gewohnheitstier; sobald es zu Veränderungen kommt, entstehen Blockaden. Diese Blockaden sollen möglichst rasch überwunden werden, sodass neue positive Kräfte entstehen können. Die einzelnen Phasen des **Merger-Syndroms** zeigt Abbildung 9.

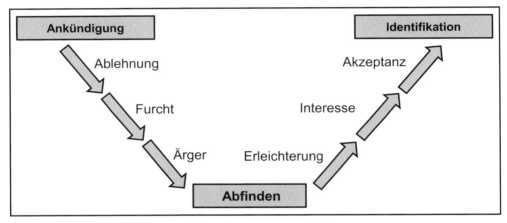

Abbildung 9: Merger-Syndrom

1) **Ankündigung**
   Die Ankündigung der Betriebsübergabe ist gleichzusetzen mit der internen Kommunikation einer abgeschossenen Transaktion nach der Unterzeichnung der Kauf- und Verkaufsverträge (siehe Kapitel IV.G.).
   Sollte die *beabsichtigte Betriebsübergabe* bei einigen oder allen Mitarbeitern bereits vorab bekannt sein, wird die Ablehnungs- und Unsicherheitsphase ab dem Zeitpunkt des Bekanntwerdens, jedoch noch in abgeschwächter Form, einsetzen. Das lässt sich damit erklären, dass Menschen nicht gewünschte Vorhaben verdrängen bzw nicht wahrhaben wollen, solange sie noch nicht tatsächlich *geschehen* sind. Der verstärkte Ablehnungs- und Unsicherheitseffekt tritt dann erst mit der Ankündigung der erfolgten Betriebsübergabe ein.
   Es sei an dieser Stelle nochmals betont, dass das Merger-Syndrom ausschließlich die emotionalen Phasen der Mitarbeiter *des übernommenen Betriebes* beschreibt. Sofern Übernehmer ein Unternehmen ist, können solche Emotionen auch bei Mitarbeitern des *übernehmenden Betriebes* auftreten, jedoch, in deutlich abgeschwächter Form.

Dies hängt vor allem mit dem Ausmaß der bevorstehenden Veränderungen zusammen, die von den einzelnen Mitarbeitern des übernehmenden Unternehmens erwartet bzw vermutet werden.

2) **Ablehnung**

Die erste emotionale Reaktion auf die Ankündigung einer Betriebsübernahme ist ein Schockzustand, der zu einer innerlichen (und äußerlichen) Ablehnung führt. Die Mitarbeiter haben bis dato in einem funktionierenden System gearbeitet, es gab Regeln, Strukturen und Hierarchien, die alle gut oder weniger gut funktioniert haben. Dieses System ist den Mitarbeitern bekannt und damit leben sie in (ihrer persönlichen) Sicherheit. Auch wenn dieses System Fehler aufweist, können sie damit gut umgehen, weil ihnen diese Fehler bekannt sind. Die Ablehnung erfolgt je nach Mitarbeiter in unterschiedlicher Intensität und Form.

3) **Furcht**

Nach der Ablehnung kommt Furcht zum Vorschein. Das bislang sichere System ist nicht mehr sicher. Die bisherigen Regeln, Strukturen, Hierarchien, die Aufgabenverteilungen und/oder der eigene Arbeitsplatz stehen in Frage. Jeder Mitarbeiter entwickelt seine eigenen persönlichen Ängste, die Angst vor dem Jobverlust und damit verbundene Existenzängste, die Angst vor dem neuen Chef, die Gefährdung seiner Karriere, die Angst, liebgewonnene Kollegen zu verlieren (unabhängig davon, ob diese unfreiwillig oder freiwillig das Unternehmen verlassen), oder auch nur die Angst, aufgrund (möglicherweise) organisatorischer Veränderungen in einen anderen Raum übersiedeln zu müssen.

Es ist unerheblich, ob diese Ängste schwerwiegend oder leichter Natur sind, da jede Person ein unterschiedliches persönliches Empfinden hat. Ängste sind Ängste und diese lähmen. Die Ängste hängen vor allem mit der eigenen Person, der eigenen Persönlichkeit, dem Selbstvertrauen, der persönlichen Lebenslage (Familie, Freundeskreis, finanzielle Absicherung), den individuellen Bedürfnissen und Jobalternativen zusammen. Es gibt unterschiedliche Intensitäten von Ängsten, die vom Charakter der Personen abhängen, eine ängstliche Stimmung zieht sich jedoch vermutlich durch die gesamte Belegschaft.

4) **Ärger**

Auf die Furcht folgt die Phase des Ärgers. Jeder Mitarbeiter schließt mit seinem Arbeitgeber einen schriftlichen und rechtlich verbindlichen Arbeitsvertrag ab. An diesen haben sich der Mitarbeiter und der Arbeitgeber zu halten. Darüber hinaus schließt der Mitarbeiter mit dem Arbeitgeber einen Sozialkontrakt[173] ab, der vielen Beschäftigten nicht bewusst ist. Der Sozialkontrakt ist ein immaterieller Vertrag zwischen Arbeitgeber und Mitarbeiter, der in stillem Einvernehmen geschlossen wird. Dieser Vertrag beinhaltet die Erwartungen des Mitarbeiters an den Arbeitgeber und die Grundlage des Vertrauens in ihn. Dieser Sozialkontrakt wurde vom bisherigen Arbeitgeber gebrochen, da dieser seinen Betrieb verkauft (übergeben) hat. Es liegt nun an jedem einzelnen Mitarbeiter, mit dem neuen Arbeitgeber, dem Betriebsübernehmer, einen neuen Sozialkontrakt auszuverhandeln.

---

173 *Picot*, Handbuch Mergers & Acquisitions (2008) 513.

Manche Mitarbeiter haben bereits innerlich gekündigt und warten nur noch die weitere Entwicklung ab. In dieser Phase wird sehr viel Zeit und Energie für die Verbreitung und Verarbeitung von Gerüchten aufgewendet. Je nach deren Intensität macht sich eine gewisse Untergangsstimmung im Unternehmen breit, mit der Konsequenz, dass gerade wichtige Leistungsträger vorzeitig das Unternehmen verlassen („*exit of the best and merger of the rest*").[174] Das kann den Fortbestand und die Ertragsfähigkeit des Unternehmens deutlich gefährden. Gerade in dieser Zeit ist es nützlich, die Mitarbeiter eher zu überfordern als zu unterfordern. Je mehr Mitarbeiter mit Arbeit beschäftigt sind, desto weniger Zeit bleibt für das Verbreiten von Gerüchten, die den laufenden Betrieb beeinträchtigen.

5) **Abfinden**
Sofern der Mitarbeiter weder gekündigt hat (oder gekündigt wurde) noch mangels anderer vergleichbarer Joboptionen willens ist zu kündigen, findet er sich früher oder später mit der Übernahme und den damit verbundenen Änderungen ab. Oft sind Mitarbeiter von Furcht und Ärger sehr erschöpft. Sie haben viele Versuche unternommen, Änderungen ab- und fernzuhalten. Es ist vergleichbar mit einem langen Wettrennen, in dem irgendwann einmal der Erschöpfungszustand eintreten muss. In dieser Situation erfolgt, sofern das Wettrennen nicht abgebrochen wurde, das Abfinden mit der Situation, „*es ist so, wie es nun ist*".

6) **Erleichterung**
Unmittelbar anschließend tritt die Phase der Erleichterung ein. Sie ist vergleichbar mit der Erholungsphase nach einer großen persönlichen Anstrengung.

7) **Interesse**
Nach der Erholungsphase kommt langsam und stetig das Interesse am Neuen zum Vorschein. Bis dato wurden das Neue sowie Veränderungen kategorisch abgelehnt. Der Mitarbeiter beginnt sich langsam für den „neuen Betrieb" zu interessieren. Er versucht neue positive Aspekte für sich zu gewinnen und arbeitet einen neuen Sozialkontrakt mit dem neuen Arbeitgeber aus.

8) **Akzeptanz**
Der Mitarbeiter akzeptiert den neuen Arbeitgeber, die neue Situation und damit verbundene Veränderungen. Er hat sich intensiv mit seinen persönlichen Möglichkeiten im Betrieb auseinandergesetzt und sieht diese durchwegs positiv. Er ist interessiert, zum Fortbestand und der Ertragsfähigkeit des Betriebes seinen Beitrag zu leisten.

9) **Identifikation**
Der Mitarbeiter identifiziert sich mit dem neuen Betrieb. Er hat einen neuen Sozialkontrakt mit dem Arbeitgeber geschlossen und sieht sich als Teil des neuen Unternehmens.

Jeder Mitarbeiter durchläuft nach der Ankündigung einer Betriebsübernahme die Phasen des Merger-Syndroms, die Frage ist nur, wie intensiv sie von den einzelnen

---

174 *Picot*, Handbuch Mergers & Acquisitions (2008) 513, sinngemäß übersetzt: „Die Besten verlassen vorzeitig das Unternehmen, der Rest verbleibt im Unternehmen."

Mitarbeitern gelebt und erlebt und wie schnell die einzelnen Phasen durchlaufen werden.

Die Destabilisierungsphasen lassen sich nicht verhindern, sie können jedoch durch aktive Maßnahmen der Unternehmensführung deutlich verkürzt und abgeschwächt werden. Dazu zählen insbesondere die **interne Kommunikation** nach Unterzeichnung der Kauf- und Verkaufsverträge sowie **veränderungsbegleitende Maßnahmen** (*„Change Management"*) im Zuge der Transformation bzw Integration.

Die Kommunikation hat vor allem die Aufgabe, aufzuklären, Verständnis für die Veränderung zu bewirken und Ängste zu nehmen. Die begleitenden Maßnahmen sollen jeden einzelnen Mitarbeiter darin unterstützen, mit der Veränderung bestmöglich umzugehen. Das können einfache Aktionen der Unternehmensleitung (Informationsstunden, Einzelgespräche, ein Ausflug oder ein geselliger Abend zum besseren Kennenlernen etc) oder professionell gestaltete Sitzungen mit externen Beratern (Einzel-, Gruppen- oder Teamcoaching) sein. Die Maßnahmen sollen dazu geeignet sein, Negativfolgen und damit verbundene Kosten weitgehend abzuhalten sowie die Ressourcen neu zu definieren und für den Betrieb positiv zu nutzen.

C. Personelle Entscheidungen

Die Frage der personellen Entscheidungen nach einer erfolgten Betriebsübergabe betrifft vor allem das eigenständige **Management** in eigentümerfremdgeführten Betrieben und/oder das erweiterte Führungspersonal. Das Management genießt das besondere Vertrauen des Unternehmenseigentümers. Sobald dieser wechselt, stellt sich die Vertrauensfrage zwischen dem bisherigen Management und dem neuen Eigentümer neu.

Üblicherweise finden in diesen Fällen noch vor der Unterzeichnung der Verträge Gespräche zwischen dem neuen Eigentümer und dem Management statt, soweit sie nicht bereits in die Transaktion miteingebunden waren. Die Gespräche dienen vor allem dazu, zwischen beiden Seiten auszuloten, ob eine weitere Zusammenarbeit möglich und sinnvoll ist. Hier spielen wiederum sehr stark die Soft Facts mit, inwieweit ein beiderseitiges Verständnis möglich ist und ob ein neues gegenseitiges Vertrauen, ähnlich dem Sozialkontrakt (siehe Kapitel V.B.), aufgebaut werden kann. Ebenso können aber auch Hard Facts, wie beispielsweise die Neugestaltung des Dienstvertrages (Gehalt, Zusatzleistungen, Arbeitsbereiche etc), davon betroffen sein.

Die Entscheidung, ob das bisherige Management bzw Teile davon weiter in ihrer Funktion erhalten bleiben, sollte möglichst rasch getroffen werden. Gerade ein Management, welches innerlich gekündigt hat oder dessen Zukunft in Frage steht, verstärkt die Ängste der Mitarbeiter und die Untergangsstimmung im Unternehmen. Sofern das Management nach der Unternehmensübernahme ausgetauscht werden soll, sollte dies umgehend nach dem Vollzug der Verträge im Rahmen einer zügigen Übergabe der Geschäfte an das neue Management erfolgen.

D. Unternehmenskultur

Die Unternehmenskultur („*Corporate Culture*") entsteht aus der Historie und Entwicklung eines Unternehmens und beschreibt den Charakter oder die **Persönlichkeit eines Unternehmens**.[175] Mit der Gründung des Unternehmens erfolgt eine bewusste und/oder unbewusste Festlegung von gemeinsamen Normen und Werten, die sich im Zeitablauf verändern. Es entwickeln sich Glaubenssätze und Verhaltensweisen, welche die Handlungen in der Unternehmensorganisation prägen. Diese Einstellungen, Normen und Werte werden von Generation zu Generation weitergegeben. Je länger ein Unternehmen besteht, desto gefestigter wird die Unternehmenskultur, sofern nicht bewusst Änderungen initiiert werden.

Eine Unternehmenskultur lebt sowohl nach dem Tod eines Unternehmenseigentümers oder Geschäftsführers als auch nach einer erfolgten Betriebsübergabe weiter. Die Unternehmenskultur wird vom neuen Eigentümer, dem Übernehmer, oft unfreiwillig *mitübernommen*. Sie endet erst mit der Liquidation des Unternehmens, sofern sie nicht in einem anderen Unternehmen aufgeht.

Die Unternehmenskultur kann als ein **Eisberg** (siehe Abbildung 10) dargestellt werden, von dem nur ein kleiner Teil sichtbar und der Großteil unsichtbar ist.[176] Oben und sichtbar sind die formellen äußeren Verhaltensweisen, wie beispielsweise Rituale, Symbole oder die Sprache, die im Unternehmen verwendet werden. Unten und unsichtbar finden sich die informellen Verhaltensweisen, wie beispielsweise jegliche Normen, Werte, Glaubenssätze und Prinzipien.

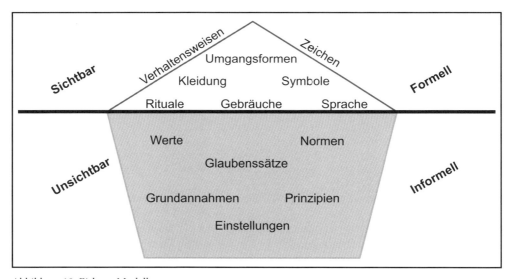

Abbildung 10: Eisberg-Modell

---

175 Siehe dazu auch *Picot*, Handbuch Mergers & Acquisitions (2008) 498.
176 Die Theorie geht hierbei vom Pareto-Prinzip aus, wonach 20% sichtbar und 80% unsichtbar sind.

Gerade in Unternehmen, die bereits seit Generationen bestehen, kann die Unternehmenskultur sehr ausgeprägt und gefestigt sein. Eine Herausforderung stellt hier insbesondere die externe Übernahme von Unternehmen, die über mehrere Generationen in der Familie weitergegeben wurden, dar.

Im Zuge der Transformation (bzw Integration) versucht der neue Eigentümer, etwas neu zu machen, neue Werte, neue Organisationsformen in das Unternehmen einzubringen. Die Unternehmenskultur ändert sich jedoch nicht von einem Tag auf den anderen. Dieser Änderungsprozess kann, auch wenn er bewusst gesteuert wird, Jahre in Anspruch nehmen, abhängig davon, wie gefestigt die Unternehmenskultur ist und wie viele Förderer dieser Kultur sich im Unternehmen befinden.

In der Praxis wird oft versucht, den Veränderungsprozess zu beschleunigen, indem man sich von Mitarbeitern, die besonders mit der „alten" Unternehmenskultur verbunden sind, trennt. Dies kann zwar den Veränderungsprozess beschleunigen, jedoch die im Unternehmen gefestigte Kultur nicht auslöschen, es sei denn, es wird die gesamte Belegschaft gekündigt, aber auch das muss nicht unbedingt die Beseitigung der alten Kultur bewirken.

Zur bewussten Steuerung eines Kulturveränderungsprozesses sollten Experten hinzugezogen werden, die diesen Prozess möglichst professionell begleiten. Eine Unternehmenskultur muss jedoch nicht zwanghaft verändert werden. Je nach Ausprägung kann diese auch Vorteile haben, die für einen Übernehmer durchaus sinnvoll sein können.

Zusätzlich zur Unternehmenskultur ist bei grenzüberschreitenden[177] oder Regionen überschreitenden Unternehmenstransaktionen die Kultur des anderen Landes oder der anderen Region zu beachten. Auch hier kann es zu wesentlichen Beeinträchtigungen in der Unternehmensführung nach einer Betriebsübernahme kommen, sofern grundlegende kulturelle Unterschiede bestehen.

E. Integrationsprinzipien

Wird ein Unternehmen von einem anderen Unternehmen (und nicht von einer Person) übernommen, stellt sich die Frage nach dem Integrationsprinzip. Es geht vor allem um die Entscheidung, ob das übernommene Unternehmen weitgehend eigenständig bleiben oder vollständig in das übernehmende Unternehmen integriert werden soll. In der Theorie und Praxis finden sich fünf Integrationsprinzipien. Diese unterscheiden sich durch die Intensität des Wandels beim Übernehmer und/oder beim übernommenen Unternehmen (siehe Abbildung 11).

---

177 Siehe dazu insbesondere *Morrsion/Conaway*, Kiss, Bow, or Shake Hands (2006).

V. Transformation

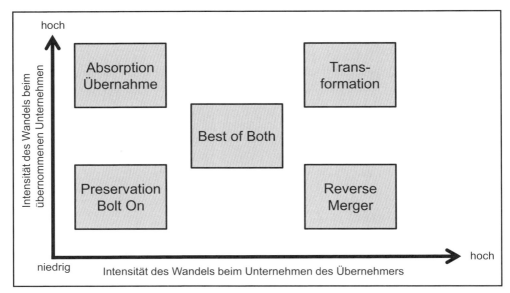

Abbildung 11: Integrationsprinzipien[178]

1) **Absorption, Übernahme:** Die häufigste Form in der Praxis. Das übernommene Unternehmen passt sich an das Unternehmen des Übernehmers an. Es erfolgt eine weitgehend vollständige Integration in das Unternehmen des Übernehmers. Dies muss nicht unbedingt die Auflösung einer und/oder die Zusammenführung der beiden rechtlichen Unternehmenseinheiten bedeuten. Beide Unternehmen können weiterhin rechtlich bestehen bleiben, die Integration erfolgt vorwiegend im Rahmen der Unternehmensorganisation (Strategie, Entscheidungsfindung und -wege, Organisationsstruktur, Integration des Finanzwesens, Auflösung und Zusammenlegung von einzelnen Abteilungen wie zB Personal, Einkauf). Nach außen ist die Veränderung in der Praxis oft durch die Anpassung des Firmennamens erkennbar.
2) **Preservation, Bolt On:**[179] Beide Unternehmen bleiben weitgehend eigenständig wie bisher. Aufgrund der gesellschaftsrechtlichen Verbindungen wird es zu finanziellen Unterstützungen, zu Unterstützungen im Bereich der Verwaltung (Finanzen, Informationstechnologie, Personal etc) und dem Austausch von Know-how kommen. Die operative Führung des Betriebes soll jedoch weitgehend eigenständig und ungestört bleiben. Dies betrifft vor allem kleinere Unternehmen im Bereich der Forschung und/oder Entwicklung, deren Kreativität weitgehend unbehelligt von Einflüssen von außen aufrecht erhalten bleiben soll.
3) **Best of Both:** Das Beste aus beiden bestehenden Unternehmensorganisationen wird kombiniert.

---

178 Siehe beispielsweise auch *Picot*, Handbuch Mergers & Acquisitions (2008) 450 f und 576.
179 Sinngemäß übersetzt: Bewahrung, Beibehaltung.

4) **Transformation:**[180] Zwei Unternehmensorganisationen verschmelzen miteinander, sodass etwas völlig Neues, etwas Drittes, entsteht. Dies kann auch zu einer Verschmelzung der beiden rechtlichen Unternehmenseinheiten unter einer gänzlich neuen Firma führen.
5) **Reverse Merger:** In der Praxis eher ein ungewöhnlicher Fall, dass sich das Unternehmen des Übernehmers an das übernommene Unternehmen anpasst. Möglich, wenn das übernommene Unternehmen das wesentlich größere und/oder wichtigere Unternehmen von beiden darstellt.

Das Integrationsprinzip und dessen konkrete Maßnahmen sollten bereits in der **Planungsphase** des Transaktionsprozesses durchdacht und geplant werden. Je mehr Informationen im Rahmen der Durchführung bekannt sind, desto konkreter sollte die Planung fortgeschritten sein. Die Umsetzung sollte umgehend nach der Übernahme des Unternehmens erfolgen, wird jedoch je nach geplanter Umorganisation einige Zeit in Anspruch nehmen. Grundsätzlich empfiehlt es sich, Änderungen in der Organisationsstruktur nach einer erfolgten Übernahme zügig voranzutreiben. Eine Unternehmenstransaktion ist eine einmalige Chance, eine Vielzahl von anstehenden Veränderungen sowohl im übernommenen als auch im übernehmenden Unternehmen durchzuführen.[181]

Zu beachten sind begleitende Maßnahmen für die Mitarbeiter im Rahmen der Umsetzung des Integrationsprinzips vor allem in Bezug auf die Soft Facts. Sollte es auch zu Veränderungen im Unternehmen des Übernehmers kommen (zB Transformation oder Reverse Merger), sind auch hier begleitende Maßnahmen für die Mitarbeiter vorzusehen.

F. Faktor Mensch

Ein nicht zu unterschätzender Aspekt im Rahmen einer Unternehmenstransaktion ist der Faktor Mensch. Eine Betriebsübernahme kann noch so gut geplant und durchgeführt werden, wenn die Mitarbeiter wenig Interesse am neuen Unternehmen und/oder der neuen Unternehmensführung zeigen oder demotiviert sind, weil sie sich noch in einer Abwärtsphase des Merger-Syndroms[182] befinden, wird sich der Erfolg jedoch voraussichtlich in Grenzen halten.

Es sind daher umgehend ab Bekanntwerden der Unternehmenstransaktion Begleitmaßnahmen vor allem im Bereich der Soft Facts zu setzen. Eine der wichtigsten Begleitmaßnahmen ist Kommunikation, das kann nicht oft genug betont werden. Kommunikation soll jedoch nicht nur einseitig, sondern auch beidseitig, also auch miteinander stattfinden. Gerade Mitarbeiter wollen in einer Phase der Veränderung und damit resultierenden Unsicherheit ernst genommen werden, sie wollen gehört werden und ihre Ängste, Sorgen und möglicherweise auch einige Verbesserungsvorschläge mitteilen.

---

180 Der Begriff ist ident mit dem Begriff der Transformation aus dem Phasenmodell (Strategie, Planung, Durchführung, Transformation), der Begriff ist hier jedoch in einem anderen Kontext zu sehen.
181 Vergleiche dazu auch *Picot*, Handbuch Mergers & Acquisitions (2008) 458.
182 Siehe Kapitel V.B.

V. Transformation

Es sind daher sowohl Aktionen zu setzen, die alle Mitarbeiter (interne Kommunikation, Schlüsselübergabe, gemeinsame Besprechungen oder Veranstaltungen etc) betreffen, als auch solche, die auf die einzelnen Mitarbeiter gerichtet sind.

G. Die fünf „V" von Huber

Das Modell der fünf „V" wurde vom Autor im Rahmen einer Vorlesung mit Studierenden entwickelt. Das Modell zeigt Begleitmaßnahmen der Unternehmensführung auf, die eine Transformation oder eine Integration nach einer erfolgten Unternehmensübernahme insbesondere im Umgang mit den Mitarbeitern unterstützen. Folgende Maßnahmen sollen transportiert werden:

- Verständnis der Mitarbeiter für verändernde Maßnahmen bewirken und fördern
- Neues gegenseitiges Vertrauen (Sozialkontrakt) aufbauen
- Neue Vision vermitteln, sodass sie von allen mitgetragen wird
- Verantwortung übernehmen und übertragen
- Geschäftsführer und Unternehmenseigentümer mit Vorbildwirkung

1) Verständnis

Mitarbeiter wollen Hintergründe verstehen. Ein Mitarbeiter, der versteht, warum und wofür er etwas macht, bringt eine andere Leistung als ein Mitarbeiter, der monoton und ohne Emotion oder widerwillig seiner Tätigkeit nachgeht. Mitarbeiter wollen wissen, wieso es zur Übergabe oder zur Übernahme gekommen ist. Diese Information soll im Rahmen der internen Kommunikation erfolgen, indem die Gründe für den Verkauf oder für den Kauf vermittelt werden. Sofern es dann zu Veränderungen im Unternehmen kommt (zB Änderungen in der Organisation), sollten diese immer zuerst mit den betroffenen Mitarbeitern besprochen werden. Auch hier macht es einen Unterschied, ob diese für gegeben hingestellt oder die Hintergründe für die Maßnahmen erläutert werden. Die Mitarbeiter fühlen sich damit einbezogen, auch wenn sie über keine Entscheidungsmacht verfügen. Die Einbeziehung und das Verständnis bewirken eine Förderung der **Identifikation** des Mitarbeiters mit seiner Tätigkeit und dem Unternehmen.

2) Vertrauen

Wie bereits beim Merger-Syndrom (Kapitel V.B.) aufgezeigt, kommt es durch die Betriebsübergabe zu einem Bruch des Sozialkontraktes mit dem bisherigen Arbeitgeber. Sofern der Mitarbeiter das Unternehmen nicht verlässt, arbeitet er gemeinsam mit dem neuen Arbeitgeber einen neuen Sozialkontrakt aus. Dieser ist von gegenseitigem Vertrauen geprägt. Der Mitarbeiter soll darauf vertrauen können, dass er einen gesicherten Arbeitsplatz hat, seinen Aufgaben (in gleicher oder veränderter Form) nachgehen kann sowie über wichtige Ereignisse informiert und sofern möglich einbezogen wird. Der Arbeitgeber soll aktiv darauf vertrauen, dass der Mitarbeiter seine zugewiesenen Aufgaben nach bestem Wissen und Gewissen erfüllen wird. Das **aktive Vertrauen** des neuen Arbeitgebers in den Mitarbeiter stellt ein wesentliches Element im Rahmen der Transformation bzw Integration dar. Es gibt dem Mitarbeiter das Gefühl, ein wichtiger Bestandteil des Unternehmens zu sein. Damit wird wiederum seine Identifikation mit seiner Tätigkeit und dem Unternehmen gefördert.

3) Vision

Die Vision ist die Leitidee des Unternehmens. Durch die Unternehmensübernahme kommt es in der Regel zu einer Neugestaltung der Vision (siehe Kapitel V.L.). Ideal ist es, wenn Mitarbeiter im Zuge der Transformation die neue Vision mitgestalten können und damit von Beginn an eingebunden sind. Unabhängig davon ist es wichtig, die neue Vision so zu vermitteln, dass sie von allen Beschäftigten mitgetragen wird. Jeder Mensch benötigt **Ziele**, die Vision gibt dem Unternehmen und den Mitarbeitern einzelne Ziele vor, die herausfordernd, aber erreichbar sein sollen. Die Ziele sind einzelne terminisierte Stufen auf dem Weg zur Vision.

4) Verantwortung

Der Unternehmensführung obliegt die Verantwortung für die Führung der Geschäfte. Sie übernimmt die Verantwortung für die Produkte, Waren und Dienstleistungen, die sie am Markt anbietet und für die Entscheidungen, die sie innerhalb und außerhalb im Sinne des Unternehmens trifft. Mitarbeiter wollen ebenso Verantwortung tragen, auch wenn diese nach außen nicht erkennbar ist oder nur Teilbereiche oder geringe Tätigkeiten umfasst. Durch das Verantwortungsbewusstsein wird eine **Eigenständigkeit** geschaffen, die wiederum zu einer verstärkten Identifikation *mit der Tätigkeit* führt. Wie das Vertrauen sollte auch die Verantwortung keine Einbahnstraße sein. Die Unternehmensführung sollte Verantwortung (über)nehmen und Verantwortung geben.

5) Vorbildwirkung

Ein Geschäftsführer (und Unternehmenseigentümer)[183] muss immer auch Vorbild für seine Mitarbeiter sein, eine Person, zu der man aufschauen, an die man sich halten und als Unternehmensführer folgen kann. Die Unternehmensführung sollte daher stets mit gutem Beispiel, auch bei weniger erfreulichen Maßnahmen, vorangehen. Es ist schwierig, von Mitarbeitern Taten zu verlangen, die von der Unternehmensführung selbst nicht mitgetragen oder eingehalten werden, ein typisches Beispiel dafür sind Sparmaßnahmen. Gerade nach einer erfolgten Unternehmensübernahme stellt die Vorbildwirkung eine zusätzliche vertrauensbildende Maßnahme dar, die den Mitarbeiter an die Unternehmensführung und damit an das Unternehmen bindet.

H. Unterstützung durch den Übergeber

Bis zum Vollzug der Kauf- und Verkaufsverträge stehen Übergeber und Übernehmer in einem grundsätzlich gleichwertigen **Verhältnis**. Beide wollen etwas voneinander und sind *diesbezüglich* auch voneinander abhängig. Nach dem Vollzug der Verträge und dem Austausch der Gegenleistungen ändert sich das Verhältnis maßgeblich. Der Übernehmer übernimmt die bisherige Funktion des Übergebers und der Übergeber hat rein

---

183 Abhängig davon, ob und wie Unternehmenseigentümer bei eigentümerfremdgeführten Betrieben in Erscheinung treten.

sachlich gesehen keinen weiteren Bezug mehr zu „seinem alten" Unternehmen. Diese Spannung kann eine Vielzahl von Konflikten in sich bergen. Das Wissen und die Erfahrung des Übergebers können aber auch positiv vom Übernehmer genutzt werden, unter der Voraussetzung, dass eine weitere Unterstützung des Übergebers von beiden Seiten gewollt ist.

Eine optimale Übergabe und Übernahme erfolgt, wenn der Übergang von Alt auf Neu möglichst reibungslos und **im Einverständnis** zwischen Übergeber und Übernehmer erfolgt. Das gemeinsame Verständnis nimmt Mitarbeitern Ängste und zeigt anderen Stakeholdern die positive Fortführung des Unternehmens, auch wenn danach Neuerungen erfolgen können. Eine wesentliche Maßnahme, die das gemeinsame Verständnis unterstreicht, ist die Schlüsselübergabe (Kapitel V.A.), ein gemeinsames Fest, bei dem ein Abschied, ein Übergang und ein Neuanfang mit den Mitarbeitern und anderen Stakeholdern entsprechend gewürdigt werden.

Eine Unterstützung des Übernehmers durch den Übergeber kann in unterschiedlichen Abstufungen erfolgen:

1) Kurzfristige Unterstützung durch den Übergeber

In der Regel treten in den ersten Tagen oder Wochen nach der erfolgten Übernahme Fragen auf, für die der Übergeber grundsätzlich zur Verfügung stehen sollte. Der Übernehmer ist zwar über jegliche Details aus der sorgfältigen Prüfung des Unternehmens (Due Diligence) informiert, dennoch macht es einen Unterschied, ob man ein Unternehmen auf Potentiale und Risiken untersucht und am Papier analysiert oder dieses in den ersten Tagen selbst steuert, insbesondere wenn der Übernehmer über wenig Führungserfahrung verfügt. Es werden gerade in den ersten Tagen viele Fragen auftauchen, bei denen der Übergeber den Übernehmer mit einem vergleichbar geringen Einsatz unterstützen kann.

Wenn ein gutes Verhältnis zwischen Übernehmer und Übergeber vorherrscht, bedarf diese Art der kurzfristigen Unterstützung nicht unbedingt einer schriftliche Vereinbarung und auch keiner entsprechenden Gegenleistung, sofern sich die Unterstützung in Grenzen hält. Grundsätzlich sollte es zu den Aufgaben des Verkäufers gehören und in den Verkaufspreis *„eingepreist"* sein, eine ordnungsmäßige und fließende Übergabe zu gewährleisten.

Zu beachten ist jedoch, dass auch nur die kurzfristige Unterstützung durch den Übergeber nur auf **ausdrücklichen Wunsch des Übernehmers** erfolgen kann. Gerade Alteigentümer, die sich emotional vom Unternehmen nicht trennen können und täglich im „neuen" Betrieb herumgeistern, sind weder für den Betrieb noch für die Beschäftigten, den Übernehmer noch den Übergeber selbst eine große Hilfe (siehe Kapitel V.L.). Hier liegt es jedoch auch an der Person des Übernehmers, dem Übergeber klare Grenzen aufzuzeigen.

2) Längerfristige Unterstützung durch den Übergeber

Ist seitens des Übernehmers eine längerfristige Unterstützung gewünscht, da der Übergeber beispielsweise über spezielles Know-how oder gute Kundenkontakte verfügt und diese weiterhin genutzt werden sollen, ist dies in den **Verträgen vor Abschluss** der Unternehmenstransaktion zu klären. Möglich sind **Anstellungen** als Beschäftigter oder **Beraterverträge**.[184] Grundsätzlich ist für beide Seiten Letzteres zu empfehlen, da die Bindung an das Unternehmen geringer ist. Das Anstellungsverhältnis birgt wesentliche emotionale Gefahren in sich. Der bisherige Eigentümer und Chef wechselt in das Anstellungsverhältnis unter einem neuen Chef (dem Übernehmer) und wird zum Arbeitskollegen seiner bisherigen Beschäftigten.

Eine andere besonders ungünstige Variante wäre ein Übergeber, der in das Anstellungsverhältnis wechselt und aufgrund der Führungsschwäche des Übernehmers weiterhin „*inoffiziell*" ohne jegliche Legitimation die Leitung des Unternehmens übernimmt. Auch hier sind Konflikte vorprogrammiert.[185]

Unabhängig davon, wie sich Übergeber und Übernehmer gegenseitig unterstützen, sollten sie sich nach der erfolgten Übernahme jedenfalls stets wertschätzend begegnen.

I. Gespräche mit Kunden und Lieferanten

Neben den Mitarbeitern sind die Kunden und Lieferanten der wesentlichste Bestandteil eines Betriebes. Es ist in der Regel im Sinne des Übernehmers, die Kunden- und Lieferantenbeziehungen im Zuge einer Betriebsübernahme mit zu übernehmen und beizubehalten.[186] Sofern keine vertraglichen Vereinbarungen zwischen Unternehmen und Kunden und/oder Lieferanten vorhanden sind[187], können diese nicht verpflichtet werden, ihre bisherige Geschäftsbeziehung mit dem Betrieb unter dem Neueigentümer fortzuführen. Es wird daher vorwiegend am Geschick des neuen Eigentümers und Geschäftsführers liegen, die Kunden- und Lieferantenbeziehungen aufrechtzuerhalten.

In der Regel wird das überwiegende Interesse des Betriebsübernehmers der Aufrechterhaltung der Kundenbeziehungen gelten, die als Umsatzbringer die Grundlage für die Ertragsfähigkeit des Unternehmens darstellen. Der Übernehmer wird weitgehend danach trachten, die bisherigen **Kunden** zu halten und neue Kunden zu gewinnen. Um die Kunden durch die von der Unternehmensübernahme ausgelöste Unsicherheit[188] nicht an die Konkurrenz zu verlieren, sollte der Übernehmer mit der Unterstützung des Übergebers umgehend nach der erfolgten Übernahme Maßnahmen setzen.

Eine Maßnahme unmittelbar nach Unterzeichnung der Kauf- und Verkaufsverträge (Signing) ist die Information über die Betriebsübernahme an die Kunden (siehe auch

---

184 Zu prüfen sind steuerrechtliche und sozialrechtliche Bestimmungen, wenn der Übergeber überwiegend im alten Unternehmen tätig ist und dafür ein Entgelt bezieht.
185 Diese Fälle treten verstärkt in Familienunternehmen auf, wo beispielsweise der Vater offiziell und nach außen erkennbar an den Sohn oder die Tochter übergibt, de facto aber weiterhin als die Führungsperson im Unternehmen angesehen wird und auch so agiert.
186 Ausnahmen können beispielsweise im Zuge eines Asset Deal auftreten, wo der Erwerber nur an einzelnen Vermögensgegenständen Interesse zeigt.
187 Wenn rechtlich verbindliche Vereinbarungen zwischen Kunden/Lieferanten und dem Unternehmen vorhanden sind, ist zu prüfen, ob diese bei einem Eigentümerwechsel ohne Zustimmungsrechte an den Übernehmer übergehen (siehe zB Change-of-Control-Klausel, Kapitel IV.H.).
188 Eine Unternehmenstransaktion durchläuft immer eine Phase der Unsicherheit, die Frage ist nur, wie stark diese ausgeprägt ist.

Kapitel IV.H.). Die **Informationsaussendung** kann vom Übergeber in Abstimmung mit dem Übernehmer oder von beiden gemeinsam erfolgen. In der Mitteilung sollte dem Kunden vorerst jegliche Unsicherheit genommen werden, indem der uneingeschränkte Fortbestand des Betriebes wie bisher bestätigt wird. Zusätzlich sollte der **Mehrwert** der Betriebsübernahme veranschaulicht und möglichst positiv zum Kunden transportiert werden. Durch den Mehrwert soll dem Kunden ein zusätzlicher **Nutzen** vermittelt und er damit weiter an das Unternehmen gebunden werden. Die Mitteilung sollte daher informieren, negative Veränderungen bzw Beeinträchtigungen durch den Betriebsübergang ausschließen und einen neuen Mehrwert bzw einen Nutzen für den Kunden ankündigen. Je nach Anzahl und Größe der Kunden im Betrieb ist gemeinsam zu evaluieren, ob diese erste Mitteilung schriftlich oder mündlich erfolgt. Grundsätzlich sollten alle Kunden schriftlich verständigt werden. Wichtige Kunden sollten vorab mündlich informiert werden. Diese Vorabinformation erfolgt in der Regel nach dem Signing direkt vom Übergeber in Abstimmung mit dem Übernehmer.

Die Informationsmitteilung kann auch für gezielte Kundenaktionen genutzt werden. Der bisherige Kunde erhält dadurch einen (wenn auch nur kurzfristigen) Mehrwert und kann sich ein Bild von der erfolgten Übernahme machen. Ebenso können neue Kunden durch die Aktion angelockt werden.

Nach der ersten Information sollte mit wichtigen Kunden (maßgeblichen Anteil am Umsatz) umgehend ein **persönliches Gespräch** stattfinden. Dieses Gespräch stellt eine Wertschätzung des Kunden dar. Im persönlichen Gespräch zählen neben Informationen und zukünftigem Nutzen für den Kunden vor allem die Soft Facts. Es muss eine **neue persönliche Beziehung** zwischen dem Übernehmer und dem Kunden aufgebaut werden. Dazu kann es durchaus sinnvoll sein, das erste Gespräch gemeinsam mit dem Übergeber zu absolvieren. Der Übergeber agiert sozusagen als „Türöffner" für den Übernehmer. Dies verstärkt die Vermittlung des reibungslosen Übergangs. Der Kunde fühlt sich wertgeschätzt, da sowohl Übergeber als auch Übernehmer den Besuch abstatten. Der Kunde verliert wenige Gedanken an aufkeimende Unsicherheiten, er erwartet einen zusätzlichen Nutzen und sieht der weiteren Geschäftsbeziehung positiv entgegen.

Gespräche mit den **Lieferanten** sind je nach Wichtigkeit für das Unternehmen gemeinsam zu überlegen. Jedenfalls sollten diese, wie auch die Kunden, zumindest schriftlich über die Betriebsübernahme und den Mehrwert der Übernahme informiert werden. Je nach Wichtigkeit einzelner Lieferanten ist zu entscheiden, ob persönliche Gespräche nur mit dem Übernehmer oder gemeinsam mit dem Übergeber stattfinden sollen.

J. Das Loslassen des Übergebers

Das (innerliche) Loslassen des Übergebers ist einer der größten Herausforderungen im Rahmen einer Betriebsübergabe. Es ist grundsätzlich der Unternehmenstransaktion nachgelagert und betrifft ausschließlich den **Übergeber**. Der Prozess des Loslassens sollte jedoch wesentlich früher als im Zeitpunkt der erfolgten Betriebsübergabe einsetzen. Wie bei jeder Unternehmenstransaktion sollte ein Übergeber bereits frühzeitig Maßnahmen ergreifen, die zu einem möglichst einfachen Loslassen hinführen.

Die Betriebsübergabe ist für den Übergeber ein wesentlicher Einschnitt in seinem Leben. Es gibt Faktoren, die das Loslassen erleichtern, und Faktoren, die es erschweren. Einige Beispiele sind nachfolgend angeführt.

Erleichternde Faktoren:

- Der Übergeber ist nach der Übergabe weiterhin erwerbstätig (andere oder neue selbstständige Erwerbstätigkeit, unselbstständige Erwerbstätigkeit, lang- oder mittelfristige Unterstützung des Übernehmers als Berater oder Beschäftigter).
- Der Übergeber erfüllt sich langgehegte Wünsche (Hobbys, Weltreisen, Hausbau, Umzug in eine andere Region oder ein anderes Land etc).
- Die Familienverhältnisse des Übergebers sind intakt.
- Soziales Engagement: Der Übergeber geht einer ehrenamtlichen Tätigkeit (Caritas, Kirche, Bürgermeister, Abgeordneter, Kammer, Vereine etc) nach.

Erschwerende Faktoren:

- Der Übergeber geht nach der Übergabe keiner Erwerbstätigkeit (weder selbstständig noch unselbstständig) mehr nach.
- Der Übergeber hat den übergebenen Betrieb selbst aufgebaut oder von der Familie übernommen.
- Der Übergeber hat sich bislang vorwiegend um seinen Betrieb gekümmert, Familie und Freunde wurden vernachlässigt.
- Der Übergeber hat kaum andere Interessen (zB Hobbys) bzw diese wurde aufgrund des unternehmerischen Einsatzes kaum ausgeübt.
- Der Übergeber sieht den übergebenen Betrieb als „seine Familie" oder „sein Baby" an.

Der erste Schritt zum Loslassen

Eine Vielzahl von anstehenden Übergaben wird verschoben, weil die Übergeber nicht loslassen können. Viele Unternehmer verschieben den Zeitpunkt der Übergabe, da sie Angst vor der Zukunft haben.[189] Gerade in eigentümergeführten Betrieben, wo die Eigentümer (und Geschäftsführer) in einem bereits fortgeschrittenen Alter sind, ist es äußerst wichtig, sich rechtzeitig und konkret Gedanken über die **„Zeit danach"** zu machen. Diese Gedanken sind wesentlich für den Erfolg der gesamten Betriebsübergabe. Es macht wenig Sinn, wenn ein Übergeber erfolgreich seinen Betrieb veräußert, jede Menge Geld dafür erhält, jedoch (tod)unglücklich ist, weil er nicht weiß, was er mit seiner Zeit anfangen soll, oder weil er „seine Firma", als den wesentlichsten Bestandteil seines Lebens ansieht. Ebenso macht es wenig Sinn, eine Betriebsübergabe zu initiieren, wenn seitens des Übergebers Bedenken bestehen, die umso größer werden, je näher der Unterzeichnungstermin der Kauf- und Verkaufsverträge rückt (siehe dazu auch Fallbeispiel Kapitel II.E.). Ein nicht unbeträchtlicher Anteil aller Betriebsübergaben kann bereits in der Phase der Strategie wieder abgebrochen werden, weil es an der Strategie (am Weg) des Übergebers nach der erfolgten Betriebsübergabe mangelt.

---

189 *Institut für Mittelstandsforschung Bonn*, Pressemitteilung vom 26.11.2013 (www.ifm-bonn.org).

V. Transformation

Der erste Schritt für einen (potentiellen) Übergeber ist es daher, sich rechtzeitig Gedanken über die Übergabe zu machen. Das kann nicht oft genügend betont werden. **Rechtzeitig Planen** bedeutet in der Regel einen Zeitrahmen von bis zu zehn Jahren vor einer beabsichtigten Übergabe. Viele dieser Themen wurden bereits im Kapitel II. Strategie angesprochen. Hier sind nochmals zusammenfassend die wichtigsten Fragen, die sich ein potentieller Übergeber stellen sollte, aufgelistet:

- Wie bin ich nach einer Betriebsübergabe finanziell abgesichert, versorgt?
- Ist es *mir* wichtig, dass der Betrieb auch nach der Übergabe erhalten bleibt?[190]
- Was mache ich mit meiner Zeit nach der Betriebsübergabe?

Auch wenn die Fragen einfach erscheinen, kann ihre Klärung doch einige Zeit in Anspruch nehmen. Unterstützung können hier insbesondere externe Experten bieten. Wenn eine Entscheidung für eine Betriebsübergabe fällt, sollte diese eindeutig sein. Ein Ingangsetzen einer Betriebsübergabe ist immer mit einem wesentlichen Aufwand (Zeit und Kosten) und der Beeinträchtigung des laufenden Geschäftes verbunden. Es sollte daher im Rahmen der Strategiephase immer eine bewusste, eindeutige und klare Richtung vorgegeben werden.

Der zweite Schritt zum Loslassen

Der zweite Schritt umfasst das **Prozedere des Abschiednehmens**. Für jede Seite, sowohl Übergeber als auch Übernehmer, ist es leichter, wenn die Betriebsübergabe/-übernahme friktionslos abläuft. Dazu bedarf es einer wertschätzenden Begegnung zwischen Übergeber und Übernehmer im gesamten Transaktionsprozess, fairer Verhandlungen und einer (beschränkten) Unterstützung im Rahmen der operativen Übergabe in den ersten Tagen (Wochen) nach der Übernahme durch den Übergeber (unter der Voraussetzung, dass diese vom Übernehmer gewünscht ist). Zusätzlich soll der Übernehmer dem Übergeber die Möglichkeit zur Verabschiedung von Mitarbeitern, Kunden, Lieferanten und weiteren wichtigen Stakeholdern geben (siehe Schlüsselübergabe Kapitel V.A.). Dies obliegt dem Übernehmer als neuem Eigentümer, auch wenn er zum Loslassen des Übergebers keinen Bezugspunkt hat. Der Übergeber sollte im Rahmen der Schlüsselübergabe ein *inneres und äußeres* Zeichen setzen und bewusst Abschied von jeder einzelnen Person und dem Betrieb nehmen.

Abschiednehmen bedeutet nicht, Freundschaften, Kontakte und Beziehungen abzubrechen, diese können und sollen weiterhin aufrecht bleiben. Abschiednehmen bedeutet mehr, Vergangenes hinter sich zu lassen und sich auf neue Wege zu begeben. Die vergangene Zeit im Unternehmen wird dabei immer ein Teil des Übergebers bleiben.

Der dritte Schritt zum Loslassen

Bis zur Schlüsselübergabe gelingt dem Übergeber in den meisten Fällen alles sehr gut, da bis zu diesem Zeitpunkt keine wesentlichen Änderungen für ihn eingetreten sind. Der Übergeber trug die Verantwortung für den Betrieb bis zum Vollzug (Closing), danach hat

---

190 Die Beantwortung dieser Frage ist wesentlich für die Strategie der Betriebsübergabe. Je mehr Bedingungen ein Verkäufer an den Käufer stellt (Standortgarantie, Beschäftigungsgarantie etc), desto mehr Abstriche muss ein Verkäufer in der Regel vom Verkaufserlös (und damit von seiner künftigen finanziellen Absicherung) machen.

er einige Zeit den Übernehmer bei der Übernahme der Geschäfte unterstützt und zuallerletzt wurde zu seinen Ehren ein Abschiedsfest bzw eine Schlüsselübergabe veranstaltet.

Nun folgt jedoch der dritte und letzte Schritt, der Tag oder die Zeit danach, **das Neue**.[191] Es gibt in der Praxis unterschiedliche Zugänge, wie Menschen einen Lebensabschnitt hinter sich lassen und einen neuen beginnen. Es gibt solche, die die Betriebsübergabe nicht wahrhaben wollen und tagtäglich in die „alte" Firma gehen (und damit jeglichen Neuanfang des Übernehmers beeinträchtigen und verhindern), andere, die sich zu Hause einsperren und sich nach der Sinnhaftigkeit des Lebens fragen, und schließlich diejenigen, die sich von einem Tag auf den anderen mit höchster Energie in ein neues Projekt (neue Firma, Hobby etc) stürzen. Die Gestaltung eines erfolgreichen und erfüllten neuen Lebensabschnitts benötigt ebenso Zeit wie der Aufbau eines erfolgreichen Unternehmens. Ein ausgedehnter Urlaub oder eine Auszeit sind insofern einmal ein empfehlenswerter Anfang. Auch diese Zeit gibt einem Menschen die Möglichkeit, Geschehnisse Revue passieren zu lassen und sich für Neues zu sammeln.

K. Führung

In der Praxis kommt es nach einer erfolgten Betriebsübernahme immer wieder zu Schwierigkeiten mit der Führung des Betriebes. Die Mitarbeiter sind intensiv mit der Verarbeitung der Veränderungen beschäftigt (siehe Merger-Syndrom, Kapitel V.B.) und der Betriebsübernehmer benötigt in der Regel eine gewisse Anlaufzeit, um sich zurechtzufinden und die strategische und operative Führung zu übernehmen. Um den Erfolg einer Unternehmenstransaktion zu sichern, sollte der Übernehmer zusätzlich zum Know-how und seiner **Führungsbereitschaft** auch über eine entsprechende Sensibilität im Umgang mit Mitarbeitern verfügen. Es geht vorwiegend darum, die Mitarbeiter aus der emotionalen Talsohle des Merger-Syndroms herauszuführen und mit ihnen gemeinsam an der Wertschöpfung des Unternehmens zu arbeiten. Dazu zählt auch die Entwicklung einer neuen Vision (siehe Kapitel V.L.), die von allen getragen wird.[192]

Der Erfolg eines Unternehmens hängt wesentlich von der Führung ab. Es gibt gerade bei Kleinunternehmen die verschiedensten Varianten von Nichtführen, wie beispielsweise, dass einzelne Mitarbeiter die Führung übernehmen, dass der Alteigentümer als Berater oder als Arbeitnehmer die Führung gar nicht aus der Hand gibt (und der Übernehmer dies zulässt) oder dass einfach keine Führung erfolgt und der Betrieb durch den Zufall gelenkt wird. Ein Unternehmer, der ein Unternehmen übernimmt, sollte der Führungsaufgabe daher auch gewachsen sein bzw zumindest Führungsbereitschaft aufweisen; dies gilt insbesondere für Jungunternehmer, die einen bestehenden Betrieb übernehmen.

Am Beginn einer neuen Unternehmensära sollte ein Übernehmer insbesondere auf neue Ziele, eine neue Vision und die Motivation achten. Es ist die Aufgabe der Unternehmensführung, für diesen Motivationsschub zu sorgen, sodass gemeinsam an neuen Zielen und einer neuen Vision gearbeitet werden kann.

---

191 Negativ besetzt stellt dies für manche in der Praxis „das Leere" dar.
192 Siehe *Picot*, Handbuch Mergers & Acquisitions (2008) 518.

L. Neue Vision

Eine Vision ist eine auf die **Zukunft gerichtete Leitidee** über die eigene Entwicklung eines Unternehmens. Die Vision besitzt eine richtungsweisende und normative Vorstellung eines zentralen Zieles, an dem die Handlungen konsequent ausgerichtet sind.[193] Eine Vision drückt aus, was eine Organisation (Unternehmen, Betrieb) zu sein anstrebt. Damit soll ein Ausblick in die Zukunft gewährt werden, um die Mitarbeiter zu begeistern, deren Engagement zu gewinnen und ihre Leistung zu verbessern.[194]

Eine Vision zeichnet sich durch drei Eigenschaften aus:[195]

1) Sinnstiftung

Die Vision soll sinnstiftend sowohl für den Einzelnen als auch für alle Beschäftigten (Kollektiv) sein. Die Leitidee soll die Komplexität verringern sowie Ordnung und Orientierung schaffen.

2) Motivation

Die Vision soll motivierend wirken und ein Bild als besonders erstrebenswert hervorheben. Die Spannung zwischen dem gegenwärtigen Zustand (Bild) und dem künftig noch zu realisierenden Zustand (Bild) soll Begeisterung wecken und in der Lage sein, in einem Kollektiv einen Motivationsschub zu erzeugen.

Die Vision soll im Bereich des Möglichen liegen. Sie soll herausfordernd, aber auch erreichbar sein. Sie soll einerseits ausreichend konkret sein, um den Weg zu ihrer Realisierung nachvollziehen zu können (Verständnis), andererseits weit genug vom gegenwärtigen Zustand entfernt, um motivierend zu wirken.

3) Handlungsleitung

Die Vision soll in der Lage sein, im Kollektiv zu koordinierten Handlungen zu führen. Damit ein Unternehmen als Ganzes handlungsfähig ist, müssen die Handlungen innerhalb der Organisation aufeinander abgestimmt werden.

Von der Vision sind **Ziele** zu unterscheiden. Ziele sind Aussagen über bestimmte Ergebnisse, die erreicht werden sollen. Ziele sind in der Regel zeitlich festgelegt, klar und eindeutig definiert und beinhalten in der Regel auch Aussagen darüber, welche Maßnahmen zu treffen sind, wenn die Ziele erreicht oder nicht erreicht werden. Ziele können sowohl auf der Gesamtunternehmensebene als auch in einzelnen Geschäftsbereichen oder Arbeitsbereichen eines Unternehmens festgelegt werden. Ziele sollten messbar und kontrollierbar sein.[196] Ein Unternehmen hat üblicherweise eine Reihe von Zielen, diese werden laufend ergänzt, erweitert und/oder ersetzt und sollen in Summe zur Vision hinführen.

---

193 Siehe *Müller-Stewens/Lechner*, Strategisches Management (2005) 235.
194 Siehe *Johnson/Scholes/Whittington*, Strategisches Management (2011) 213.
195 Aus *Müller-Stewens/Lechner*, Strategisches Management (2005) 235.
196 *Johnson/Scholes/Whittington*, Strategisches Management (2011) 215 f.

Die **Strategie** ist ein aufeinander abgestimmtes Bündel von Maßnahmen, sie stellt eine (Ziel-)Wegbeschreibung dar.[197] Wie im Rahmen des Transaktionsprozesses beschreibt die Strategie als ***Unternehmensstrategie*** den grundlegenden Weg zum Ziel und in weiterer Folge zur Vision unter Berücksichtigung der gegebenen Ressourcen (siehe dazu auch Kapitel II.).

Abbildung 12 versucht die Unterschiede zwischen Strategie, Ziele und Vision visuell möglichst einfach zusammenzuführen. Die Strategie stellt den Weg dar und die Ziele sind laufende Zwischenziele, die zur Vision hinführen.

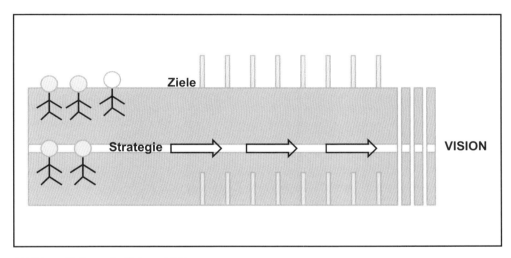

Abbildung 12: Strategie, Ziele und Vision

Eine Vision kann von der Geschäftsführung oder gemeinsam mit allen oder ausgewählten Mitarbeitern ausgearbeitet werden. Unabhängig davon, wer die Vision entwickelt, ist es von wesentlicher Bedeutung, dass die Vision von allen verstanden und mitgetragen wird (siehe dazu ebenso Kapitel V.G.). Die Vision ist eine Neuausrichtung des Unternehmens nach einer Übergangsphase vom Übergeber zum Übernehmer. Sie unterstützt die Transformation zu einem neuen gemeinsamen Leitbild für die Zukunft des Unternehmens.

---

197 Siehe *Müller-Stewens/Lechner*, Strategisches Management (2005) 234.

VI. Zusammenfassung und Leitfaden

Zum Abschluss werden die wichtigsten Schritte getrennt nach Übergeber und Übernehmer sowie gegliedert nach den einzelnen Phasen des Transaktionsprozesses nochmals zusammengefasst. Diese Zusammenfassung kann auch als Leitfaden für eine Betriebsübergabe oder eine Betriebsübernahme verwendet werden. Dabei sollten die einzelnen Punkte des Leitfadens jedoch immer nur im Zusammenhang mit den Erläuterungen in diesem Buch gesehen werden.

A. Die wichtigsten Schritte für den Übergeber

Strategie

1) Welches Motiv leitet die beabsichtigte Betriebsübergabe? – Rechtzeitig an die Übergabe denken!
2) Ist-Analyse des Betriebes
3) Ist-Analyse der Person des Betriebsübergebers – Ziele nach der Betriebsübergabe!
4) Alternativen zur Betriebsübergabe finden, analysieren und bewerten
5) Ziel der Betriebsübergabe definieren
6) Konkrete Strategie festlegen
7) Transaktionskriterien festlegen
8) Finden von potentiellen Übernehmern (Long List)
9) Sammlung von Informationen über die potentiellen Übernehmer
10) Experten zur Unterstützung hinzuziehen

Planung

1) Betrieb auf Stärken, Schwächen und Risiken analysieren – Korrekturmaßnahmen setzen
2) Businessplan erstellen
3) Besprechung der steuerlichen Auswirkungen des Verkaufes mit Steuerexperten
4) Unternehmensbeschreibung und/oder Unternehmenspräsentation vorbereiten
5) Unternehmen von einem Experten bewerten lassen
6) Ausgewählte potentielle Übernehmer kontaktieren (Short List)
7) Transaktionsstruktur mit Experten planen
8) Vermeidung von direkten und indirekten Informationen über die beabsichtigte Betriebsübergabe an die Mitarbeiter
9) Unterzeichnung einer Vertraulichkeitserklärung vom potentiellen Übernehmer einfordern
10) Interessenbekundung vom potentiellen Übernehmer einfordern

Durchführung

1) Unterlagen für die Due Diligence vorbereiten
2) Klare Organisation und Koordination der Due Diligence
3) Sachlicher und wertschätzender Umgang mit dem potentiellen Übernehmer (und seinem Team)
4) Als Entscheidungsträger (Übergeber) stets den Überblick bewahren
5) Verhandlungsteam festlegen (inklusive Experten, insbesondere Rechtsexperten)
6) Verhandlungsführung festlegen (möglichst Experte)
7) Vertragskonditionen laufend im Team besprechen
8) Unterzeichnung (Signing) und Vollzug (Closing) der Verträge
9) Interne Kommunikation der Betriebsübergabe an die Mitarbeiter (eventuell gemeinsam mit dem Übernehmer)
10) Externe Kommunikation der Betriebsübergabe an alle übrigen Stakeholder gemeinsam mit dem Übernehmer

Transformation

1) Gewährleistung einer ordnungsgemäßen Übergabe des Betriebes an den Übernehmer
2) Kurz- oder mittelfristige Unterstützung des Übernehmers, wenn dies von beiden Seiten gewünscht ist
3) Gemeinsame Gespräche mit dem Übernehmer bei wichtigen Kunden und Lieferanten
4) Schlüsselübergabe gemeinsam mit dem Übernehmer und den Stakeholdern
5) Dank an alle Wegbegleiter aussprechen
6) Bewusst Abschied nehmen von Mitarbeitern, allen übrigen Stakeholdern und dem Betrieb
7) Urlaub machen und entspannen
8) Loslassen
9) Konkretisierung neuer Ziele (siehe Strategiephase)
10) Neue Wege gehen

B. Die wichtigsten Schritte für den Übernehmer

Strategie

1) Welches Motiv leitet die beabsichtigte Betriebsübernahme? – Klarheit über Motiv schaffen
2) Ist-Analyse des Betriebsübernehmers – (Strategische) Ziele der Person oder des Unternehmens klären!
3) Ist-Analyse der finanziellen und personellen Ressourcen
4) Alternativen zur Betriebsübernahme finden, analysieren und bewerten
5) Ziel der Betriebsübernahme definieren
6) Konkrete Strategie festlegen
7) Transaktionskriterien festlegen
8) Finden von potentiellen Zielunternehmen (Long List)
9) Sammlung von Informationen über die Zielunternehmen
10) Experten zur Unterstützung hinzuziehen

VI. Zusammenfassung und Leitfaden

Planung

1) Sammlung weiterer Daten und Informationen über potentielle Zielunternehmen
2) Analyse der Daten und Informationen
3) Ausgewählte potentielle Betriebsübergeber kontaktieren (Short List)
4) Vertraulichkeitserklärung prüfen und unterzeichnen
5) Daten und Informationen von den potentiellen Betriebsübergebern einfordern
6) Unternehmensanalyse
7) Zielunternehmen von einem Experten bewerten lassen
8) Transaktionsstruktur mit Experten planen
9) Konditionen der Interessenbekundung intern absprechen
10) Interessenbekundung an Betriebsübergeber übermitteln

Durchführung

1) Due-Diligence-Team beauftragen
2) Due-Diligence-Checklisten erstellen
3) Durchführung der Due Diligence, klare Organisation, Koordination und Führung
4) Analyse der Erkenntnisse aus der Due Diligence – Überarbeitung des Businessplanes
5) Zielunternehmen auf Basis der neuen Erkenntnisse neu bewerten
6) Verhandlungsteam festlegen (inklusive Experten, insbesondere Rechtsexperten)
7) Verhandlungsführung festlegen (möglichst Experte)
8) Vertragskonditionen laufend im Team besprechen
9) Unterzeichnung (Signing) und Vollzug (Closing) der Verträge
10) Interne und externe Kommunikation der Betriebsübernahme gemeinsam mit dem Übergeber festlegen und durchführen

Transformation/Integration

1) Übernahme der Verantwortung für den Betrieb, Übernahme der Führung
2) Weitere interne Kommunikationsmaßnahmen mit den Mitarbeitern (möglichst beiderseitig)
3) Personelle Entscheidungen
4) Gemeinsame Gespräche mit dem Übergeber bei wichtigen Kunden und Lieferanten
5) Schlüsselübergabe gemeinsam mit dem Übergeber und den Stakeholdern
6) Vertrauen zu den Mitarbeitern sowie anderen Stakeholdern aufbauen
7) Veränderungsbegleitende Maßnahmen setzen (Change Management)
8) Neue Vision (gemeinsam) entwickeln
9) Mögliche Synergien nutzen (Strategie)
10) Unternehmen gemeinsam mit den Mitarbeitern in die Zukunft führen

Stichwortverzeichnis

Ad-hoc-Publizitätsvorschriften 122
Asset Deal 92 f, 115 ff

Betrieb 11
Bewertungsbericht 83
Bruttounternehmenswert 75 ff
Businessplan 51, 54 ff, 60, 67, 76
– Bottom-up-Ansatz 59
– Top-down-Ansatz 59

Cashflow-Rechnung 54, 76

Datenraum 101
DCF-Methode 76 ff
Due Diligence 15, 51, 96, 103 ff, 138
– Berichte 106
– Checkliste 99
– Findings 101, 105 f
– Team 103 f

Earn-out-Klausel 117
Ein-Personen-Unternehmen 7 ff
Eisberg-Modell 132
Ertragswert auf Basis NOPLAT 74
Ertragswertmethode 73 ff

Finanzanalyse 52, 55 f
Firma 12
Free Cashflow 77
Führung 89, 104, 143

Geheimhaltungserklärung 90
Gesellschaft 11
Gewährleistung 117

Haftung 117

Informationsdrehscheibe 104
Informationsmemorandum 62
Integration 125
Integrationsprinzip 133
Interessensbekundung 93

Jahresabschlussprüfung 98
Jungunternehmer 32 f

Kapitalerhöhung 93
Kapitalisierungszinssatz 74
Kauf- und Verkaufspreis 64, 114
Kauf- und Verkaufsvertrag 116
– aufschiebende Bedingungen 118
– Closing 118
– Garantie 118
– Kaufpreissicherstellung 118
– Signing 118
Kennzahlen 55, 80
Klein- und Mittelunternehmen 1 ff
Kommunikation 89, 107
– externe 121
– interne 89, 119, 131

Letter of Intent 93
Leveraged Buy-in 19
Leveraged Buy-out 19, 43
Liquidationswert 71
Long List 44 f, 85
Loslassen 23, 140

Management Buy-in 18
Management Buy-out 18, 43
Memorandum of Understanding 94
Mergers & Acquisitions 13, 18
Merger-Syndrom 127, 130, 135
Motive 27, 34

Nettofinanzverschuldung 78
Nettounternehmenswert 75 ff
NOPLAT 75 ff

Preisobergrenze 114 f
Preisuntergrenze 114 f
Private Equity 19

Rekonstruktionswert 71
Rente, ewige 73, 76 ff

Stichwortverzeichnis

Schlüsselübergabe 126 f
Share Deal 92 f, 115 ff
Short List 44 f, 85
Strategie 26 f, 35, 39, 145
Substanzwert 71, 82
Substanzwertverfahren 67, 70 ff, 82

Teaser 61
Transaktionskriterien 40
Transaktionsprozess 20 f
Transaktionsstruktur 92
Transaktionsteam 88 f
Transformation im engeren Sinn 125
Transformation im weiteren Sinn 124

Übergabeprozess 21
Übernahmeprozess 23
Unternehmen 11
Unternehmensanalyse 15, 51
Unternehmensbeteiligung 12 ff
Unternehmenskultur 15, 132
Unternehmensnachfolge innerhalb der Familie 14
Unternehmenspräsentation 61

Unternehmensstrategie 145
Unternehmergeist 32

Vendor Due Diligence 96
Venture Capital 19
Vergleichswertmethode 80 ff
Verhandlungsführung 110
Verhandlungsort 111 ff
Verhandlungsstrategie 113
Verhandlungsteam 109, 113
Verhandlungsvorbereitung 113
Vertragsentwurf 116
Vertraulichkeitserklärung 91 f
Vision 26, 137, 143 f

Wachstum
– externes 33
– internes 33
Wert
– objektivierter 64
– subjektiver 64 ff
Wettbewerbsverbot 118
Wiederbeschaffungskosten 71
Working Capital 79